ENTRE REESCRITAS E ESBOÇOS

JÚLIO CASTAÑON GUIMARÃES

ENTRE REESCRITAS E ESBOÇOS

TOPBOOKS

Editor
José Mario Pereira

Editora assistente
Christine Ajuz

Revisão
Miguel Barros

Capa
Julio Moreira

Diagramação
Arte das Letras

Topbooks Editora e Distribuidora de Livros Ltda.
Rua Visconde de Inhaúma, 58 / sala 203 – Centro
Rio de Janeiro – CEP: 20091-000
Telefax: (21) 2233-8718 e 2283-1039
E-mail: topbooks@topbooks.com.br

Visite o site da editora para mais informações
www.topbooks.com.br

SUMÁRIO

PRESENÇA DE MALLARMÉ NO BRASIL

A PRESENÇA DE MALLARMÉ NA LITERATURA BRASILEIRA, ainda que esparsa e episódica, pelo menos durante um bom período, pode ser acompanhada, a partir do final século XIX, em diferentes manifestações. Assim, pode ser encontrada em meras referências feitas ao poeta em textos de caráter diverso, em poemas, textos de crítica ou mesmo de ficção; em abordagens de sua obra em estudos específicos; em publicações de textos no original; em traduções de suas obras; em citações de trechos, seja no correr de algum texto, em prosa ou verso, seja como epígrafe; no diálogo de textos criativos com o texto mallarmeano; e até mesmo na simples localização de livros em bibliotecas.

A abordagem pormenorizada de cada uma dessas manifestações implicaria estudos específicos. Algumas podem ser pesquisadas inicialmente por intermédio de um trabalho de levantamento de dados, o que acarretaria um acúmulo de informações. Outras, de modo especial a penúltima mencionada, pediriam um exame minucioso das obras. Entre uma e outra possibilidade, é o caso de lembrar que no presente apanhado se tem o cuidado de falar em presença, termo escolhido propositalmente pela generalidade, em lugar de outros, como recepção ou influência, pois estes são conceitos que envolvem questões mais específicas, e o intuito aqui vai pouco além de um rastreamento de dados e alguns comentários.

Estes apontamentos já estavam redigidos em linhas gerais quando tomei conhecimento de um artigo de Edoardo Costadura intitulado "Mallarmé, le classique, le byzantin" (Mallarmé, o clássico, o bizantino), que tem como subtítulo "Présences de Mallarmé dans la culture littéraire italienne entre 1914 et 1951" (Presenças de Mallarmé na cultura literária italiana entre 1914 e 1951)[1]. A coincidente opção pelo termo "presenças" sinaliza talvez a dificuldade para tratar o assunto, pelo menos num primeiro momento, de forma mais específica, ou ainda a necessidade dessa primeira abordagem mais genérica. No entanto, o artigo de Costadura de fato está centrado especificamente na análise de alguns textos, algumas traduções; ocupa-se de "etapas exemplares". Não deixa, porém, de referir a necessidade de se esboçar "tanto uma 'periodização' quanto uma 'tipologia' da recepção de Mallarmé nas letras da península"[2]. Além dessa periodização e dessa tipologia, que podem ser apresentadas com um embasamento mais definido, o artigo se refere também à "*natureza* (a qualidade)" da recepção, o que implica uma avaliação, uma análise, ou seja, um trabalho a partir dos dados fornecidos pela etapa anterior. Um trabalho que desse conta dessas três dimensões ultrapassaria as intenções do meu artigo, em que se pretende apenas dar uma ideia da questão. No entanto, mesmo para apenas dar essa ideia torna-se necessário expor algumas distinções que apontam para os três aspectos referidos. E aos quais ainda se poderia

---

[1] O artigo foi publicado na *Revue de Littérature Comparée*, avril-juin 1998, nº 2.

[2] *Ibid.*, p. 231.

acrescentar o que Costadura refere como "presença subterrânea", resultante não de situações mais palpáveis, como traduções, por exemplo, mas apenas de leitura da obra. Como ao longo deste texto se poderá observar, as anotações aqui reunidas apresentam elementos que se encaixam em uma ou outra dessas diferentes perspectivas, embora não tenham qualquer propósito de sistematização.

Talvez se possa começar pelo que poderia não passar de uma curiosidade. Mas uma relação circunstancial de Mallarmé com o Brasil merece registro: Domingos Lacombe, pai do historiador Américo Jacobina Lacombe, foi aluno de inglês de Mallarmé em Paris, no Lycée Condorcet. No folheto da *Distribution des Prix* do ano de 1872, em "Langue anglaise, M. Mallarmé, Professeur", ficou em segundo lugar "Lacombe (Dominique), né à Rio-Janeiro (Brésil), demi-pensionnaire". Talvez aí esteja apenas um pequeno caso dos caminhos da nossa formação cultural na época, mas que nos permite seguir, por exemplo, pela formação de nossos acervos.

Na biblioteca do estudioso do simbolismo Andrade Muricy, hoje integrada ao acervo da Fundação Casa de Rui Barbosa, no Rio de Janeiro, existe um exemplar de *L'Après-midi d'un faune*, edição de 1882, um do *Traité du verbe*, de René Ghil, com "Avant-dire" de Mallarmé, em edição de 1887 (exemplar que pertenceu a Jean Itiberé, ou João Itiberê da Cunha, poeta simbolista brasileiro que viveu na Bélgica[3]) e um de *Divagations*, em edição já de 1917, mas com dedicatória de Nestor Vítor para Emiliano Perneta. Na Biblioteca Nacional, encontram-se as primeiras edições

[3] João Itiberê da Cunha (1870-1953) nasceu em Açungui (hoje Cerro Azul, Paraná) publicou *Préludes*, em Bruxelas, em 1890. Fez parte do movimento literário La Jeune Belgique e foi colega de Maeterlink no curso de Direito.

de *Petite Philologie à l'usage des Classes et du Monde: Les Mots anglais* (1878) e de *La musique et les lettres* (1895). A existência dessas edições em acervos brasileiros pode não ser mais do que índice de que algumas pessoas em condições especiais tinham acesso a essas obras, sem que isto mostre que houvesse alguma circulação significativa do poeta. Mas mesmo esses elementos esporádicos são dignos de nota, não podendo ser descartados simplesmente como não representativos, pois a repercussão de Mallarmé na época, mesmo na França, era reduzida, o que faz com que não se desmereçam esses exemplares raros de nossas bibliotecas.

Num outro extremo, tome-se, por exemplo, o poema "Nada, esta espuma", do livro *A teus pés* (1982), de Ana Cristina César. O poema apresenta como título uma tradução de verso de Mallarmé. Já no poema "Proteu", do livro *Collapsus linguae* (1991), de Carlito Azevedo, lê-se "Em Mallarmé / ele vira pensamento / e privilegia poemas". Esse tipo de presença, exemplificada com dois poetas recentes, chama a atenção para um momento do percurso em que, longe das raridades bibliográficas, já se tem uma leitura mais frequente de Mallarmé, a que se chegou após diferentes aproximações ao longo de cerca de um século.

O fato de alguns daqueles livros raros pertencerem a simbolistas lembra o fato mais ou menos previsível, embora não tão definido, de que a introdução de Mallarmé se dá por intermédio do próprio movimento a que esteve mais essencialmente associado. Deve-se observar, porém, que mesmo o Simbolismo não é um movimento uniforme — Mallarmé circula apenas em algumas vertentes, tanto na França quanto no Brasil. Na verdade, o poeta não ocupa um primeiro plano, pois a grande figura, no Brasil, é outra, como observa Antonio Candido:

Já se tem escrito que o momento culminante da influência de Baudelaire no Brasil foi o Simbolismo, no decênio de 1890 e primeiros anos do seguinte. Momento fin-de-siècle, rosa-cruz e floral que viu nele sobretudo o mestre da arte-pela-arte, o visionário sensível ao mistério das correspondências e o filósofo, autor de poemas sentenciosos marcados pelo desencanto. Logo a seguir os últimos poetas de cunho simbolista, como Eduardo Guimaraens (tradutor de 84 poemas d'*As flores do mal*), o aproximaram perigosamente das elegâncias decadentes de Wilde e D'Annunzio.
Os parnasianos, que vinham dos anos de 1880, também o admiravam, mas nunca o imitaram nem cultivaram tanto, salvo alguns secundários como Venceslau de Queirós e sobretudo Batista Cepelos.[4]

O mesmo Antonio Candido, se aí aponta para o índice elevado de apreciação, em outro texto se referirá a aspecto diferente da questão, ou melhor, o fato de que também os autores, assim como os movimentos, não podem ser tomados como um todo. O comentário de Antonio Candido diz respeito aproximadamente aos anos 30 / 40, pois o crítico, nascido em 1918, refere-se ao seu "tempo de moço". Embora já posterior ao momento de que inicialmente se está aqui tratando, a observação tanto permite um retrospecto quanto antecipa o momento de que adiante também se tratará. Diz Antonio Candido:

> No meu tempo de moço, quatro poetas franceses formavam uma espécie de constelação privilegiada, que servia de referência para conceber a poesia: Baudelaire, Mallarmé, Verlaine e Rimbaud. O interesse por outros não tinha a mesma intensidade nem (sobretudo) funcionava tanto como bússola. Baudelaire era caso à parte, planando numa altura matriz. O gosto pelos três mais recentes variava, sendo Verlaine lido com maior fre-

[4] CANDIDO, Antonio. "Os primeiros baudelairianos". In: –. *A educação pela noite*. São Paulo: Ática, 1987, p. 23.

> quência, pois é acessível e se entronca na tradição média. Por isso, teve desde logo bons tradutores e era sabido de cor por muita gente, inclusive porque estava nas antologias escolares. O Mallarmé apreciado era o menos hermético. Pouca gente enfrentava o "Coup de dés", que, aliás, era de difícil acesso, porque não vinha incluído nas edições correntes.[5]

Essas observações referentes a Mallarmé podem ser demonstradas por situações como as que a seguir serão apresentadas com a referência sobretudo a traduções e textos críticos, quando se verá a preferência por um determinado Mallarmé. Mesmo na França, como já referido, a circulação de Mallarmé era restrita, situação que Paul Valéry assim compreendia: "Mallarmé criava portanto na França a noção de autor difícil. Ele introduzia expressamente na arte a obrigação do esforço do espírito. Assim, ressaltava a condição do leitor, e com uma admirável inteligência da verdadeira glória, escolhia entre a sociedade esse pequeno número de amadores particulares"[6]. Essa característica tinha consequente repercussão na pequena vida editorial do poeta.

Um outro depoimento relativo ao Brasil é o que Manuel Bandeira faz no *Itinerário de Pasárgada*. Embora se trate de escritor modernista, seu depoimento se refere a sua época de juventude, transcorrida no começo do século. Relata Bandeira:

> Outro condiscípulo com quem muito conversei de poesia no Ginásio foi Lucilo Bueno. Era para mim fonte de outros conhecimentos, diferentes dos que me fornecia Sousa da Silveira. Apreciava muito Luís Murat, que nunca me atraiu, mas gostava, como eu, dos franceses — Coppée, Leconte de Lisle,

---

[5] CANDIDO, Antonio. *Recortes*. São Paulo: Companhia das Letras, 1993, p. 118.
[6] VALERY, Paul. "Lettre sur Mallarmé". In: *Oeuvres*, vol. I. Paris: Gallimard, 1980, p. 639.

Baudelaire, Herédia (vão assim propositadamente misturados para mostrar que não sabíamos distinguir ainda um Baudelaire de um Coppée), já ouvira mesmo falar em Verlaine e Mallarmé. Estes, porém, não eram para o nosso bico.[7]

No entanto, referindo-se a período talvez um pouco posterior, Bandeira fala da importância que tiveram para ele as traduções em prosa que Mallarmé fez dos poemas de Poe: "O hábito do ritmo metrificado, da construção redonda foi-se-me corrigindo lentamente a força de que estranhos dessensibilizantes: traduções em prosa (as de Poe por Mallarmé)"[8]. Há, portanto, uma delimitação da parcela do público que se interessa por Mallarmé, assim como há delimitações das parcelas da obra do poeta que merecem atenção (poemas menos herméticos, prosa que traduz poemas, etc.). No primeiro caso, a delimitação pode ser considerada do ponto de vista quantitativo, enquanto no outro há implicações na própria leitura da obra. Neste contexto, um comentário de Nestor Vítor a respeito de Cruz e Sousa aponta no sentido dessa delimitação. Tomando como referência cronológica *Missal*, Nestor Vítor observa que "foi mais tarde que ele [Cruz e Sousa] conheceu Mallarmé, mesmo o Verlaine em *Sagesse*, e Rimbaud"[9]. O comentário indica, portanto, que parte do simbolismo brasileiro se desenvolveu independentemente do conhecimento da obra de Mallarmé.

Ligada a essas implicações está a situação da publicação no Brasil de textos de Mallarmé, o que ocorreu não só em

---

[7] BANDEIRA, Manuel. *Itinerário de Pasárgada. Poesia e prosa*, vol. 2. Rio de Janeiro: Aguilar, 1958, p. 18.
[8] *Ibid.*, p. 33.
[9] VÍTOR, Nestor. "Introducção". In: SOUSA, Cruz e. *Poesias*. Rio de Janeiro: Annuario do Brasil, 1923, p. 35.

tradução, mas no original mesmo. De fato, no número de julho de 1901 (ano 1, nº 2) da revista simbolista carioca *Rosa-Cruz*, publicou-se, no original francês, o poema em prosa "Le phénomène futur". Na revista *O album* (ano 1, nº 15, de março de 1895), dirigida por Artur Azevedo, pode-se ler em francês o poema "Placet". Dessas publicações se pode depreender que, feitas em periódicos voltados para um determinado círculo de interessados, supunha-se que seus leitores teriam normalmente acesso a textos em outras línguas, no caso, em francês, língua estrangeira que na época gozava de maior prestígio. Essas publicações deixam também transparecer a concepção, até hoje com grande vigência, de que a melhor forma de se conhecer um autor é via original de seus textos, pois a tradução não revelaria autenticidade. Por fim, os textos estampados no original permitem que se leia a constatação de que Mallarmé é autor de especial dificuldade para ser traduzido.

Em contrapartida, há pequenos indícios de que havia conhecimento até de certos detalhes, certas peculiaridades dos textos mallarmeanos, como o tema do leque. Na revista *Rua do Ouvidor* de 5 de outubro de 1901, encontra-se um poema em prosa de Alfredo Santiago intitulado "Acquatincta sobre um leque", que tem como epígrafe uma passagem de Mallarmé: "L'unanime pli qui recule l'horizon délicatement!" Outro exemplo se encontra na revista *Atheneida* (ano 1, nº 1; embora não estampe data, esta é 1903). Aí, há uma matéria ilustrada sobre leques, e como epígrafe aparecem estes versos de Mallarmé: "L' unanime pli dont le vol prisonnier / Recule l'horizon, délicatement".[10]

[10] No poema "Autre éventail de Mademoiselle Mallarmé", leem-se, na segunda estrofe, os versos "Dont le coup prisonnier recule / L'horizon délicatement" e, na quarta estrofe, "Au fond de l'unanime pli". Não se localizaram os versos tal como citados nas epígafes referidas.

No entanto, o poeta logo começará a ser traduzido. José Paulo Paes, ao fazer um histórico da tradução literária no Brasil, diz: "Quanto ao paulista Batista Cepelos, parece ter sido o primeiro a traduzir, no Brasil, a poesia de Mallarmé"[11]. Não há, porém, qualquer indicação quanto à época em que teria sido feita a tradução ou traduções, ou à data de uma eventual publicação. Em livro dedicado a Batista Cepelos, Melo Nóbrega, também sem maiores detalhes, afirma: "De Mallarmé traduziu, mesmo, um poemeto com esse título, que termina por uma tríplice invocação ao azul"[12]. De fato, no volume *Vaidades*, de Batista Cepelos, ao lado de poemas de sua autoria, há traduções, como a de Mallarmé — "O Azul". O livro foi publicado em 1908, mas traz a indicação de que inclui poemas de 1899-1908. Assim, se não se tem a data precisa, tem-se pelo menos uma indicação suficiente para situar o período da tradução de Cepelos. Dentro desse período, há ainda uma outra tradução, a do poema "Tristesse d'été", feita por Escragnolle Dória e publicada com o título "Tristeza estival" na revista carioca *Rua do Ouvidor*, de 11 de maio de 1901, dentro da rubrica "Versos próprios e alheios". Um elemento lateral, por assim dizer, mostra como por certos detalhes se revelava um interesse reverencial pelo mestre — o trabalho de Escragnolle Dória vem acompanhado da seguinte dedicatória: "A Mademoiselle Genoveva Mallarmé, dedico a tradução de 'Tristeza estival'". Assim, o fato de essa tradução, publicada cerca de três anos após a morte do poeta, ser dedicada a sua filha única insere-a num espaço provavelmente de natureza apenas imaginária de convívio com o

[11] PAES, José Paulo. *Tradução – a ponte necessária*. São Paulo: Ática, 1990, p. 24.
[12] NÓBREGA, Melo. *Batista Cepelos*. Rio de Janeiro: Mandarino e Molinari, 1937, p. 55-56.

mestre. Hoje o trabalho de Escragnolle Dória tem interesse apenas documental:

Por sobre a areia, o sol lutadora viril,
No ouro da coma aquece um banho langoroso,
E, consumindo o incenso em tua face hostil,
Mistura ao pranto um filtro, amavio amoroso.

Deste alvo rutilar o sossego sutil
Te levou a dizer, ó meu beijo medroso:
"Ah! eu nunca terei duma múmia o perfil
Sob o antigo deserto e o palmeiral ditoso".

Mas tua cabeleira é um rio e se aquenta
Para irmos afogar o ser que nos tormenta,
Para termos o nada, o qual em ti não medra.

O afeite provarei que as pálpebras choraram
Vendo se sabem dar ao ser que maltrataram
A insensibilidade e do azul e da pedra.

O fato de Antonio Candido, em trecho acima citado, se referir a Batista Cepelos como parnasiano acrescenta mais um dado às pequenas quebras de alguma suposta linha direta entre Mallarmé e simbolistas. Além disso, como toda tradução implica de algum modo pelo menos uma interpretação, quando não chega a ser um verdadeiro exercício de crítica, mesmo as traduções iniciais aqui mencionadas devem ser encaradas, nessa etapa primeira da presença de Mallarmé, como algo que podia pelo menos implicar uma leitura orientada, por assim, de sua obra, de modo que assim se explicam certas escolhas. Inicialmente há um interesse pelas primeiras produções de Mallarmé, quando ele ainda não tinha chegado ao seu simbolismo hermético. Os poemas "L'azur" e "Tristesse d'été" datam de 1864, tendo sido o primeiro publicado na coletânea periódica *Le Parnasse Contemporain* de 12 de maio 1866, enquanto o segundo saiu numa outra tiragem da mesma publicação, sem data, mas ainda do mesmo ano. A referência à data de publicação inicial desses poemas permite também que se indague sobre como os poemas chegaram ao conhecimento de seus leitores brasileiros. Esses dois poemas só foram novamente publicados, dentro desse período, nas coletâneas da poesia de Mallarmé que saíram em 1887, 1893 e 1899. Os dois tradutores poderiam, portanto, tê-los lido tanto na primeira publicação quanto nas posteriores. Isso pode parecer indiferente, mas para supor a leitura na primeira edição seria necessário saber se esse tipo de pubicação chegava às mãos de leitores brasileiros o que, nesse caso, revelaria um contato mais antigo com a obra de Mallarmé. Já a leitura a partir das edições em livro revelaria não apenas um contato mais tardio, mas também que, diante do conjunto da obra, se optava pelos poemas iniciais.

A tradução de Escragnolle Dória apresenta evidentes inadequações, seja por às vezes optar por um vocabulário mais rebuscado, frequente na virada de século brasileira (e que nada tem a ver com as dificuldades mallarmeanas), seja por simplesmente não conseguir obter soluções que deem à tradução equivalente fluência e mesmo singeleza. A orientação da tradução de Cepelos também merece atenção, sobretudo porque sua comparação com outras posteriores (e no caso tanto esse poema quanto o traduzido por Escragnolle Dória foram novamente traduzidos) fornece alguns esclarecimentos. Veja-se a tradução:

> Do sempiterno Azul a serena ironia
> Tortura, numa bela indolência de flor,
> A alma do poeta, que, nas ânsias da agonia,
> Vocifera, amarrado a uma terrível dor.

Debalde os olhos fecho, ante o bárbaro açoite
Do seu medonho olhar, sempre a me perseguir!
Dizei-me onde fugir! Andrajos de que noite
Hei de lançar-lhe em cima? Onde e como fugir?!

Ó neblinas, subi, de entre cinzas escuras:
Subi, trapos de bruma; e, no céu luminoso,
Empanando a outonal lividez das alturas,
Erguei um pavilhão enorme e silencioso!

Tédio amigo, abandona o marnel lutulento,
E, como molhos de junco e lama dos caminhos,
Tua incansável mão, de momento em momento,
Tape os rombos azuis que abrem os passarinhos.

Ainda não basta? Então, a fumaça que monte
Das chaminés, formando uma errante prisão,
Dentro da qual o sol, ao tombar no horizonte,
Agonize, amarelo, em meio à escuridão!

O céu morreu, enfim! — Matéria, eu te conjuro
A fazer-me olvidar as loucuras que fiz,
E, distante do Ideal e do Pecado impuro,
Entre os homens a viver, num rebanho feliz.

Possa aí — desde que minha mente, esvaziada,
Como um pote de cal junto de um velho muro,
Já não pode vestir a ideia torturada,
— Tristemente esperar pelo meu fim obscuro...

Em vão! O Azul triunfa! Ouço-o nos badalares
Do sino. Ouves, minha alma, o seu grito nefando?
Pois, do vivo metal, sobe, a correr os ares,
Na concertina azul das Vésperas cantando!

E, ao vir, solto no ambiente, entre a aragem dispersa,
Corta-me como o gládio aspérrimo do Sul.
Onde fugir? Revolta inútil e perversa!
Sou perseguido. O Azul! o Azul! o Azul! o Azul!

A tradução faz-se com bastante liberdade, submetendo o texto original a grandes modificações (de escolha vocabular, construção sintática, etc.). No entanto, esse procedimento não visa uma recriação que revele um compromisso com a estética do texto mallarmeano; ao contrário, seguindo padrões bem distanciados, introduz, por exemplo, uma grandiloquência que não é propriamente mallarmeana. Cerca de sete décadas depois, a tradução de "Tristesse d'été" e de "L'azur" por Augusto de Campos estará inserida em outra leitura de Mallarmé, mais atenta a um conhecimento efetivo da proposta mallarmeana.

Ainda no Simbolismo, uma outra tradução merece menção por sua importância em vários aspectos. Trata-se da tradução do poema "Apparition" feita por Alphonsus de Guimaraens. Este é mais um dos poemas do primeiro Mallarmé, pois data de 1863, sendo um de seus poemas mais populares e tendo sido publicado diversas vezes antes da publicação em livro, inclusive no volume *Poètes maudits* de Verlaine. Tal como a de Batista Cepelos, a de Alphonsus de Guimaraens também está incluída, ainda que postumamente, em livro de poemas, *Pastoral aos crentes do amor e da morte*, que engloba traduções (este elemento, a adoção da tradução quase como texto próprio, bem como a ampla liberdade de intervenção nos textos originais, é um dado próprio do estatuto da tradução até esse período). Embora também não se tenha a data precisa desta tradução (a primeira edição do livro é póstuma e, parcial, não incluía a tradução, só inserida quando da organização das obras completas de 1938)[13], ela se presta como mais um exemplo tanto da leitura de Mallarmé quanto de como essa leitura se caracterizava por meio do procedimento de tra-

[13] A primeira delas (São Paulo: Monteiro Lobato & cia., 1923) foi organizada por João Alphonsus; a segunda (Rio de Janeiro: Ministério da Educação e Saúde, 1938), por Manuel Bandeira. Esta é acompanhada por notas de autoria de João Alphonsus, que não tratam do poema em pauta.

dução nos moldes então vigentes. A tradução de Alphonsus de Guimaraens transforma por completo o poema, integrando-o em sua própria produção. O texto apresentado em português está muito distante do texto de Mallarmé, mantendo com este apenas uma tênue relação temática:

Bem triste estava a noite. Os serafins em bando,
O archote em punho, em longo e amplo espaço sonhando,
Bem faziam nascer dos roxos violoncelos
Estes trenos de amor fulgurantes e belos.
Nasciam sob o som dos bandolins e violas
Os suspiros da cor que vão pelas corolas.

Era o dia do teu primeiro e único beijo,
Do seu primeiro amor, teu único desejo!

O meu sonho que andara sempre a agonizar-me,
Que conhecesse, quis, todo, todo o meu carme...

Colher um sonho na alma eterna que o colheu...
Este poder, ai! Deus, ai! Deus não mais mo deu.

Foi em meio da dor de uma isolada rua
Que apareceste sob o resplendor da lua.
E as estrelas perfumaram
Estas mãos que te adoraram!

Em primeiro lugar, Alphonsus fez uma redistribuição da versificação já que o poema original tem uma única estrofe de 16 versos. Mas não é esta a única diferença facilmente visível. A transformação do poema é de fato profunda, de modo que em português se tem um poema caracteristicamente de Alphonsus de Guimaraens. Talvez não fosse o caso de se falar em tradução. Alphonsus tomou como base o poema de Mallarmé, apropriou-se dele para criar seu próprio poema.

Como alguns outros poetas da época, Alphonsus de Guimaraens também escreveu versos em francês. (Além do já mencionado Jean Itiberé, cuja poesia foi escrita toda em francês, lembrem-se Jacques d'Avray, pseudônimo de José de Freitas Vale, que praticamente só escreveu em francês, e Pethion de Vilar, pseudônimo de Egas Moniz Barreto de Aragão, que escrevia em português, francês e alemão). Do livro de versos franceses de Alphonsus de Guimaraens, *Pauvre lyre* (1921), faz parte o poema intitulado "Stéphane Mallarmé". Além de em termos gerais, pelo recurso à língua francesa, o livro expressar a origem da formação literária do poeta, nele se presta tributo, de modo específico, a determinados poetas, como Verlaine e Mallarmé. O poema dedicado a Mallarmé exprime a veneração que o mestre despertava em um pequeno número de verdadeiros seguidores:

Mallarmé, bien armé de flûtes et citoles,
S'en va tout plein de ciel vers la demeure sainte.
Le doux soleil rayonne et chante sa complainte
Dans l'azur tout semé de surplis et d'étoles.

En éclairs comme il est, — un ange qui s'envole —
Revant l'après-midi des passions éteintes,
Et le mensonge des regards et des étreintes,
Son image sourit comme un païen idole.

Et c'est la nuit d'un jour de gloire: les étoiles
Le baiseront parmi le vélours et la toile
Des nuages, et Dieu le bénira des yeux.

Son verbe de clarté, à travers les aurores,
Reviendra jusqu'à nous plus scintillant encore,
Après avoir reçu la lumière des cieux!

Vale ainda mencionar outra breve ocorrência em livro de Alphonsus de Guimaraens. Em *Kiriale*, o poeta apõe em Caput V / "Ossea mea" a seguinte epígrafe de Mallarmé: "... Une pourpre s'apprête / A ne tendre royal que mon absent tombeau" (trecho do soneto "Victorieusement fui...", que já não faz parte do primeiro Mallarmé, pois data de 1885). Para um poeta isolado no interior de Minas Gerais, pode-se considerar que nele não é pequena a presença mallarmeana.

A estes exemplos, vão-se somando aqui e ali outras ocorrências de porte variado. O poema "Proclamação decadente", de Medeiros e Albuquerque, incluído no livro *Pecados* (1889) e dedicado a Olavo Bilac, apresenta em seu início esta nota: "(Carta escrita por um poeta a 20 de Floreal, sendo Verlaine profeta, e Mallarmé — Deus real)". Essa reverência idealizadora cercou o poeta em círculos restritos de iniciados. Similar é a referência no soneto "Interlunar" de Maranhão Sobrinho, de quem ainda se pode lembrar o poema "Poetas malditos", ambos do livro *Papéis velhos... roídos pela traça do símbolo* (1908). Em "Interlunar" os dois últimos versos do segundo quarteto dizem: "da tarde, que me evoca os olhos de Estefânio / Mallarmé, sob a unção da tristeza e do gênio!" No longo poema "Poetas malditos" lê-se o verso "Desbordes e Mallarmé oscularam-me a fronte". Mas nesse mesmo poema ocorre uma outra situação em que, em lugar de referência explícita, resultante de admiração, se encontra um procedimento que revela uma consequência produtiva da leitura. Talvez nessa passagem esteja um dos primeiros casos que se poderia perceber como apropriação de algum elemento da poética de Mallarmé. O último verso do poema é "Satã! Satã! Satã! Satã! Satã! Satã!" que não me parece descabido considerar como um eco, formal e em antítese (baudelairiana), da repetição também final de "L'azur" de Mallarmé: "Je suis hanté. L'Azur! L'Azur! L'Azur! L'Azur!"

Em 1916, o livro *A divina quimera*, de Eduardo Guimarães, inclui o poema "Sobre o cisne de Stéphane Mallarmé", com esta epígrafe de Mallarmé: "Un cygne d'autrefois se souvient que c'est lui" (verso do soneto "Le vierge, le vivace..."). No mesmo livro encontra-se ainda um outro poema intitulado "A Stéphane Mallarmé". No caso do primeiro poema, tem-se um exemplo também em que a referência não é a figura de Mallarmé ou uma concepção — uma impressão — do que seja sua poesia, mas diretamente um texto de Mallarmé, o que é sempre interessante assinalar, pois, como os episódios que vêm sendo mencionados mostram, uma menção ao poeta pode não corresponder a uma leitura condizente.

No livro *Poemas do sonho e da desesperança* (1925), de Athos Damasceno Ferreira, encontra-se mais um poema intitulado "Stéphane Mallarmé". Pela data seria possível pensar que aí se encontraria uma leitura de Mallarmé já sob o influxo do modernismo. No entanto, o livro é composto de poemas ainda ligados ao simbolismo. Trata-se de uma vinculação tardia, que se poderia considerar anacrônica, mas que de fato perdurou em muitos autores.

Ainda dentro do Simbolismo, em sua pouco extensa prosa, encontra-se pelo menos uma menção breve a Mallarmé. No conto "Aquela mulher", de Gonzaga Duque, lê-se: "Vinham-lhe à boca os versos de Wilde como um revolver de pérolas que saíssem dum coração sangrando; sonetos de Mallarmé, serenos e misteriosos como deuses de pedra na sombra roxa dum bosque". O conto, publicado originalmente na revista carioca *Kosmos*, em março de 1907, foi incluído no volume de publicação póstuma *Horto de Mágoas*

(1914)[14]. A apreciação metafórica dos sonetos recitados por um personagem mostra bem um tipo de percepção que se tinha de Mallarmé, em que se enfatiza a tendência esotérica encontrada em muitos simbolistas, ênfase bastante compreensível no caso de Gonzaga Duque, que explorou essa tendência em vários de seus contos.

Outras referências a Mallarmé se encontram, também no âmbito do Simbolismo, em correspondências, como numa carta de Gonzaga Duque dirigida Emiliano Perneta, sem data, mas provavelmente de 1901. Aí se lê, num comentário a conto do simbolista italiano Ugo Ojetti: "É lindo esse conto. A intenção simbólica é feita, como naquele célebre soneto do grande Mallarmé — o cisne cativo — duma ideia genérica, em que colaboram circunstâncias aplicativas e a completam sugestivos detalhes exteriores"[15]. No campo das cartas pode ser mencionada ainda uma carta de Alphonsus de Guimaraens para Jacques d'Avray. Datada de 27 de abril de 1893, a carta menciona a entrevista de Mallarmé a Huret: "Fiquem descansados lá lhes levo a Enquete. Por hoje vai um pedacinho de riso roubado ao intervere com Mallarmé. Lendo-o tem-se ideia perfeita do Simbolismo"[16]. Segue-se trecho em que Mallarmé diz que "nommer un objet c'est supprimer les trois quarts de la jouissance du poème" ("nomear um objeto é suprimir três quartos da fruição do poema"). Se na primeira carta a menção a Mallarmé constitui como que um ponto de referência, na segunda ela mostra uma situação em que a obra

[14] Reedição: DUQUE, Gonzaga. *Horto de Máguas*. Org. Júlio Castañon Guimarães e Vera Lins. Rio de Janeiro: Secretária Municipal de Cultura, 1996. (Coleção Biblioteca Carioca, vol 40).

[15] A carta está transcrita em CAROLLO, Cassiana Lacerda (org.). *Decadismo e Simbolismo no Brasil: crítica e poética*. Rio de Janeiro Livros técnicos e científicos; Brasília, INL, 1980. 2 vol.

[16] Transcrita em *Decadismo e simbolismo no Brasil.*

do poeta já contribui ativamente para a compreensão de uma questão literária.

Considerando que com frequência as cartas são um espaço privado de discussão, às vezes menos contida, de fermentação de ideias e trabalhos ainda em projeto, essas referências são significativas, mesmo que em número reduzido (o que também pode estar ligado ao fato de haver poucas cartas que vieram a público), sobretudo diante do número também reduzido das referências públicas. A sucessão desses sinais, talvez na maioria das vezes bastante discretos, vai de qualquer modo delineando a presença de Mallarmé, uma presença ora marcada pela devoção, ora pela incompreensão. No plano das referências públicas, o da crítica, um plano de abordagem mais direta que o das obras literárias, não se chega a encontrar, com uma única exceção (o texto de Silva Marques, adiante comentado), textos que tratem mais longamente do poeta; o que há é, ainda uma vez, uma série de referências frequentemente rápidas. Por menores que sejam, porém, já são suficientes para explicitar a dificuldade de percepção da obra de Mallarmé.

Há exemplos em que a tentativa de compreensão, via esquematização, acaba em colocações desprovidas de sentido. É o caso do que disse Gama Rosa em 1888 a propósito do movimento simbolista: "sob a direção de Paul Verlaine e Stéphane Mallarmé, chefes de dois grupos que representam a direita conservadora e a extrema esquerda radical do jovem partido literário".[17]

No mesmo ano, em Araripe Júnior encontra-se este comentário num texto sobre o *Ateneu* de Raul Pompéia publicado em *Novidades,* de dezembro de 1888: "Não é isto, porém, o que sucede com o verdadeiro grupo dos simbolistas, de que Stéphane Mallarmé é a encarnação perfeita, e René

[17] Transcrito em *Decadismo e Simbolismo no Brasil,* p. 88.

Ghil, o retórico e o discípulo mais aproveitado. Nestes dois indivíduos, felizmente, encontra-se a nova teoria da arte posta em termos de ser francamente apreendida". Se aí apresenta uma informação minimamente razoável, em outro texto, "Movimento literário de 1893", Araripe Júnior fará deduções curiosas. Depois de referir o "orfismo de Mallarmé", a "holófrase de Stéphane Mallarmé", o "chefe reconhecido dos simbolistas, o autor da 'Sesta de um Fauno'", Araripe Júnior chega a estas deduções: "combinação de um professor de línguas, profundamente impressionado pelos mistérios da palavra, com um franco-maçom iluminado pela psicose ou pela neurastenia do mundo livresco parisiense"[18]. A boa-vontade não impede a redução desinformada.

Nem sempre as referências são de admiração, ainda que embasadas em incompreensão, mas às vezes apenas de franca incompreensão, como nesta de Crispiniano da Fonseca, no jornal *Club Curitibano*, de fevereiro de 1893:

> Em Mallarmé encontramos um soneto cuja primeira quadra depois de horas de meditação, ainda não sabemos se deciframos. É assim: "Victorieusement fui le suicide beau".
> E depois de supormos haver decifrado este enigma, desistimos de compreender o resto do soneto.
> Os abusos são, porém, naturais em tudo e eles não são suficientes para se condenar *in limine*, como muitos fizeram, a escola inteira.[19]

Já de Jean Itiberé lê-se esta apreciação em artigo, "As novas escolas", publicado em julho de 1898 no *Club Curi-*

---

[18] ARARIPE JÚNIOR, *Obra crítica*, vol. 2. 1888-1894. Rio de Janeiro: Casa de Rui Barbosa, 1960, p. 136.
[19] Transcrito em *Decadismo e simbolismo no Brasil*, p. 114.

tibano: "Os Mallarmistas, de resto pouco numerosos, não formam escola, e se alguma novidade apresentam é no estilo torturado, nas frases contorcidas como serpentes entre chamas"[20]. Vindo de um simbolista, o comentário talvez pareça restritivo, o que talvez se explicasse pelo fato de Jean Itiberé ter sido ligado à vertente esotérica, em que Mallarmé não era dos principais nomes. Mas o que aí interessa é a referência à condição pouco numerosa dos adeptos de Mallarmé e, mais ainda, à dificuldade de leitura, aspectos que serão recorrentes (e não é improcedente a imagem que descreve o estilo mallarmeano).

Silva Marques, com "Stéphane Mallarmé", estampado na revista simbolista carioca *Vera Cruz* (nº 6) de janeiro de 1898 (com um retrato de Mallarmé de autoria de R. Lobão), escreveu o primeiro texto de certo fôlego em português dedicado apenas ao poeta. Trata-se de artigo que procura situar um Mallarmé merecedor de toda admiração: "Supondo mesmo que Mallarmé nada tivesse produzido, cabia-lhe ainda assim um lugar preponderante na história das letras pela influência benéfica do seu ensinamento". Adiante diz o crítico, num comentário em que arrebatado pela veneração contraria a voz geral: "Não é isso o que se observa na obra de Mallarmé, não é isso o que ele próprio diz em linguagem que todos compreendem?" E adiante, referindo "o artista da perfeição suprema", cita os poemas "Surgi de la croupe" e "Une dentelle s'abolit"[21]. Essa "linguagem que todos compreendem" vem a constituir uma percepção diametralmente oposta não só àquela de Jean Itiberé, mas à da maioria dos que se manifestaram sobre Mallarmé. E a essa visão que admite a compreensão do texto mallarmeano soma-se a afir-

---

[20] *Id.*

[21] *Id.*, p. 122-126.

mação do papel positivo por ele exercido, o que constitui uma situação digna de nota na mudança da forma como se dá a presença do poeta.

E nesse jogo de maior ou menor compreensão, há a má percepção por parte de escritores ligados a outras correntes. De orientação totalmente distinta, Euclides da Cunha se refere rapidamente a Mallarmé no prefácio, "Antes dos versos", datado de 1908, para *Poemas e canções* de Vicente de Carvalho. Diz o texto:

> Considerando-se, de relance, apenas um dos extremos dessa longa cadeia de agitados — não seria difícil mostrar no desvio ideativo de Mallarmé ou Verlaine, como outrora no satanismo de Baudelaire, os gritos desfalecidos de todos os fracos irritáveis, reconhecendo-se inaptos para entenderem a vida numa quadra em que o progresso das ciências naturais, interpretadas pelo evolucionismo reage sobre tudo e tudo transfigura, desde a origem política, onde se instaura o predomínio econômico dos povos mais ativos, glorificados na inspiração prodigiosa de Rudyard Kipling, até a filosofia moral, onde se alevanta a aristocracia definitiva do homem forte, lobrigado pela visão estonteadora do gênio de Frederico Nietzsche.[22]

Trata-se de um comentário ligeiro, em que as concepções do comentarista impedem uma compreensão adequada, do que resulta, num breve trecho, um enorme equívoco.

Note-se, ainda nesse período, embora fora do campo dos textos, uma ilustração, já referida — o retrato de Mallarmé feito por R. Lobão na *Vera-Cruz*. Trata-se de um trabalho sem maior interesse que não a importância documental, isto é, o fato de o poeta merecer esse tipo de espaço, sua pre-

---

[22] CUNHA, Euclides da. "Antes dos versos". In: CARVALHO, Vicente de. *Poemas e canções*. 9ª ed. São Paulo: Companhia Editora Nacional, 1934, p. 16-17.

sença por meio de um retrato num periódico literário brasileiro. Talvez não haja número suficiente de retratos para tomá-los como representativos das mudanças de leituras, mas o espaço gráfico de Mallarmé sofreu transformações paralelas a sua presença. Trabalhos posteriores, muito diferentes deste de 1898, certamente têm a ver não apenas com as orientações dos artistas, mas também com a modificação do conhecimento sobre o poeta. É o caso do retrato gráfico, geometrizado, feito por Maria Cecília Machado de Barros para o volume *Mallarmé* (1975), de Augusto de Campos, Haroldo de Campos e Décio Pignatari (lembre-se que o mesmo livro inclui as variações gráficas de Erthos Albino de Souza executadas por meio de computador e intituladas "Le tombeau de Mallarmé" — uma homenagem ao poeta paralela aos poemas, com o título "tombeau", que ele dedicou a outros escritores).

O retrato de Mallarmé na *Vera-Cruz* sai alguns meses antes de sua morte, ocorrida em setembro de 1898. Em dezembro seguinte, o *Club Curitibano* publica uma nota em que se lê: "Faleceu em Paris o notável simbolista Stéphane Mallarmé. Nome de escândalo e *charge*, a princípio, por parte da imprensa parisiense que punha a prêmio a decifração dos seus sonetos, Mallarmé, apesar de toda essa guerra, comum afinal, criou uma arte de nervos inquietos e singularmente nova". Aí se juntam a constatação da incompreensão e o reconhecimento da importância, sobretudo pela inovação. Mas o parágrafo final da nota salienta o ainda grande desconhecimento em relação ao poeta: "Não conhecemos todos os trabalhos deste poeta. Sabemos, entretanto, que, além de poderosas obras originais, deixa-nos ele uma tradução maravilhosa das poesias de Edgard Poe". De fato, nessa época parte da obra de Mallarmé ainda estava inédita em livro e parte circulava em periódicos ou pequenas edições; sua circulação no Brasil era assim lacunar e casual.

Com o Modernismo, Mallarmé deixará de ser um dos polos norteadores, como era no simbolismo. É bem verdade que Guilherme de Almeida traduz um poema, o mesmo "Apparition" já traduzido por Alphonsus de Guimaraens. O poema está incluído num volume de traduções, *Poetas de França*, de 1936. Mallarmé surge aí não mais ligado à questão apenas do Simbolismo, mas como um entre vários outros numa antologia da poesia francesa de épocas variadas. Por outro lado, tem-se ainda uma mudança da noção de tradução, pois não se trata mais nem apropriação nem de tradução que desse ao texto outra orientação.

Mallarmé permanece como uma referência histórica, mas não está relacionado com as principais questões que preocupam os modernistas. Antonio Candido observa que "as vanguardas europeias do começo do século prezavam muito Rimbaud" e lembra que *A escrava que não é Isaura*, de Mário de Andrade, começa apresentando Rimbaud como aquele que restituiu "a pureza e a autenticidade" da poesia[23]. Uma certa oscilação que se pode ler em Mário de Andrade talvez sirva para exemplificar a situação. O poema "Tristura", de *Paulicéia desvairada* (1922), tem como epígrafe texto de Mallarmé: "Une rose dans les ténèbres" (do soneto "Surgi de la croupe..."). Pouco depois, em *A escrava que não era Isaura* (1925), lê-se: "E a analogia, ou antes o 'demônio da analogia' em que sossobrou Mallarmé. (...) é PRECISO EVITAR MALLARMÉ!"[24] Todavia, em carta a

---

[23] CANDIDO, Antonio. *Recortes*. São Paulo: Companhia das Letras, 1993, p. 119.

[24] ANDRADE, Mário de. *Obra imatura*, 3ª ed. São Paulo: Martins; Belo Horizonte: Itatiaia, 1980, p. 240.

Alceu Amoroso Lima de 22 de dezembro de 1930, Mário de Andrade assim se expressaria:

> Mas meu conceito só mesmo numa aparência muito diáfana se aparenta ao sobre-realismo. Estou mesmo longíssimo dele pois que Poesia para mim é e tem que ser arte e portanto sujeitar-se a todas, se quiserem, misérias da construção artística, correções, rebusca de efeitos, de originalidade (no bom sentido possível do termo) etc. etc. Estou como você vê, e sem pejo, mais próximo dum Mallarmé. E principalmente mais próximo de Rilke, e certos outros alemães.[25]

É claro que se deve levar em conta o tom e a intenção programática da *Escrava*. Em carta a Bandeira, de 16 de dezembro de 1924, Mário se refere a Mallarmé como "cacete", dizendo claramente que tem pouco interesse por ele[26]. No entanto, ficam patentes, na oscilação, tanto uma inquietação quanto uma hesitação. Talvez ainda aqui o que conte seja o fato de que se continua a não conhecer exatamente Mallarmé, que já não conta mais com o interesse da vinculação de parte de sua produção ao simbolismo.

Entre autores ligados ao Modernismo, encontram-se três situações que exemplificam de modos diferentes as relações com o poeta. Em Murilo Mendes talvez se encontre a situação mais especial. Em sua obra o nome Mallarmé ocorre repetidas vezes, algumas dezenas de vezes, das mais variadas formas. Murilo Mendes também escreveu um poema dedicado ao poeta francês, "Murilograma para Mallarmé", incluído em *Convergência*, de 1970. Mallarmé aparece,

---

25 ANDRADE, Mário de. *Mário de Andrade escreve cartas a Alceu, Meyer e outros*. Coligidas e anotadas por Lygia Fernandes. Rio de Janeiro: Editora do Autor, 1968, p. 17.

26 *Org. Marco Antonio de Moraes. Correspondência*. São Paulo: Edusp, IEB, 2000.

não apenas em poemas, mas sobretudo na prosa de Murilo Mendes, tanto em seus livros, quanto nos artigos para imprensa. Essas referências a Mallarmé ocorrem ora apenas como menção do nome, ora como citação de algum trecho, revelando um notável conhecimento da obra de Mallarmé, inclusive de seus poemas mais difíceis. No caso da citação, é possível verificar que em vários momentos ela se integra ao próprio desenvolvimento do texto de Murilo Mendes. Essa integração se dá na medida em que a citação constitui uma imagem adequada ao propósito do texto ou em que fornece subsídios para o desenvolvimento de um raciocínio. Por exemplo, no texto "Magritte" (do livro *Retratos*-relâmpago) se lê: "Tanto assim que um piano negro de cauda pousado entre móveis anônimos alcança um sentido insólito, qual se tivesse sido destacado, sob o signo mallarmeano, do bloco da *massive nuit*"[27] (a expressão em itálico faz parte do poema "Toast funèbre"). O recurso à expressão de Mallarmé se dá em função da imagem que se presta para a descrição do piano. É importante observar que a maioria das menções a Mallarmé se dá, não em virtude de alguma orientação estética mais ampla (pelo menos não explicitamente), mas em função da elaboração do texto. No entanto, não se pode deixar de atentar para o fato de que a referência a ele cresce no final da produção de Murilo Mendes, o que se poderia associar seja a uma maior identificação dessa produção com a obra de Mallarmé, seja simplesmente ao fato de a essa altura Murilo Mendes ter maior conhecimento dessa obra.

Em Drummond, encontram-se referências em número extremamente menor. Elas, porém, são bastante significativas da importância do autor para Drummond e revelam um conhecimento apurado de sua poesia. Assim, em 1962,

---

[27] *Poesia completa e prosa*. Rio de Janeiro: Aguilar, 1994, p. 1253.

surge uma referência mallarmeana no poema "Isso é aquilo", de *Lição de coisas*, com o emprego da enigmática palavra mallarmeana "ptyx" (que ocorre no soneto "Ses purs ongles..."). Mallarmé é mencionado no poema "Canções de alinhavo", do livro *Corpo* (1984), onde se lê o verso "Stéphane Mallarmé esgotou a taça do incognoscível". Há ainda o caso em que uma citação de um verso de Mallarmé constitui um verso em poema de Drummond: no poema "Água-desfecho", do livro *A paixão medida* (1983), o primeiro verso da primeira estrofe é um verso de um dos poemas de Mallarmé intitulados "Tombeau", o dedicado a Verlaine. Diz a estrofe drummondiana:

> Un peu profond ruisseau calomnié
> desce em meu rumo, vem-se aproximando.
> Sem o ouvido sutil de Mallarmé,
> ouço-lhe embora o ruído grave e brando.

A menção a Mallarmé no terceiro verso não só esclarece a origem do primeiro verso como afirma o apreço de Drummond pelo poeta francês; naturalmente aí o "ouvido" não deve ser compreendido apenas como a capacidade de escutar o som do riacho, mas sobretudo como um "ouvido poético", como a capacidade de percepção das coisas de poesia, de suas sutilezas, inclusive certamente as de seu artesanato.

Entre os modernistas, além de Guilherme de Almeida, cujo trabalho foi acima referido, houve ainda outro poeta que traduziu Mallarmé. Trata-se de Dante Milano, poeta menos conhecido e que demorou a publicar, sendo da mesma geração de Drummond e Murilo. Traduziu dois poemas de Mallarmé, "Herodíade" e "Saudação", que só foram publicados tardiamente, na coletânea *Poemas traduzidos de Baudelaire e Mallarmé* (1988).

Nesses casos, sobretudo nos dois primeiros, a presença de Mallarmé se dá quando a produção desses poetas se aproxima da maturidade. Ou seja, numa sequência cronológica, isso ocorre após os anos de afirmação do Modernismo, de modo que, nesse aspecto, eles dão imediata continuidade à falta de interesse de Mário de Andrade — o interesse deles por Mallarmé está associado a outros momentos da literatura brasileira. Em consonância com isso, somente em 1942 surge o que provavelmente é o primeiro texto longo importante sobre Mallarmé, a conferência de Manuel Bandeira na Academia Brasileira de Letras intitulada "O Centenário de Stéphane Mallarmé"[28]. Também aqui cabe lembrar a menção, já referida acima, que Bandeira faz ao pouco conhecimento que tinha de Mallarmé na juventude. Nessa conferência, encontra-se uma apresentação abrangente da vida e da obra mallarmeanas que procura indicar caminhos para um melhor contato com essa obra. Assim, insiste na concepção orquestral da poesia de Mallarmé (identificação musical que com o tempo será cada vez mais objeto de atenção), como também realça seus poemas de circunstância, o que não é de surpreender num mestre desse tipo de poesia como foi Bandeira. Esses destaques escapam à maneira como o simbolismo brasileiro lia Mallarmé. A concepção orquestral é a percepção de uma musicalidade em termos estruturais, e não do caráter melódico do verso, enquanto a atenção à poesia de circunstância se opõe ao interesse elevado, espiritual, predominante no Simbolismo. Assim, se a visão de Mallarmé exposta na conferência não é programaticamente modernista, fez-se possível por já ser posterior ao movimento.

[28] BANDEIRA, Manuel. *Poesia e prosa*, 2 vols. Rio de Janeiro: Aguilar, 1958, p. 1216-1232.

Outro ensaio motivado pelo centenário foi o de Otto Maria Carpeaux, "Situação de Mallarmé", incluído, em 1943, em *Origens e fins*[29]. Além de, mais uma vez, detectar a dificuldade de compreensão da obra mallarmeana, esse texto talvez tenha como principal mérito salientar que a importância dessa obra se deve ao fato não apenas de "resumir toda a poesia do século [XIX]", mas de com ela Mallarmé "tornar-se o poeta do século XX"[30], o que se soma a outras percepções dessa mesma época que apontam de modo significativo para uma mudança consistente na abordagem do poeta. Um segundo aspecto do texto que merece referência é o esforço de apresentação de *Un coup de dès*, o que também constitui um novo foco de abordagem, embora essa apresentação (que refere "um estranho livro"), mesmo mencionando a dimensão tipográfica e visual do poema, não perceba seu alcance e apresente para o poema uma equivocada associação matemática[31]. Um terceiro aspecto do texto de Carpeaux a ser lembrado é a aproximação entre a poesia mallarmeana e a música, num sentido que não é o dos simbolistas; no entanto, aqui também, salvo essa indicação, não é clara a exposição da relação com Wagner e Debussy[32]. De resto, em

[29] CARPEAUX, Otto Maria. *Origens e fins*. Rio de Janeiro: Casa do Estudante do Brasil, 1943.

[30] CARPEAUX, Otto Maria. *Ensaios reunidos*, vol. 1. Rio de Janeiro: Topbooks, 1999, p. 298. Este volume republica *Origens e fins*.

[31] Veja-se este trecho, com uma equivocada menção a "edição de Valéry": "A essência matemática desta poesia foi sublinhada, na edição de Valéry, conforme os desejos de Mallarmé, pela disposição tipográfica, que dá ao poema aspecto de figura geométrica" (Id., p. 300).

[32] Procurando detectar relações mais internas entre a poesia de Mallarmé e a música de Debussy, o texto diz: "É de importância menor o fato de Debussy haver composto o *Après-midi d'un faune*. Acho mais importante é que as palavras-chaves de Mallarmé se reencontram em Debussy". Citam-se então títulos de obras de Debussy que teriam a ver com as palavras-chaves de Mallarmé, para prosseguir: "É mais importante ainda o ser o processo debussyano o próprio processo mallarmeano".

meio a algumas generalizações, o texto traz informações um tanto imprecisas, como neste trecho:

> Nova perspectiva da situação dialética de Mallarmé: de um lado, é wagneriano; de outro lado — e essa circunstância não foi bastante considerada — professor de inglês. Era um dos poucos na França de então que conheciam a poesia inglesa. Mais notável ainda é que estas duas posições — a wagneriana e a 'inglesa' — eram incompatíveis. Mallarmé pretendeu conferir à poesia francesa o encanto musical da poesia inglesa, e escolheu para esse fim o caminho da música alemã, wagneriana.[33]

O par wagneriano / professor de inglês, bem como a afirmação de seu especial conhecimento de poesia inglesa e de que a tomava como modelo são bastante relativos, merecendo maiores discussões. Mesmo com os avanços na leitura do poeta, ainda havia dificuldades de compreensão a que se somavam desconhecimento de certos dados, que ainda viriam a ser supridos pela pesquisa documental e pela especialização da crítica.

Nessa época há, porém, um outro texto, além do de Bandeira, que merece especial atenção. Motivado também pelo centenário de Mallarmé, e publicado em 1948 em *Anteu e a crítica*, o texto "Mallarmé", de Roberto Alvim Corrêa, é sem dúvida alguma muito importante como exposição de grande argúcia e finura sobre o papel capital de Mallarmé na literatura contemporânea. Uma de suas melhores observações é a que situa Mallarmé, não mais como uma dificuldade isolada, mas dentro de uma série de conexões: "O que há de mais representativo na poesia francesa contemporânea, vive em grande parte dele que, por sua vez, pertence a uma filiação lírica que remonta ao século XVI. Ao contrário do

[33] Id., p. 302.

que muitos pensam, a obra de Mallarmé não é o resultado de uma geração espontânea. Encontram-se antes e depois dela versos mallarmeanos."[34]

São citados então versos de autores tão diferentes quanto Agrippa d'Aubigné, Du Bellay, Théophile de Viaux ou Racine, relacionados com este ou aquele outro verso de Mallarmé, numa mostra, mais do que de conhecimento, de notável sensibilidade. Pode-se encarar o texto de Roberto Alvim Corrêa como representativo de um momento em que se lê Mallarmé num contexto mais amplo, livre das limitações de um determinado movimento e na perspectiva de inter-relações a partir de então cada vez mais produtivas para os estudos literários.

No texto de Roberto Alvim Corrêa, há um trecho em que ele salienta o interesse que o poeta despertava; embora o comentário possa dever muito a seu próprio interesse pessoal, atesta certamente mais do que isso:

> Cerro os olhos. Estamos no ano fatal de 1939. Para muitos, chegou a hora de partir de repente. Uns vão para a frente, outros têm de fugir da invasão. Todos só dispõem de poucos minutos: mas bem sei que, naquele momento decisivo de sua vida, houve mais de um jovem francês que escolheu febrilmente, entre os três ou quatro livros que ia levar, o livrinho de Mallarmé.[35]

Por mais tocante, porém, que seja a possibilidade aventada, ela estaria circunscrita a um grupo restrito, como sempre foi o de leitores de Mallarmé.

Ao lado dos três textos críticos acima referidos, vários textos de diferentes tipos, ainda na década de 40, merecem

[34] CORRÊA. Roberto Alvim. *Anteu e a crítica.* Rio de Janeiro: José Olympio, 1948, p. 65

[35] Id., p. 68.

referência. Em 1940, Reynaldo Moura publica o poema intitulado literalmente "L'après-midi d'un faune". Logo no início do volume, lê-se esta nota:

> Interpretação superficial talvez sugerida pela partitura de Claude Debussy — em todo caso subordinação a um sentido particular de figura e de ambiência — este prelúdio vesperal, sesta, instante inicial na tarde de um fauno não seria, sem perda de exatidão literária, o portador de outro título. Tradução infeliz... A expressão, já universal, contém o espírito e a poesia de um momento — e de um caminho — que, desde Mallarmé, mesmo a riqueza das línguas mais ilustres tem homenageado.

Trata-se de um poema cujo interesse está praticamente apenas na curiosidade de sua apresentação, pois são equivocadas tanto sua concepção quanto sua realização. Tipograficamente, e apenas nisso, ele se baseia no aspecto visual de "Un coup de dés", mas o texto, que pode ser considerado de um simbolismo tardio, é totalmente linear, ao contrário do que ocorre no poema de Mallarmé. De fato, como indica o título, o tema do texto provém, não de "Un coup de dès", mas de outro poema, "L'après midi d'un faune". No entanto, trata-se, sem dúvida, de uma experimentação a partir de um setor da obra mallarmeana até então menos conhecido, e que só nas décadas seguintes viria a ser mais estudado. A ambiguidade da experiência de Reynaldo Moura — aspecto visual a que não corresponde o texto — talvez reflita justamente o conhecimento então incipiente de "Un coup de dès" (conforme visto em abordagens críticas como a de Carpeaux).

Em outubro de 1941, em um número de "Autores e Livros", suplemento literário do jornal *A Manhã* (comemorativo do centenário de Fagundes Varela), Onestaldo de Pennafort publicou de forma resumida um estudo comparativo entre Varela e "Gustave Flaubert (com relação às respectivas obras em que versaram um mesmo tema bíblico)"[36]. O trabalho só viria a ser publicado de forma integral em 1960[37]. O tema bíblico em questão é o "do festim de Herodes, da dança de Salomé e da degolação do Batista, segundo São Mateus e São Marcos"[38]. O estudo na verdade se estende, abrangendo obras de Oscar Wilde, Eugénio de Castro e Mallarmé. A abordagem que Pennafort faz do poema "Hérodiade", de Mallarmé, é primorosa e, como todo o estudo, não mereceria ficar esquecida. Embora o objeto do estudo seja mais amplo, chama atenção o fato de em relação ao poema de Mallarmé ser ressaltada sua especificidade como texto poético, que alcança resultado especial (em relação ao texto bíblico) justamente como "verdade poética", num "prodígio de invenção artística"[39]. Cabe ainda lembrar que Pennafort traduz pioneiramente, nas citações, alguns trechos do poema, que anos depois viria a ser traduzido por Augusto de Campos.

No campo da tradução, alguns poucos trabalhos são encontrados neste período. O poema "L'après midi d'un faune" foi traduzido ("A tarde de um fauno") por Péricles Eugênio da Silva Ramos em 1939, segundo seu depoimento, mas só foi publicado em periódico anos depois. Também foi traduzido por ele o "Le tombeau d'Edgar Poe" ("O túmulo de Edgar Poe", *Jornal de São Paulo*, 9 de outubro de 1949)[40]. A essas poucas traduções conhecidas no período soma-se a circunstância de Manuel Bandeira, que justamente nessa época publicou na imprensa traduções de numero-

---

36 PENNAFORT, Onestaldo. *O festim, a dança e a degolação: Fagundes Varela e Gustava Flaubert.* 2ª ed. Rio de Janeiro: Civilização Brasileira, 1975, p. 1.
37 Data da primeira edição em livro.
38 Id., p. 11.
39 Id., p. 36.
40 Esses dados constam de artigo de Péricles Eugênio da Silva Ramos publicado na *Folha de S. Paulo* e mais adiante novamente citado.

sos poemas de diferentes poetas, não ter traduzido nenhum poema de Mallarmé. Assim, a uma apreciação crítica mais sólida não corresponde um esforço de tradução. Talvez se possa supor que, sem a adesão mais imediata dos poetas da virada do século, esse trabalho se mostrasse especialmente árduo e tivesse de esperar ainda por um aprofundamento do conhecimento crítico.

No entanto, é ainda nos anos 40 que a presença de Mallarmé em um epígrafe de uma obra poética adquire considerável importância. Em 1942, João Cabral de Melo Neto publica seu primeiro livro, *Pedra do Sono*, que tem como epígrafe o verso de Mallarmé "Solitude, récif, étoile..." (do poema "Salut"). Décadas depois, em "Diante da folha branca", do livro *Agrestes* (1985), o nome Mallarmé ocorre como uma espécie de rubrica da segunda parte do poema (a rubrica da primeira é Van Gogh). Se nesse poema se toma como tema uma questão cara a Mallarmé, no caso da epígrafe — pelo que pode ter de indicação sobre a obra que antecede — tem-se então uma situação que permite uma leitura em relação à própria obra de Cabral. Essa situação foi detidamente examinada por Luiz Costa Lima, que indaga: "Terá o poeta citado de fato Mallarmé ou, ao contrário, citou o Mallarmé reposto por certa leitura sua?"[41] Depois de examinar o poema de que foi extraída a epígrafe, conclui o crítico:

> Estamos agora em condições de verificar o quanto a leitura da passagem por Cabral se afasta da proposta por Mallarmé. Enquanto em 'Solitude' [o poema de Mallarmé], o verso tomado como epígrafe tem um sentido figurado, indicando os riscos da vida do marinheiro-poeta, sua citação isolada, na abertura de

[41] LIMA, Luiz Costa. *Lira e antilira*. 2ª ed. Rio de Janeiro: Topbooks, 1995, p. 203.

Pedra do Sono, faz as palavras soarem na sua dureza concreta. Toda a sugerência simbólica se descarta, para que as palavras concentrem sua força nomeante.[42]

Numa entrevista, João Cabral assim se referiu ao poeta: "Admiro em Mallarmé o rigor, o trabalho de organização do verso. Não me agrada o lado prosódico, muito apegado à tradição melódica: nada inovou quanto à metrificação"[43]. Esse comentário se presta para mostrar de maneira mais simples e direta como João Cabral podia se interessar em relação a Mallarmé por um aspecto e não por outro. De modo menos simples, o fato é que na escolha da epígrafe está indiciado, como aponta a análise de Costa Lima, uma leitura bastante diferente da que até então ocorria, uma leitura que não somente se afasta da proposta de Mallarmé como se afasta da leitura corrente que se faz de Mallarmé; assim, aí o poeta já está inserido tanto numa discussão crítica quanto na produção literária. E assim será na década seguinte que terá início o trabalho relativo a Mallarmé desenvolvido pelos concretistas ou por autores próximos ao concretismo, trabalho este que se constituirá numa grande divulgação de Mallarmé em português, bem como em uma renovação da crítica sobre ele, que em grande medida integrará sua leitura a um projeto literário. O trabalho de leitura de Mallarmé pelos concretistas, além de associado a seu próprio projeto de criação literária, se faz atento a uma crítica atualizada e segundo novos modelos críticos. Assim, ao lado dessa leitura por intermédio de um intenso trabalho de tradução e de crítica, verifica-se a presença fundamental de Mallarmé na própria concepção poética dos poetas concretos, o que de

---

[42] Id., p. 205.

[43] Essa entrevista se encontra em SECCHIN, Antonio Carlos. *João Cabral: a poesia do menos*. São Paulo: Duas Cidades, 1985.

modo mais explícito se pode ver nos diversos poemas em que ele está presente.

Se Roberto Alvim Corrêa, acima mencionado, projetava Mallarmé em retrospecto, pode-se encontrar sua projeção contemporânea, também certeiramente aludida por Corrêa, num texto já deste outro período. Trata-se de "Pontos — periferia — poesia concreta", de Augusto de Campos. Essa inserção de Mallarmé no contexto de uma produção mais ampla talvez seja o sinal mais eficaz de uma modificação substancial da maneira como passa a ser lido e como passa a ser percebido mais produtivamente. No texto de Augusto de Campos, um texto programático do concretismo, lê-se: "Un Coup de Dés" fez de Mallarmé o inventor de um processo de composição poética cuja significação se nos afigura comparável ao valor da 'série', introduzida por Schoenberg, purificada por Webern e, através da filtração deste, legada aos jovens músicos eletrônicos, a presidir os universos sonoros de um Boulez ou um Stockhausen"[44]. Lembrando a dimensão musical tão importante para a concepção do poema mallarmeano, Augusto de Campos, para enfatizar sua significação, recorre a uma comparação com a produção musical do século XX, cabendo lembrar que a comparação com Boulez se estreita na medida em que este compôs algumas peças baseadas em poemas de Mallarmé. E a leitura de Mallarmé num contexto que ultrapassa os limites do literário aponta para amplo papel amplo que sua obra desempenha nas artes ao longo do século XX. Mas na exposição que faz a respeito do poema o ponto digno de nota está no reconhecimento de que se trata de um poema que se realiza

---

[44] CAMPOS, Augusto de. "Pontos – periferia – poesia concreta". In: CAMPOS, *Augusto et alii. Teoria da poesia concreta.* São Paulo: Brasiliense, 1987, p. 23.

pela “utilização dinâmica dos recursos tipográficos”, aspecto especialmente desenvolvido no texto. Aí não somente já se tem por fim uma compreensão criticamente fundamentada da obra mallarmeana, como também se tem dela uma leitura que a situa de modo específico em sua importância para o concretismo, que como se sabe tem na exploração dos recursos tipográficos um de seus pontos importantes.

Mário Faustino em sua página intitulada “Poesia-experiência”, que apareceu no *Jornal do Brasil* entre 1956 e 1958, e em que tratou de autores decisivos para a poesia contemporânea, publicou dentro da série “Fontes e correntes da poesia contemporânea”, o texto “Stéphane Mallarmé”, em 19 e 26 de maio de 1957[45]. Trata-se de uma apresentação geral do poeta, acompanhada de traduções, com caráter informativo, de alguns poemas, bem como de traduções de textos em prosa: trecho do *Igitur*, em tradução de José Lino Grünewald, e o prefácio para “Un coup de dés”, em tradução de Ecila de Azeredo. O texto procura ser uma exposição abrangente da produção de Mallarmé, que é dividida em diferentes etapas, bem caracterizadas e exemplificadas. Tem-se aí uma leitura de Mallarmé que não só se faz com instrumentos atualizados (refere, por exemplo, o livro de Robert Greer Cohn), mas se mostra atenta à sua presença contemporânea e futura, embora o texto se apresente apenas como “simples conversa em torno de alguns aspectos de Mallarmé”.

Em agosto de 1958, Haroldo de Campos publicou, no *Jornal de Letras* do Rio de Janeiro, “Lance de olhos sobre

---

[45] O texto foi reproduzido no volume *Poesia-experiência* (Org. Benedito Nunes. São Paulo: Perspectiva, 1977, p. 117-133) e, com o título “Poesia não é brincadeira”, em *Artesanatos de poesia*. Fontes e correntes da poesia ocidental (Org. Maria Eugênia Boaventura. São Paulo: Companhia das Letras, 2004, p. 159-181).

‘Um lance de dados’”, um artigo acompanhado da tradução de trecho do poema. Em 19 de outubro de 1963, em *O Estado de S. Paulo*, Augusto de Campos publicou “Dois sonetos” de Mallarmé. No mesmo jornal, em 30 de setembro de 1967, publicou a tradução de outros sete poemas, juntamente com o texto “Mallarmé: o poeta em greve”. Além dessas colaborações em periódicos, esta atuação se concretizaria também em alguns livros. O primeiro, de 1970, é um pequeno volume, primorosamente produzido em tiragem reduzida pelo tipógrafo-poeta Cléber Teixeira. Trata-se de *Mallarmagem*, em que Augusto de Campos traduzia doze poemas (“Brinde”, “Une négresse par le démon secouée”, “Brisa marinha”, “Leque”, “Outro leque”, “A vendedora de roupas”, “O virgem, o vivaz...”, “Puras unhas...”, “Toute l’âme résumée”, “Au seul souci de voyager”, “Quelle soie aux baumes de temps”, “A la nue accablante tu”) com uma breve introdução, “Mallarmé: o poeta em greve”. Em 1975, surgiu o volume *Mallarmé*, com traduções e textos críticos de Augusto de Campos, Haroldo de Campos e Décio Pignatari. Neste volume se traduzia parcela substancial da poesia de Mallarmé, como “Un coup de dés” (traduzido por Haroldo de Campos), “L’après-midi d’un faune” (numa tradução experimental de Décio Pignatari, em que para cada verso são oferecidas três versões em português) e numerosos dos poemas curtos (por Augusto de Campos).

Pela lista acima dos poemas traduzidos pode-se ver que se está longe daquelas primeiras traduções que se apegavam ao Mallarmé inicial. Tem-se agora uma apresentação ampla da produção mallarmeana. Os estudos que acompanham esse trabalho de tradução, se procuram ser uma exposição abrangente da obra e, ao mesmo tempo, tratar das questões de tradução, entram muitas vezes por análises mais detalhadas, amparadas por uma bibliografia especializada e atualizada, como no caso do trabalho de Haroldo de Campos "Preliminares a uma tradução do *Coup de dés* de Stéphane Mallarmé", em que ele analisa minuciosamente o vocabulário do poema com vista a suas opções de tradução. Mesmo que a leitura que os concretistas fizeram de Mallarmé estivesse dentro de uma leitura mais ampla, envolvendo vários outros autores, como parte do projeto concretista, isso de modo algum constitui ressalva ao trabalho que fizeram em relação a Mallarmé. E para a presença deste no Brasil esse trabalho constituiu importante momento de uma grande mudança.

Augusto de Campos viria ainda a publicar, em 1987, sua tradução de "Herodíade", incluída no volume *Linguaviagem*. Acompanha-a ensaio que aborda Mallarmé e Valéry, pois o volume incorpora ainda a tradução de "A jovem Parca". Outro poeta do grupo concretista, José Lino Grünewald, também traduziu Mallarmé. Incluiu um trecho de *Igitur* e o poema "Brinde" em sua coletânea de traduções *Transas, traições, traduções*, de 1982. Em 1985, publicou *Igitur ou a loucura de Elbehnon* e em 1990, em *Poemas*, reuniu as traduções de alguns poemas, de poemas em prosa, de *Igitur* e de trechos de outras obras.

A esta altura, Mallarmé é presença regular, por assim dizer, tanto na crítica quanto na produção literária. Não apenas se encontram estudos sobre sua obra (por exemplo, o ensaio de João Alexandre Barbosa "Mallarmé, ou a metamorfose do cisne", análise do soneto "Le vierge, le vivace et le bel aujourd'hui" incluída em *As ilusões da modernidade* [1986]), como esta faz parte da reflexão crítica de alguns estudiosos, o que sem dúvida constitui uma mudança considerável. Alguns exemplos podem ser encontrados (além do já referido estudo de Costa Lima sobre João Cabral de Melo Neto) em *Mimesis e modernidade* (1980), do mesmo autor, que dedica largo espaço a Mallarmé, pois este é elemento importante para a noção de mimese proposta no livro; ou em vários ensaios do volume *A astúcia da mimese* (1972), de José Guilherme Merquior, em especial em "O lugar de Rilke na poesia do pensamento" e, dentro de um ensaio novamente sobre João Cabral de Melo Neto, na seção "o estilo poético de João Cabral na tradição moderna", quando em ambos os textos a exposição sobre Mallarmé é central para o desenvolvimento da análise. Aqui não se trata nem de um texto de divulgação como o de Mário Faustino nem de textos associados a um trabalho de tradução, mas de textos em que a abordagem de Mallarmé está integrada a uma reflexão teórica que embasa uma análise crítica.

Ao lado dessa presença mais explícita, em traduções e textos críticos, Mallarmé circula em numerosas produções de poetas, de maneiras as mais variadas: epígrafe, citação, simples menção do nome, etc. Como amostragem, podem ser citados os poemas "Os lanceiros" de José Paulo Paes, em *Anatomias* (1967); "Stèle pour vivre nº 4. Mallarmé Vietcong" de Décio Pignatari, em *Exercício findo* (1968); "Pascal prét-a-porter e / ou le tombeau de Mallarmé" de José Paulo Paes, em *Meia palavra* (1973); "Le don du poéme" de Haroldo de Campos, em *A educação dos cinco sentidos* (1985); "Tombeau de Rosamallarpoe" de José Lino Grünewald, em *Escreviver* (1987); "A morte de Mallarmé" de Armando Freitas Filho, em *De cor* (1988); "Post cards" de Sebastião Uchoa Leite, em *Cortes/toques,* incluído em *Obra em dobras* (1988); "Limites ao léu" de Paulo Leminski, em *La vie en close* (1991); "No centenário de Mallarmé", de Nelson Ascher, em *O sonho da razão* (1993); "tvgrama I (tombeau de mallarmé)" de Augusto de Campos, em *Despoesia* (1994); "Fotografia de Mallarmé" de Ferreira Gullar, em *Muitas vozes* (1999); "Um lance" de Carlos Ávila, em *Ásperos,* incluído em *Bissexto sentido* (1999).

Se os dados que vêm sendo expostos traçam um percurso de leitura e releitura de Mallarmé, traçam também um percurso similar de escrita e reescrita de seus textos em língua portuguesa. Assim, a esta altura já é bastante maior até a possibilidade de comparar diferentes traduções de um mesmo texto de Mallarmé, o que revela não só interesse pelo desafio de traduzir um poeta difícil, mas também o empenho de conhecimento de sua obra. Além de outros casos, alguns já mencionados, o poema "Le tombeau d'Edgar Poe" existe em tradução de Augusto de Campos e de Péricles Eugênio da Silva Ramos; "Salut" em tradução de José Lino Grünewald e Augusto de Campos; "Brise marine" em tradução de Augusto de Campos e Guilherme de Almeida. Essa situação se estende até mesmo à prosa, ainda que em escala bem menor, até porque a maior parte dela está na verdade à espera de tradução, o que talvez tenha a ver tanto com sua dificuldade quanto com o seu interesse ter ficado mais restrito ao campo da crítica. No entanto, pode-se citar como exemplo a prosa de "O demônio da analogia", que está traduzida por José Lino Grünewald e por Inês Oseki-Dépré[46]. Aos poucos, porém, outras traduções da prosa vão surgindo, como a de "O livro, instrumento espiritual" e "O mistério nas letras", traduzidos por Amálio Pinheiro na coletânea *Fundadores da modernidade* (1991), organizada por Irlemar Chiampi.

Em 1992, ano do sesquicentenário de Mallarmé, a data foi lembrada de diversas formas, bem mais visíveis do que,

[46] A tradução de Inês Oseki-Dépré saiu na revista *Código* (agosto de 1980), que era publicada em Salvador por Erthos Albino de Sousa.

por exemplo, o que se pôde ler nas pequenas revistas simbolistas quando da morte do poeta. No Rio de Janeiro, a Fundação Casa de Rui Barbosa organizou uma exposição dedicada ao poeta[47]. Aberta em 25 de março, a exposição centrava-se na presença de Mallarmé no Brasil, compondo-se de material iconográfico, reproduções de textos críticos e de poemas tanto de Mallarmé (no original e em tradução) quanto de autores brasileiros de alguma forma relacionados com o poeta francês, bem como de material bibliográfico. Na imprensa, em 13 de março de 1992, a *Folha de S. Paulo* publicou um artigo de Leyla Perrone-Moisés, "Um lance de dados causa estranhamento", uma seleção de frases de Mallarmé feita por José Lino Grünewald, "Pedras de toque sobre o pensamento do poeta", um artigo de Péricles Eugênio da Silva Ramos, "Poeta foi um mestre das palavras", e as duas traduções de sua autoria já aqui mencionadas. Cabe observar que, em seu artigo, Péricles Eugênio da Silva Ramos procura associar Mallarmé e a geração de 45, o que vem a ser apenas mais um viés no percurso de interpretação do poeta. Em 14 de março, o *Estado de S. Paulo* publicou dois textos de José Paulo Paes sobre Mallarmé ("Stéphane Mallarmé, o simbolista no jardim de Des Esseintes" e "Chaves para os enigmas da 'Prosa'"), acompanhando sua tradução do poema "Prose". Um dia depois, a *Folha de S. Paulo* estampou artigo de Augusto de Campos e suas traduções inéditas de seis poemas de Mallarmé, incluindo "Prose". Considerado dos mais difíceis poemas de Mallarmé, "Prose", até então inédito em português, instigou assim, na ocasião, a homenagem de três tradutores (além das de José

[47] Foi organizada pelo Setor de Filologia da fundação, sob a responsabilidade de Flora Süssekind e minha. O catálogo da exposição, que lista mais de uma centena de itens, constituiu de fato a base que possibilitou a redação deste trabalho, impulsionado por uma sugestão de Monique Balbuena.

Paulo Paes e de Augusto de Campos, uma terceira tradução, de minha autoria, foi exposta na mostra da Fundação Casa de Rui Barbosa). Houve até mesmo uma página feminina de um grande jornal dedicada ao poeta. Com o título "O lado 'fashion' de Mallarmé", o intertítulo "Entre receitas e plissados" e ilustrada com vestidos de Charles Worth, grande nome da moda do século XIX, a matéria da jornalista Heloísa Marra, em *O Globo* de 14 de março de 1992, centrava-se na revista editada por Mallarmé, *La dernière mode*, onde ele publicou artigos sobre moda e culinária.

A seguir a essa ocasião, podem ser lembrados ainda, sempre um tanto ao acaso, um ensaio como *O espelho interior — o mito solar nos contos indianos de Mallarmé* (1994) de Lúcia Fabrini de Almeida ou traduções como as dos *Contos indianos* (1994), por Yolanda Steidl de Toledo; de *Prosas* ("Autobiografia", "Poemas em prosa" e "Contos indianos", 1995), por Dorothée de Bruchard; de *Brinde fúnebre e Prosa* (1995), de minha autoria; e de novos poemas incluídos por Augusto de Campos em seu livro *Poesia da recusa* (2006). Em 1998, ano do centenário de morte, uma revista de divulgação literária, *Cult*, apresentou em seu número de novembro um dossiê sobre o poeta, com a republicação da conferência de 1942 de Manuel Bandeira, além da inclusão de um ensaio de Rosie Mehoudar, "O todo poético" e tradução de minha autoria de trecho do texto inacabado "Épouser la notion"[48], bem como uma cronologia e uma bibliografia.

Essa listagem, que certamente está longe de ser completa (não se levaram em conta, por exemplo, as teses universitárias), permite no entanto verificar uma multiplicidade de

[48] A tradução integral de "Épouser la notion" encontra-se no volume *Brinde fúnebre e outros poemas* (Rio de Janeiro: 7 Letras, 2007).

modos da presença de Mallarmé. Essa presença, que inicialmente não podia sequer ser comparada com a de Baudelaire, talvez continue hoje a quantitativamente ser bem diferente, mas seu peso é inegável. Em uma conferência de 1933, Paul Valéry tratou da questão da repercussão da obra de Mallarmé. Referiu que se tratava de um homem que levara uma vida modesta e discreta, e que produzira uma obra a que se impunha "esta tríplice fórmula de execração: *obscuridade, preciosidade, esterilidade*". Essa obra só interessava a um pequeno círculo de adeptos e iniciados. No entanto, observa que naquele momento ele está fazendo uma conferência em Paris sobre esse poeta e que seria fácil verificar que a venda de seus livros, após sua morte, cresceu e se mantém constante, enquanto a dos livros de vários de seus contemporâneos de sucesso decaía. Além disso, lembra o crescente número de obras críticas, na França e no estrangeiro, sobre a poesia ou as ideias de Mallarmé, bem como de traduções: "a influência do tenebroso autor é sensível, profunda, incontestável sobre espíritos pertencentes às mais diversas famílias humanas". A conferência de Valéry, ao mesmo tempo que constitui uma apresentação biográfica e crítica de Mallarmé, procura encontrar as razões dessa influência, e elas estariam em torno de "uma espécie de fé na expressão estética *pura*". Naturalmente as razões expostas têm a ver também com as próprias concepções de Valéry, mas o que interessa aqui é ele chegar à conclusão de que "essa interpretação do gênero de influência de Mallarmé pode explicar a profundidade dessa influência sobre esse número bastante pequeno de 'adeptos' de que lhes falei".[49]

[49] VALÉRY, Paul. "Stéphane Mallarmé". In: *Oeuvres*, vol. 1. Paris: Galimard, 1980, p. 660-680.

O texto de Valéry apresenta alguns dados que naturalmente são válidos para qualquer exame de circulação de obras. Talvez as razões apresentadas tenham o peso da extrema admiração e amizade por Mallarmé. Mas o fato é que ele salienta que a influência de Mallarmé tem uma especificidade, e assim também tem uma especificidade sua presença entre nós, tal como a profundidade. Tudo isso é muito difícil de ser detalhado, e se aproxima daquela "presença subterrânea" mencionada no início deste texto e que aflora vez ou outra, por exemplo, na obra de vários poetas. Vale a pena mencionar por fim, a título apenas de lembrança, algo que ultrapassa os propósitos destes apontamentos, ou seja, a presença do poeta que se faz por meio de nossa leitura dos vários críticos e teóricos franceses que marcam nossa formação, o que provavelmente está no âmbito da profundidade tal como referida, e também provavelmente não está por inteiro no âmbito do subterrâneo.

CONTRAPONTOS: NOTAS SOBRE CORRESPONDÊNCIA NO MODERNISMO

"Je me souviens qu'une fois Mme de Luxembourg me parlait en raillant d'un homme qui quittait sa maîtresse pour lui écrire". J.-J. Rousseau, *Les confessions*

I

Em carta a Mário de Andrade, de 8 de abril de 1933, Manuel Bandeira relata que está arrumando seus papéis, inclusive cartas, e faz o seguinte comentário: "como li cartas de minha gente de mistura com a correspondência de amigos (você, Couto e outros), tudo muito rico de substância humana, tenho a impressão de ter lido um romance do tipo do *Contraponto* de Huxley ou do *Mannhattan transfer* do Dos Passos". O comentário interessa, em primeiro lugar, pela associação direta de um conjunto epistolográfico com a elaboração de uma obra literária, o que se dá justamente por se apontar para o caráter da correspondência como diálogo, como intercalação ou mesmo entroncamento de textos (na introdução de sua edição da correspondência entre Mário e Bandeira, Marcos Antonio de Moraes salientou como esse comentário abria "perspectivas para se trilhar também a correspondência de Mário e Bandeira como um 'romance'"[1]). Em segundo lugar, importa observar que no conjunto

[1] MORAES, Marcos Antonio de. *Afinidades eletivas*. p. 13.

o poeta estabelece uma distinção: há as cartas "de minha gente" e há as cartas "de amigos". Em passagem anterior da mesma carta, ele especifica a distinção. As cartas "de minha gente", ou seja, as de seus parentes próximos, têm caráter exclusivamente pessoal. Sobre elas diz Bandeira:

> Quando a minha gente morreu, eu guardei grande cópia de cartas imaginando que mais tarde acharia consolo lendo-as. Pode ser que com outros seja diferente. Comigo verifiquei que é terrível reler nas cartas a vida dos que perdemos. Uma ou outra vez, aqui e ali, um balsamozinho. Mas em geral uma dor medonha. Não, não aconselho ninguém a guardar cartas dos que morreram.

Assim, essas cartas não só teriam função num âmbito muito restrito, como também poderiam ser descartadas justamente pelas consequências negativas no plano estritamente pessoal. A seguir, Bandeira fala das outras cartas:

> Dos vivos, porém, é muito interessante guardar o que nos escreveram. Como se muda! Como a gente se engana! Tenho lido muita coisa engraçada sua. Dou-lhe os parabéns: tenho rasteado na sua correspondência todos os seus projetos literários e musicais e verificando que todos ou quase todos foram cumpridos! Já em 27 você falava no *Dicionário musical* e dizia: "é obra para dez anos". Eu disse acima "quase todos" mas posso dizer todos, porque a única coisa de que você não falou mais foi de um ensaio sobre o que você chamou o "Sequestro da Dona" em nossa literatura. Precisa pensar nisso, pois o tema me pareceu bem interessante. Faça isso em vários capítulos para a revista. Mas gostaria que você começasse a colaboração com um artigo bom sobre música e sobre o nosso Camargo Guarnieri.

As "cartas de amigos" ou "dos vivos" por sua vez acabam associadas direta e estreitamente ao trabalho literário.

Tanto que, no próprio desenvolvimento do texto dessa carta, se acaba passando de um assunto para outro sem qualquer solução de continuidade. Tanto ainda que o parágrafo seguinte começa com uma espécie de indicação do percurso do texto: "Voltando às velhas cartas". Além da associação com o trabalho literário — ainda enfatizada no parágrafo seguinte da carta, já citado, quando o conjunto das cartas é associado a obras literárias —, há na passagem acima, bem como na anterior, referência clara à guarda e à leitura das cartas, ou seja, ao arquivamento e edição, de modo que se integram ao espaço mais amplo do trabalho literário. Na passagem em que aconselha a que não se guardem as cartas dos mortos, Bandeira ainda assim está no plano desse trabalho com a correspondência, na medida em que assinala elementos com frequência presentes nas correspondências: a lacuna, a interrupção. O descarte que ele sugere que se faça no arquivo das correspondências insere-se na produção de um texto que abandona trechos e versões, no processo de escrita.

A carta que fecha a edição da correspondência entre Paul Valéry e André Gide não é de fato a última carta da sequência. Foi posta pelo organizador nessa posição para que ficasse fora da sequência cronológica — e de certo modo fora do conjunto. Trata-se de uma carta de Valéry que ficou incompleta e que não foi enviada. Em nota, o organizador assim se explica: "Não a pusemos no corpo da *Correspondência* porque não fez parte das trocas, mas julgamos que devia figurar no volume"[2]. Mais uma vez a oscilação que cerca a situação dessa carta pode representar as ambiguidades que cercam o estatuto da correspondência. No caso, o organizador na-

2 GIDE, André e VALÉRY, Paul. *Correspondance*. Préface et notes par Robert Mallet, p. 528.

turalmente se apega a um conceito excessivamente estrito, mas, por não chegar ao extremo de descartar o documento, abre espaço para as indagações sobre esse estatuto. A carta integra-se ao grande texto da correspondência independentemente dos fatores fortuitos da remessa, entrega, e assim por diante.

Nessa mesma edição, o organizador reproduz o seguinte comentário que lhe fez André Gide a propósito das cartas de Valéry: "Você conhece uma prosa tão bem feita por instinto? Valéry, que sempre pregou o polimento da escrita, provou que ele podia dispensá-lo. Suas palavras estavam polidas a partir do momento em que ele as traçava, eu quase diria: a partir do momento em que ele as achava".[3] Aí se chama atenção para um traço comum na correspondência, qual seja, um nível de espontaneidade, que, de modo especial no caso de Valéry, não se pode deixar de contrapor à escrita de sua obra. Mas esse traço se depreende a partir da leitura num determinado plano, que em última instância tem a ver com a questão da correspondência como gênero e das relações entre os gêneros. Para outras leituras, há necessidade de outras operações, que por sua vez reforçam a condição fragmentária e lacunar da correspondência. Assim, o organizador das cartas entre Valéry e Gide teve em mão inicialmente as do primeiro; somente quando pôde dispor das do segundo, "muitas lacunas foram preenchidas, muitas sombras se dissiparam"[4]. Aqui, de um lado, se explicitam algumas das peculiaridades da correspondência — a condição lacunar e a inter-relação dos textos; de outro lado, se chama atenção para o fato de que o material bruto da comunicação privada

---

[3] MALLET, Robert. "Introduction". In: GIDE, André e VALÉRY, *Correspondance*, p. 10.
[4] Id.

é passível de um trabalho que o transforma no texto público. Significativamente, nos dois conjuntos de correspondência mencionados, Valéry-Gide e Bandeira-Mário, a leitura das cartas surge como pelo menos indício dessa passagem. Segundo relata o organizador da correspondência Valéry-Gide, André Gide, em 1950, lhe disse: "Tenho vontade de reler as cartas que Valéry me enviou'"[5]. Depois de examiná-las, comenta: "Decididamente, acho que é preciso publicar essas cartas". E também diz que devem ser publicadas junto com as suas. Prossegue o organizador: "André Gide me encarregou da publicação projetada e durante várias semanas fui a sua casa proceder à colação dos textos, de decifração árdua. Com frequência, ele se instalava a meu lado, me ajudava a datar uma carta, a determinar uma palavra"[6]. Na carta em que Bandeira diz estar examinando a correspondência por ele preservada, salienta a importância que pode ter essa leitura, o que Mário sintetizaria ao dizer que "Carta de deveras carta, é documento maior" (carta de 7 de abril de 1928). Assim, a edição e a leitura das cartas constituem um trabalho crítico, no sentido em que, como diz Silviano Santiago, "talvez a maior riqueza que se depreende do exame das cartas de escritores advenha do fato de os teóricos da literatura poderem colocar em questão, desconstruir os métodos analíticos e interpretativos que fizeram a glória dos estudos literários no século 20"[7]. Ainda como aponta Silviano "a leitura de cartas escritas aos companheiros de letras e familiares, bem como a de diários íntimos e entrevistas, tem pelo menos dois objetivos no campo duma nova teoria lite-

---

[5] Id., p. 9.
[6] Id., p. 10.
[7] SANTIAGO, Silviano. "Suas cartas, nossas cartas". In: ANDRADE, Carlos Drummond de e ANDRADE, Mário de. *Carlos e Mário*, p. 10.

rária"[8]. Num plano, esse material auxilia no conhecimento da história em que ele se insere. Em outro, "visa a enriquecer, pelo estabelecimento de jogos intertextuais, a compreensão da obra artística".[9]

Em termos das relações entre a correspondência e a obra literária ou, numa dimensão mais delimitada, da participação da correspondência na gênese da obra, existem variados enfoques da questão. Há a possibilidade de ela fazer parte da gênese externa (ou exogênese) ou da gênese interna (endogênese), para recorrer à terminologia empregada por Alain Pagès[10]. O primeiro caso se dá, por exemplo, quando há uma soma de acontecimentos; e o segundo, uma soma de formulações. No entanto, o mesmo autor observa que "a correspondência, ao contrário do que se pensa, nem sempre é o lugar de um compromisso sincero: trata-se de uma encenação".[11] E complementa essa afirmação — que por fim pode se revelar redutora e esquematizada, por se prender a uma dimensão mais imediata da carta — ao dizer que "a correspondência não garante uma verdade — nem de um sentimento, nem de uma ação"[12]. Assim sendo, seriam poucas as probabilidades de a carta se relacionar com a gênese de uma obra, de modo especial com a gênese interna, o que leva Pagès a dizer: "O sistema de comunicação que rege a escrita de uma carta tem, portanto, mais chances de interditar ou de atrasar a gênese de um pensamento que de favorecê-lo. A carta dificilmente chega ao estatuto de prototexto"[13]. To-

---

[8] Id.

[9] Id., p. 10.

[10] Cf. PAGÈS, Alain. "Correspondance et genèse". In: GRÉSILLON, Almuth e WERNER, Michaël. *Leçons d'écriture*, p. 208.

[11] Id., p. 209.

[12] Id.

[13] Id., p. 211. Protexto (segundo GRÉSILLON, Almuth. *Éléments de critique génétique*. Paris: PUF, 1994, p. 240) é o "conjunto de todos os testemunhos

davia, ao se descartar a relação mais estreita, abre-se caminho para outros níveis de relação. Assim, nessa perspectiva, pode-se indagar se não seria exatamente por se constituir como encenação que a carta abriria espaço, não para a confirmação de situações factuais, mas para o desenvolvimento da ficção.

É justamente a partir de uma questão como o procedimento de comunicação constituído pela carta, e não exatamente pelo nível de autenticidade de suas proposições, que Vincent Kaufmann lê a carta como texto que possibilita o texto literário. Segundo ele, se a carta é uma forma de relação interpessoal, surge também como esse espaço em que se elabora uma pluralidade textual na medida em que se daria um "equívoco epistolar", expressão com que Vincent Kaufmann resume sua tese sobre a correspondência de escritores. Em vez de contribuir para aproximar, para comunicar, o gesto epistolar, segundo Kaufmann, cria uma distância, "desqualifica toda forma de partilha e produz uma distância graças à qual o texto literário pode sobrevir"[14]. Este é um caminho para se ler na carta o texto literário, efetivamente constituído por ela ou a ela associado.

Nessas tentativas de mapeamento da função da carta em relação à obra literária, talvez alguns descaminhos se devam ao esforço excessivo de delimitar situações e adequá-las a uma terminologia. Assim, se Pagès tenta examinar a carta como provável ou improvável prototexto, Gérard Genette a considera, numa dimensão de muito maior amplitude, como um paratexto[15] — e dentro dessa classificação, como um

genéticos escritos conservados de uma obra ou de um projeto de escrita, e organizados em função da cronologia das etapas sucessivas".

[14] KAUFMANN, Vincent. *L'équivoce épistolaire*, p. 8.

[15] É o próprio Genette quem fala de paratexto como tudo o que cerca um texto de modo a "torná-lo presente" — "o paratexto se compõe, portanto,

epitexto, ou seja, "todo elemento paratextual que não se encontra materialmente anexado ao texto no mesmo volume, mas que circula de algum modo ao ar livre, num espaço físico e social virtualmente ilimitado"[16]. A correspondência, portanto, é um epitexto confidencial, em que o autor se dirige por escrito a um determinado destinatário. Segundo essa conceituação as possíveis relações entre carta e obra são vistas de modo menos delimitado, ou seja, ao contrário do que faz Pagès, o que o leva a praticamente descartar essas relações. Embora também ressalte o caráter tênue dessas relações, Genette não as descarta: "Na medida (eminentemente variável, e frequentemente bastante fraca, mesmo na época moderna) em que diz respeito a sua obra, uma carta de escritor exerce, pode-se dizer, uma *função* paratextual sobre seu destinatário primeiro e, a título mais longínquo, um simples *efeito* paratextual sobre o público último"[17]. Levando em conta aí tanto as modificações da carta ao longo do tempo (quando faz referência à carta da época moderna) quanto uma distinção entre leitores, Genette salienta a gradação que se verifica na aproximação entre correspondência e obra. Nesse sentido, faz uma reserva quanto à "percepção corrigida das variações" que se dá da função paratextual inicial até o efeito paratextual sobre o público último[18]. E a seguir enuncia o que a correspondência pode oferecer nesses termos: "Feita essa reserva, podemos utilizar — e é o que fazem os especialistas — a correspondência de um autor (em geral) como uma espécie de testemunho sobre a história de cada uma de suas obras: sobre sua gênese, sobre sua

empiricamente de um conjunto heteróclito de práticas e de discursos de todos os tipos e de todas as épocas" (GENNETE, Gérard. *Seuils*, p. 7-8).

[16] GENETTE, Gérard. *Seuils*, p. 316.

[17] Id., p. 343.

[18] Id.

publicação, sobre a acolhida do público e da crítica e sobre a opinião do autor a seu respeito em todas as etapas dessa história"[19]. Assim, se não é comum encontrar casos de relação propriamente textual entre carta e obra, são muitos os casos em que, por exemplo, a carta oferece dados sobre a obra. Se a maneira como Genette situa a carta em relação à obra possibilita uma abrangente leitura da correspondência de escritores, também não abarca todas as situações, deixando de fora tanto aquela possibilidade remota em que a carta fizesse parte do prototexto quanto algumas outras formas de relação, como aquela em que o modelo da carta se presta para a elaboração de uma obra. Numa outra direção, se em sua classificação a carta é um epitexto confidencial, a passagem de um texto da esfera privada para a pública oferece uma série de situações que escapam às classificações ou que são intermediárias.

Em termos amplos, pode-se falar, em relação à carta, da "instabilidade de suas formas", "dessa forma sempre em movimento", do "caráter essencialmente híbrido do gênero" e de "gênero de fronteira"[20]. Desse modo, devido a esse efetivo caráter maleável, são muitas as direções em que se podem buscar leituras e conexões para cartas. Um levantamento da utilização da carta como forma em obras da literatura brasileira pode mostrar sua capacidade produtiva, em termos de sua função, em gêneros que com ela mantêm relações de maior ou menor distanciamento — crônica, romance, poesia. Em contrapartida, pode-se supor que essa utilização literária da carta decorra tanto de sua fecundidade como gênero quanto da importância de sua função como espaço de discussão tal como se revela de modo bastante especial no desenvolvimento do Modernismo.

---

[19] Id., p. 344.
[20] HAROCHE-BOUZINAC, Geneviève. *L'épistolaire*, p. 3, 11, 14.

II

Na literatura brasileira, no âmbito do Modernismo, a carta literária surge na poesia em alguns poucos exemplos, embora bastante diversificados. Em Carlos Drummond de Andrade, encontram-se pelo menos três poemas em que a palavra carta ocorre no título. Dois se intitulam simplesmente "Carta" e o terceiro "Carta a Stalingrado". O primeiro poema intitulado "Carta", incluído no livro *Claro enigma,* fala sobre como deveria ser uma carta, que aos poucos vai surgindo como o próprio poema, que em seu último verso diz: "Contudo, esta é uma carta". Se aí a reflexão sobre a carta constitui o poema, nos dois outros casos, a forma da carta se presta para que o poema incorpore a referência a um destinatário e, assim, um diálogo implícito com seu objeto. O segundo poema intitulado "Carta", incluído no livro *Lição de coisas*, é um texto dirigido a outra pessoa, como é próprio da carta; seu primeiro verso é até mesmo constituído pelo recurso a uma fórmula usual em correspondência: "Há muito tempo, sim, que não te escrevo". Já o poema "Carta a Stalingrado", do livro *A rosa do povo,* também assume a forma de texto dirigido a um destinatário, no caso a cidade de Stalingrado. Vale lembrar que esse poema foi publicado inicialmente com o título "Poema de Stalingrado" (no jornal de Fortaleza O *Unitário*, em 27 de junho de 1943). E a mudança do título pode ser lida talvez como decorrência do fato de que o texto se dirige a um destinatário, talvez como recurso que enfatizasse esse aspecto. De qualquer modo a mudança do título genérico (poema) para o específico (carta) está ligado ao reconhecimento de certas características da correspondência.

Pelo menos dois exemplos podem ser encontrados em Manuel Bandeira. A carta como poema aparece declaradamente na junção dos dois termos como título: "Carta-poema", do livro de versos de circunstâncias *Mafuá do malungo*. Trata-se de poema em que o poeta se dirige ao "Excelentíssimo Prefeito / Senhor Hildebrando de Góis". Em outro nível, a carta é tematizada em um poema de *A cinza das horas*, "Cartas de meu avô". Aí o poema se constituiu como leitura da correspondência enviada pelo avô à avó, com as repercussões daí decorrentes no espírito do poeta.

Já num plano entre a prosa e a poesia, vale lembrar que a carta surge como modelo em um projeto do maior autor de cartas do Modernismo – Mário de Andrade. Em carta de 1925 (sem data, mas postada em 15 de novembro de 1925) dirigida a Manuel Bandeira, diz ele:

> Tirei o "Ciclo da Maria" do *Clan*. Vou fazer dele um livro no gênero *Vita nuova*. Prosa e verso de mistura, enfim contando as aperturas que passei com a tal Maria. Sem imitação nenhuma de Dante. Os capítulos serão "Carta I", "Carta II", etc. sem no entanto as frases protocolares do gênero epistolar. Prosa muito calma e bem pensada contrastando com os poemas que são como você sabe. A prosa explica minhas vicissitudes psicológicas e os poemas que vem no meio dela porém com seus títulos e portanto formando como na *Vita nuova* uma continuidade descontínua. Estou entusiasmado e escrevi ontem a "Carta I".

Marcos Antonio de Moraes anota que sequer o manuscrito desse texto foi conservado por Mário de Andrade. No entanto, essa menção sumária a um projeto, além de expor a carta como um dos modelos, situa-a, em função do outro modelo, a obra de Dante, num texto que conjuga prosa e poesia. Mesmo que apenas conjectural, a situação aponta para certas ambivalências que acompanham as cartas. Mário de Andrade observa que seu texto dispensará "as frases protocolares do gênero epistolar", ou seja, reconhecendo o gênero, este passa por algum ajuste para se adequar à condição de texto literário.

A carta missiva como modelo literário vem de fato a ser mais fecunda na prosa, do que há diversos exemplos já antes do Modernismo. A carta surge como elemento ficcional de duas maneiras. Pode ser elemento da narrativa, no sentido de fato que dá curso à narrativa. Assim, num romance de Machado de Assis, *A mão e a luva*, há um episódio em que o elemento desencadeador da reação da personagem é uma carta, sendo que esta atuaria como passagem entre o ficcional e o não-ficcional, passagem esta que é tematizada no episódio. O capítulo "Revelação" assim tem início: "Meia hora depois, indo a abrir o livro para continuar a leitura, viu Guiomar a cartinha de Jorge". Um pouco adiante, após o relato de algumas breves reflexões da personagem, o texto diz: "A moça ficou algum tempo quieta, a olhar para o papel, sem o querer ler, como a hesitar entre queimá-lo ou restituí-lo intacto a seu autor. Mas a curiosidade venceu por fim; Guiomar abriu o papel e leu estas linhas". Na carta de Jorge este falava da paixão que nutria por Guiomar. Esta, depois de lê-la, "pôs a carta de lado, abriu o livro e continuou o romance. Mas o espírito, que não ficara tão indiferente como o coração, entrou a fugir-lhe do romance para a vida". Tem-se aí uma figuração em que a carta representa a "vida", o "real", em oposição ao "romance", o livro que Guiomar está lendo.

Em outro romance, também de Machado de Assis, *Quincas Borba*, é da leitura de uma carta de Quincas Borba para Rubião que este depreende a situação do amigo. Inicia-se assim o capítulo X: "Sete semanas depois, chegou a Barbacena esta carta, datada do Rio de Janeiro, toda do punho do

Quincas Borba". Segue-se a carta, após a qual se lê: "Rubião mal sustinha o papel nos dedos. Passados alguns segundos, advertiu que podia ser um gracejo do amigo, e releu a carta; mas a segunda leitura confirmou a primeira impressão. Não havia dúvida; estava doudo". Logo a seguir chega o doutor que pergunta por notícias e diz ter sido informado pelo agente do correio de que havia chegado uma carta. Rubião sonega a carta, dizendo que esta traz comunicação reservada: "Dizendo isto, Rubião meteu a carta no bolso; o médico saiu, ele respirou. Escapara ao perigo de publicar tão grave documento, por onde se podia provar o estado mental de Quincas Borba".

Tem-se aí uma figuração de vários movimentos da carta — seu trânsito entre o privado e o público, sua condição de documento. E na economia narrativa, há a situação de seu conteúdo ser do conhecimento de um personagem e não de outros, outra figuração em que a carta se destina a um e não aos demais, o que não a impede de atuar, de ser móvel da ação.

Além de elemento da narrativa, a forma carta pode se tornar narrativa, no caso dos romances epistolares. Na literatura brasileira, não são muitos os romances desse tipo. Antonio Candido se refere a um deles, *A Correspondência de uma estação de cura*, de 1918, de João do Rio, como "dos raríssimos romances epistolares da nossa literatura"[21]. Refere ainda que "antes do romance de João do Rio, só lembro o de Júlia Lopes de Almeida, *Correio da roça*, publicado em 1914". Houve, no entanto, um romance epistolar anterior, conforme lembra Flora Süssekind; trata-se de *O marido da adúltera*, de Lúcio de Mendonça, publicado em 1882.

[21] CANDIDO, Antonio. "Atualidade de um romance inatual". In: RIO, João do. *A correspondência de uma estação de cura*, p. XII.

Antonio Candido chama a atenção para o fato de "entre as diversas modalidades de narrativa epistolar (um estudioso chega a identificar doze), a escolhida por João do Rio é das mais raras: diversas pessoas escrevem a amigos que não respondem"[22]. Refere o que chama "truque de verossimilhança", um artifício muito raro, ou mesmo único. Trata-se do fato de as cartas não terem sido enviadas, por terem sido retidas por um funcionário maluco, o que permite que o conjunto passe às mãos de uma única pessoa, um missivista, que então as divulgaria. Candido, desse fato, depreende que "Não havendo primeira pessoa privilegiada que escreve nem editor fictício que organiza as cartas e pode manifestar-se sobre elas no prefácio ou nas notas, este livro é um exemplo puro de técnica epistolar funcionando pela própria força; têm palavra apenas os missivistas"[23]. Isto também é comentado por Flora Süssekind: "Dessa maneira, cartas sem resposta impressa, sem interlocutor direto, os diversos relatos funcionam efetivamente como ficção, capítulos desse romance anotado em livro comercial"[24]. Refere ainda que o "Narrador que não diferencia as diferentes correspondências, padroniza-as em registro identicamente fiel, em pequenas reportagens assinadas, como se fosse, ele mesmo, um jornal".

Ao comentar este romance, Flora Süssekind também observa "o fato de não se ter constituído uma tradição epistolar forte no romance brasileiro", mas refere ainda "a súbita voga das cartas no início do século"[25]. Sobre a voga das cartas na virada de século, lembra trecho de Brito Broca em

---

[22] Id., p. XVI.
[23] Id.
[24] SÜSSEKIND, Flora. "O romance epistolar e a virada do século". Lúcio de Mendonça e João do Rio. In: –. *Papéis colados.*, p. 222.
[25] Id., p. 211.

seu *A vida literária no Brasil - 1900*, quando o autor faz referência a "umas colunas de prosa melíflua com os 'bilhetinhos a Míriam', gênero subsimbolista com larga aceitação na época"[26]. Em nota a essa passagem, o autor observa que "Esse gênero epistolar tornava-se comum, e como tudo em nossas letras teria vindo da literatura francesa (...) Entre as crônicas epistolares que se multiplicaram em nossas revistas, basta citar as 'Cartas de Mulher', de Iracema, na *Revista da Semana*". Lembre-se que o romance de Lúcio de Mendonça compõe-se de cartas enviadas a um jornal. Flora Süssekind observa que "já pelo modo como foi publicado, *O marido da adúltera*, de Lúcio de Mendonça, estabelece uma ligação estreita entre a escolha do gênero epistolar e sua veiculação como folhetim de jornal"[27]. As cartas, nesse romance, "funcionam ao mesmo tempo como capítulos tradicionais e como meios de se cortar sem maiores problemas a ação narrativa para obedecer à exigência de publicação periódica do folhetim"[28]. Mas aí se pode ver também a questão da carta enquanto comunicação privada e a possibilidade de seu acesso público. Observa Flora Süssekind que "A carta impressa e o romance em cartas têm o dom de apagar também a oposição entre criação pessoal e intransferível e conteúdo público no interior da produção literária"[29].

Também constituído, em parte, por cartas enviadas a um jornal é o romance de Aluísio Azevedo *Mattos, Malta ou Matta?*, saído como folhetim nas páginas de *A Semana* a partir de 3 de janeiro de 1885 e só recolhido em livro em 1985. Aproximadamente metade do romance se constitui por cartas enviadas ao redator de *A Semana*. Alexandre Eu-

---

[26] BROCA, Brito. *A vida literária no Brasil – 1900*, p. 228-229.
[27] SÜSSEKIND, Flora. Id., p. 214.
[28] Id.
[29] Id., p. 212.

lálio, ao se referir ao "estratagema de supostas cartas dirigidas à redação d*A Semana*", observa que "não é impossível que Aluizio, soprado por Valentim Magalhães, houvesse tratado de parodiar, ou pelo menos reaproveitar de forma grotesca, a sugestão do polêmico romance epistolar de Lúcio de Mendonça *O marido da adúltera, crônica fluminense*"[30]. A partir de certo ponto, porém, a narrativa passa a se dar "ao correr da pena", como indicado no próprio texto. Este fato, se, de um lado, acentua o caráter narrativo da carta, similar ao de um texto "ao correr da pena", por outro lado, também acentua as peculiaridades das condições narrativas da carta. O abandono da forma epistolar a partir de certo ponto implica um relato mais ágil, mais próximo dos fatos narrados, quando não por se fazer no presente. Sobre essa modificação observa Alexandre Eulálio: "A mesma narrativa, já vimos que se encaminha, sem transição alguma, das *cartas* do missivista que dialoga com o Redator d*A Semana*, para o raconto corrido, no qual o protagonista passa a se dirigir ao público da folha sem mediador algum. Um texto portanto uno e múltiplo em si mesmo, no qual, à fragmentação calculada da narrativa epistolar, faz suceder o fluxo narrativo corrente"[31].

Já um romance como *Correio da roça* (1913), de Júlia Lopes de Almeida, associa-se à voga das cartas e ao surgimento de romances epistolares, acrescentando, porém, outros dados à questão. Em sua organização é bem mais simples: há uma troca de cartas com destinatários e remetentes identificados, constituindo essa troca uma sequência habitual de envios e respostas. Talvez se pudesse ver na utilização de

[30] EULÁLIO, Alexandre. "Depois do romance". In: AZEVEDO, Aluísio. *Mattos, Matta ou Malta?*, p. 174.
[31] Id., p. 166.

alguns recursos postais — como telegramas e bilhetes postais — formas não apenas de realismo, mas de criar possibilidades narrativas. Assim, um capítulo composto por um breve telegrama, significaria uma interrupção na sucessão narrativa, enquanto outro capítulo composto de pequeno bilhete postal também como que introduziria uma interrupção no fluxo narrativo de modo a abrir espaço para um comentário de caráter reflexivo. Na verdade, porém, a trama do romance é muito esgarçada; o romance constitui o relato das dificuldades de adaptação de uma família que passa a viver do campo e o elogio dos benefícios dessa vida. Nesse sentido, a carta nesse romance epistolar talvez seja uma forma que se aproxima da crônica, mais do que forma que compõe a narrativa. Embora não publicado em jornal, nem assumindo ficcionalmente a forma da carta enviada a jornal, como no caso de romances anteriormente mencionados, o *Correio da roça* poderia ser estampado em periódico como sucessão de crônicas em defesa dos benefícios da vida rural.

Nesse momento de recurso à carta não apenas ficcionalmente, mas como crônica, tal como observado por Brito Broca, não se pode deixar de lembrar que sob a denominação de cartas se publicaram na imprensa diversos tipos de artigos ou crônicas. Lembrem-se, por exemplo, as *Cartas Literárias* de Adolfo Caminha, publicadas em 1895, que se compõem de artigos de crítica literária; ou as *Cartas de Inglaterra*, de Ruy Barbosa, publicadas em 1896. No primeiro caso, tratava-se de simples artigos; no segundo, também se teria um conjunto de artigos voltados sobretudo para questões históricas e políticas, com a característica de serem enviados do exílio, o que lhes daria a condição de carta — embora carta diretamente destinada à publicação, e não a um leitor reservado, mas a um público da imprensa.

Em 1896, na revista simbolista *Galáxias*, do Rio de Janeiro, Gonzaga Duque publicou textos sob o título de "Três cartas íntimas". Sua "intenção parece ser discutir os rumos do movimento, suas relações e questões, a partir de uma carta fictícia"[32]. Assim, para expor publicamente, via imprensa, questões relativas a um movimento literário, o autor assume o recurso a um meio privado, a carta, com a ênfase de ressaltar, no título, seu caráter "íntimo". De um lado, o procedimento está ligado às concepções estéticas de Gonzaga Duque, com a importância dada às manifestações da interioridade. De outro lado, porém, chega a ser irônico que se enfatize a intimidade para vir a público, o que mostra o espectro que o texto epistolar pode abarcar.

Associadas a esse tipo de utilização do termo carta, estariam as cartas escritas efetivamente para um destinatário particular, mas veiculadas publicamente pela imprensa. Ou ainda, cartas dirigidas a um destinatário particular e a ele de fato enviadas, mas escritas de tal forma a constituírem um ensaio sobre determinado assunto, de modo que posteriormente, com sua reunião e publicação, assumem praticamente a forma de um ensaio. Lembrem-se casos como as *Cartas sobre a Confederação dos Tamoios*, publicadas em jornal por José de Alencar, sob pseudônimo; as cartas também de José de Alencar enviadas a Joaquim Serra e publicadas inicialmente em jornal pelo destinatário e depois em volume com o título *O nosso cancioneiro*, já que tratam de literatura popular; as cartas trocadas entre José de Alencar e Machado de Assis sobre Castro Alves e veiculadas em jornal. Nessa aproximação com a crônica e mesmo a crítica, eliminando-se a circunscrição do privado, não deixa de chamar a atenção o fato de muitas edições de cartas reunirem

[32] LINS, Vera. *Novos pierrôs, velhos saltimbancos*, p. 97.

estas em volumes que enfeixam também textos que ficam nesse âmbito de associações. Assim, foram publicados *Correspondência e crítica,* de Castro Alves, e *Um longo sonho de futuro* (Diários, cartas, entrevistas e confissões dispersas), de Lima Barreto.

Se aí já se está no limite em que a carta guarda de suas características essenciais quase que apenas a denominação, no campo da narrativa epistolar ainda se podem encontrar na literatura brasileira alguns outros romances que acrescentam elementos já possíveis em outro momento da evolução literária. Em primeiro lugar, tem-se o romance de Lúcio Cardoso *Crônica da casa assassinada* (1959). O romance se compõe de um conjunto de fragmentos de diários, cartas, confissões, depoimentos, memórias, narrativas, narrações (são estas as denominações empregadas nos títulos dos capítulos). Em primeiro lugar, o conjunto variado de tipos de textos que compõem o romance insere a narrativa epistolar entre uma série de formas de textos que, com maior ou menor grau, se situam na esfera da intimidade, do privado. Com isto, a carta fica explicitamente associada a formas como memórias, diários, em suma, formas eminentemente da esfera do autobiográfico. Por outro lado, a narrativa fragmentária da *Crônica da casa assassinada*, composta de múltiplas narrativas intercaladas, leva a uma fragmentação espacial e temporal que pela sua complexidade exige minuciosa atenção a numerosos elementos — como, por exemplo, índices temporais e espaciais — para que a leitura possa articular essa fragmentação. Dentro dessa característica do romance, as cartas assumem então certas peculiaridades. No título dos capítulos compostos por cartas, estão indicados os nomes do destinatário e do remetente. No entanto, as cartas não têm respostas, no sentido de que o destinatário as envie ao remetente. E nem é o caso de haver respostas, na medida em que as cartas estão inseridas num fluxo narrativo que se articula também com outras formas que não as cartas. Assim, tem-se neste romance uma grande ênfase na carta como elemento narrativo. As respostas às cartas são o próprio andamento narrativo; ou melhor, não há resposta necessária, o que há são esclarecimentos que uma carta recebe de outra carta trocada entre outros correspondentes ou de um trecho de diário de um terceiro personagem — todos integrantes da grande trama narrada e articuladores em seus textos íntimos da trama textual que compõe o romance.

Aqui, não há mais o jogo entre público e privado; há a ênfase nos espaços reclusos, cenários de decomposição, e a ênfase na intimidade, ainda pelo ressaltar insistente do caráter precariamente manuscrito de todas as expressões da intimidade. Assim, aqui e ali se encontram no correr do texto observações como "Escrito com letra diferente à margem do caderno", "Escrito à margem do Diário, com tinta diferente", "Escrito com a mesma letra à margem do caderno, tinta diferente", "Pós-escrito à margem do papel". Com isto se está distante daquela utilização da carta como forma de texto de imprensa e apagamento da distância entre a intimidade e o público. Volta-se aqui à utilização da carta essencialmente privada como recurso para desenvolvimento de uma narrativa para a qual a imprensa não é mais o espaço possível, como no caso dos romances em folhetim, até pela complexidade da organização. Em seu conjunto, todos os recursos empregados na constituição de *Crônica da casa assassinada* enfatizam a precariedade dos elementos testemunhais, bem como sua situação fragmentária. Essa situação fica clara tanto pelos acréscimos, indicados como estando à margem, quanto por indicações que intitulam capítulos como "Do livro de memórias de Timóteo". Outro aspecto a salientar é que a fragmentação não se dá apenas pelo fato de a narrativa estar espalhada pelos diversos documentos e pelo fato de esses documentos estarem prejudicados em sua materialidade; ela se dá também como fragmentação temporal, já que os diversos documentos são ou provenientes de épocas distintas ou têm continuidade com grandes distâncias de tempo. Não se pode deixar de observar que a fragmentação e a precariedade dos documentos que compõem a narrativa são paralelos ao enredo do romance — as deteriorações e as fraquezas que se dão em vários níveis: psicológico, econômico, social.

Há ainda o caso de uma novela de Sergio Milliet, *Duas cartas no meu destino* (1941), em que a narrativa incorpora uma sucessão de fragmentos de textos privados. A certa altura do início da novela, explicita o narrador: "Contada assim, você não pode ter uma ideia bastante clara da evolução dessa aventura. Tenho porém arquivado grande número de documentos elucidativos, meu diário íntimo, cópia de cartas minhas, bilhetinhos enviados por Ana Maria. Para facilitar essa confissão tremenda que me impus, vou mostrar-lhe alguns desses papéis. Há coisas difíceis de dizer, que a simples exibição de um documento esclarece". Aí se aponta para um artifício em que é exatamente o valor documental da carta que passa a compor a narrativa, e não seu caráter literário. A novela é pontuada por indicações do tipo: "Antes de continuar, meu amigo, quero ler uma carta que escrevi mais ou menos nessa época, a Ana Maria"; "Entre cartas, conversas, encontros fortuitos, passaram-se muitos dias"; "Talvez lhe pareça deslocada a inclusão aqui de um trecho de uma carta de Ana Maria"; "Trecho de meu diário". Trata-se de um tipo de narrativa em que o narrador se dirige a um interlocutor e desenvolve seu relato com o auxílio de trechos de "documentos", na verdade outras narrativas que se vão encadeando com o relato para compor o texto da novela. A novela se compõe ainda pela ausência da carta, por sua lacuna, como no trecho em que o narrador revela: "Escrevi duas cartas que rasguei".

Poder-se-ia lembrar também o romance de Rosário Fusco, *Carta à noiva* (1954), em que a carta é móvel de ação sem que se tenha seu texto. Alguns exemplos se encontram nestes trechos: "O bilhete lido confirmava o acabado de ouvir, além de recomendar-lhe o bar do estabelecimento como ponto de referência" ou "Deixo um bilhete para me comprometer e comprometê-la. (...) Minutos depois, porém, vinha implorar à empregada que lhe vendesse o bilhete". Em nenhum desses casos se transcreve o bilhete ou se refere seu conteúdo. O romance até mesmo se encerra com um "projeto" de carta: "Acende a lâmpada: mas só a alvorada lhe fornecerá a luz que os olhos pedem para escrever a carta à noiva". Projeto que já vinha indiciado quando o personagem a certa altura "Folheava a revista de modas, detinha-se nas páginas de correspondência sentimental".

No romance de Antônio Callado *Reflexos do baile* (1976), composto de fragmentos de diário e de cartas, estas aparecem com destinatário, mas sem remetente. Desse modo o leitor tem de armar o encadeamento dos fatos e identificar os participantes, num processo paralelo ao das atividades tanto clandestinas quanto de investigação narradas, já que está em pauta a resistência — e sua repressão — durante a ditadura militar brasileira a partir de 1964. Um artifício empregado pelo romance é o de apresentar algumas cartas escritas em inglês e acompanhadas de sua tradução, com notas de pé de página do tradutor. O procedimento é similar ao das referências à condição de manuscrito das cartas em outros textos, como o romance de Lúcio Cardoso. Aqui, na verdade o procedimento envolve um conjunto de articulações: a existência "real" da carta (em inglês), tanto que ela é traduzida; a interveniência de uma figura que se superpõe aos correspondentes — no caso, o tradutor ou organizador ou autor, etc.; a atividade mesmo de traduzir, que implica escrever, interpretar, inserir um dado de esclarecimento no conjunto de elementos díspares e falhos que compõem a narrativa. A esse procedimento soma-se o artifício das cartas não assinadas, o que tem função importante na organização do romance e que na trama seria paralelo à situação de ocultamento a que os personagens clandestinos se veem obrigados.

Já em *Macunaíma* (1928), de Mário de Andrade, o capítulo IX, intitulado "Carta pras Icamiabas", apresenta um outro caso de emprego da forma epistolar como elemento ficcional. Trata-se de uso bastante peculiar, tanto que suscitou muitas discussões na época mesmo de sua elaboração, o que se pode verificar nas cartas de Mário a vários de seus amigos, como no caso de Manuel Bandeira (carta de novembro de 1927). A carta constitui uma interrupção no fluxo da narrativa, que não é epistolar. Há uma mudança de foco narrativo: do narrador para o herói. Para além do significado da carta na estrutura narrativa, importa aqui verificar como o modelo epistolar funciona. A esse respeito Maria Augusta Fonseca observa: "A Carta, aparentemente, demonstra a necessidade de Macunaíma adaptar-se ao modelo, fazendo com que a língua e a cultura europeia sobressaiam na formação do missivista de improviso"[33]. Observa ainda que "Na

[33] FONSECA, Maria Augusta Fonseca. "A carta pras icamiabas". In: ANDRADE, Mário de. *Macunaíma*, p. 281.

Carta, o herói prende-se a um modo tradicional de narrar. Mas constrói um texto inteiramente descaracterizado por força do não-comprometimento cultural, variando o tema na superfície. Sem poder assimilar o aprendido dentro de um novo padrão, sua carta passa a estampar uma sucessão não digerida de frases, trechos de poesia, discursos verborrágicos, citações em língua estrangeira, denominações em latim, citações de autores e obras, desentranhados do aprendizado 'de orelha'"[34]. Assim, observa-se que a carta entra no romance não com função propriamente epistolar, de transmitir informações entre personagens e só desse modo adquirir função narrativa, mas na sua condição mesma de texto fluido que permite a expressão dos componentes com que o herói passa a se deparar. Ou seja, o modelo epistolar se presta diretamente a uma intenção narrativa, permitindo a mudança de foco. Além disso, a carta aqui tem outra característica, que é a de não se inserir no circuito dos textos privados, pois que é um relato da visão que o herói tem de um novo mundo transmitida para uma coletividade. Nesse sentido se associa às cartas abertas, publicadas em jornal, ou mesmo crônicas.

Em vários dos casos em que a carta se torna elemento narrativo, ficam expostas tanto sua condição precária, lacunar, quanto sua condição de instabilidade enquanto forma. Esses aspectos não constituem apenas uma elaboração narrativa; ao contrário, a narrativa se vale de peculiaridades da carta missiva. Assim, aspectos da carta que se detectam a partir de sua utilização ficcional chamam a atenção, como que fazendo o caminho contrário, para situações que cercam a realidade das cartas. Assim, o estudo de correspondências defronta frequentemente com dificuldades particulares. À

[34] Id.

instabilidade ou mobilidade formal somam-se as diversas modalidades de precariedade. Assim, em primeiro lugar, como se trata de texto de caráter privado, seu conhecimento depende das formas de divulgação e / ou conservação. São incontáveis as possibilidades. Em casos extremos, pode ocorrer que os correspondentes destruam todas as cartas. Podem ocorrer perdas. As cartas podem ser preservadas, mas com restrições de leitura. Pode haver degradação material ou dificuldade de leitura da caligrafia. Pode haver divulgação por meio de livro, mas parcial, seja por perda, seja por decisão dos autores ou do organizador ou de herdeiros — trechos omitidos, nomes omitidos, cartas omitidas. Os arquivos podem retirar de consulta material por decisão do próprio arquivo, por imposição do autor ou herdeiros ou de pessoas envolvidas — geralmente se postergando a possibilidade de leitura para uma data futura, quando então as pessoas envolvidas já não estarão vivas. Outras características da correspondência impõem lacunas, como dados que podem ser excessivamente cifrados, referências a pessoas, fatos ou coisas de difícil identificação. Desse modo dificilmente um estudo de correspondência chega a ter um *corpus* fechado, a não ser que se limite bastante sua extensão. Mesmo assim, sempre permanecerá a hipótese, por exemplo, de perda de uma das cartas ou a possibilidade de informação proveniente de outra fonte modificar a compreensão de dados daquela correspondência.

III

Se nas cartas do período colonial, como nas de Vieira, se vê uma tentativa de exploração — no sentido de reconhecimento e de aproveitamento — de um espaço inóspito, é possível perceber, no século XIX, uma mudança de perspectiva. Essa mudança está ligada às modificações históricas e culturais por que vinha passando o país. No correr do século XIX, encontram-se alguns conjuntos significativos de correspondência, inclusive de caráter literário, embora seu número ainda seja reduzido. A correspondência de Gonçalves Dias já apresenta uma nova visão das questões brasileiras. Com ele, em certo sentido, prosseguem as cartas de descobrimento, como nas que escreveu do Amazonas. Em carta datada de Manaus, 20 de dezembro de 1861, e dirigida a Antônio Henriques Leal, lê-se:

> Logo mais a embaúba virá ao sopro da brisa curvar as folhas esbranquiçadas, figurando um bando de garças pousadas à margem da corrente; e como coroa de tudo, a sumaumeira eleva e alarga a copa imensa e majestosa, cuja sombra ao meiodia cobre, segundo se crê, a circunferência das raízes.
> Enfim, à sombra desta vegetação vigorosa e rica, vem a baunilha incrustar-se nos troncos de superfície rugosa, embalsamando os ares: o cacaueiro pouco amigo do sol virá ocultar-se sob estas ramagens frondosas, — enquanto para se tornarem deliciosos mil frutos silvestres, e entre eles novas espécies dos já domesticados — a sorva, o auixi, o araçarana – só esperam a mão do homem para o recompensarem de seus desvelos.

No entanto, à descrição se acrescenta uma discussão de problemas, com o empenho de atuar em prol da modificação do país, no que se antecipa uma atitude que se encontrará no Modernismo. Não se trata mais de, missionariamente ou colonizadoramente, aplicar ao país condições provenientes da metrópole. Nesse sentido, ganham especial significação as cartas que Gonçalves Dias sintomaticamente escreveu da Europa, numa inversão de rota. Seu relato das coisas da Europa têm, em última instância, o Brasil como resultado de sua reflexão — e o Brasil visto da Europa por ele não é mais objeto apenas de reconhecimento, mas espaço aberto a um projeto próprio.

Uma carta a Alexandre Teófilo de Carvalho Leal, de 1864, trata de documentos e livros referentes ao Brasil localizados na Europa e que mereciam empenho para que fossem levados para o Brasil. A carta termina com a seguinte informação: "O primeiro fabricante de prelos mecânicos — Nicolas, tem andado em mudanças de domicílio. Já o procurei em cascos de rolha, e quero ver se o descubro para te dizer o preço de uma das suas máquinas nas dimensões que pedes (tiragem de folha de metro de largo)". Em bilhete da mesma época, dirigido ao mesmo destinatário, lê-se: "O maquinista a quem escrevi, perguntando-lhe os preços dos seus prelos, não me respondeu ainda. Só pelo próximo vapor irá a solução. Não me esqueço, também dos livros e informações acerca da instrução". São estas diversas formas, no caso ligadas diretamente ao conhecimento histórico e à divulgação cultural, de promover o desenvolvimento e a autonomia do país.

Em carta datada de Lisboa, janeiro de 1864, e dirigida ao mesmo Antônio Henriques Leal, Gonçalves Dias se ocupa da língua portuguesa e seu uso no Brasil:

> Vês tu o nosso Macedo? O seu merecimento não é ser clássico, mas ser brasileiro; e ele não seria tão estimado, tão popular, se andasse alambicando frases, que os poucos conhecedores da língua mal compreenderiam a sopapo de dicionário. O que o simples bom senso diz é que se não repreenda de leve num povo o que geralmente agrada a todos. Nem se diga que o nosso ouvido é pouco musical, e a prova é que não há brasileiro, nem mesmo surdo, que tolere a rima de *Mãe* com *também*, como aqui fazem rimadores, ou que admitisse um *tambaim* impossível, como a gente culta de Lisboa.

Das cartas de Gonçalves Dias não estão ausentes temas pessoais. Todavia, como mais tarde em Mário de Andrade, há uma permanente interação entre sua vida e suas ações e reflexões no plano cultural. As cartas de Gonçalves Dias são um exemplo significativo tanto de maleabilidade da carta — espaço em que se elabora uma pluralidade textual — quanto de germinação de um projeto.

Com o Modernismo, no Brasil, a correspondência literária sofre algumas modificações significativas. Ao lado das transformações buscadas e conquistadas pelo movimento, desenvolve-se intensa reflexão e discussão. Um dos espaços para essa reflexão e discussão vem a ser sem dúvida a correspondência entre escritores que se encontravam em diferentes cidades, como Mário de Andrade em São Paulo, Manuel Bandeira no Rio de Janeiro ou Carlos Drummond de Andrade em Belo Horizonte.

As modificações estéticas trazidas pelo Modernismo têm como suas principais características a liberdade em relação aos moldes até então vigentes, a liberdade de pesquisa, a liberdade de criação, com a busca de elementos nacionais, e assim por diante. Também a correspondência refletirá esses aspectos, não apenas em termos de que tratará deles, mas em sua própria formulação. A carta perde a formalidade que se encontra até essa época; torna-se efetivamente troca de ideias, informações, como substituto efetivo da conversa. Sem dúvida, esta modificação propicia um maior desembaraço, de modo que, para além de questões literárias, a carta será também espaço de manifestações pessoais, de informações privadas de pessoas envolvidas na vida literária.

A figura central em termos de correspondência literária no modernismo brasileiro é Mário de Andrade. Por vários motivos ele tem essa posição: pela sua importância como escritor, que atuou em várias áreas — poesia, ficção, crítica de literatura, crítica de artes plásticas, crítica de música —; pelo grande volume de sua correspondência; pelo fato de ter-se correspondido com pessoas ligadas a essas diversas áreas; por ter-se correspondido com grande número dos principais intelectuais brasileiros do período. Assim, tratar de correspondência literária no modernismo brasileiro implica inevitavelmente tratar da correspondência de Mário de Andrade, que se pode tomar como significativa, se não de todas, pelo menos de muitas das questões envolvidas no assunto.

No entanto, vale lembrar alguns problemas ligados a uma suposta possibilidade de estudo do conjunto dessa correspondência, bem como a existência de outras correspondências de grande significação. Podem ser citadas as correspondências entre Manuel Bandeira e Carlos Drummond de Andrade; entre Murilo Mendes e Carlos Drummond de Andrade; entre Manuel Bandeira e Ribeiro Couto; entre Carlos Drummond de Andrade e Rodrigo Melo Franco de Andrade; entre Carlos Drummond de Andrade e Abgar Renault.

Alguns números dão ideia do material de que se dispõe. A correspondência entre Mário de Andrade e Manuel Bandeira comporta 420 peças, enquanto aquela com Carlos Drummond de Andrade tem 161 peças. Há correspondências ainda mais volumosas: as cartas enviadas por Abgar Renault a Carlos Drummond de Andrade chegam a 453 (as de Drummond a Abgar Renault ainda não foram organizadas, mas devem ser em número semelhante). Há outras correspondências volumosas dirigidas a Carlos Drummond de Andrade, como a de Rodrigo Melo Franco de Andrade, com 110 peças, e a de Ciro dos Anjos, com 127 peças. Já as cartas de Ribeiro Couto enviadas a Manuel Bandeira são em número de 64, enquanto as de Manuel Bandeira para Ribeiro Couto ficam em 426 — essa enorme disparidade é um excelente exemplo dos problemas de conservação, pois, evidentemente, Manuel Bandeira não escreveu tão frequentemente para Ribeiro Couto, sem que este respondesse de modo equivalente; a conclusão simples é a de que o arquivo de Manuel Bandeira não preservou a totalidade de seus papéis. Em termos de cartas publicadas, verifica-se que, no caso de Mário de Andrade, o número de livros com sua correspondência já passa da dezena. Já foram publicados volumes de correspondência de Mário de Andrade com Manuel Bandeira, Carlos Drummond de Andrade, Portinari, Murilo Miranda, Oneyda Alvarenga, Pedro Nava, Murilo Rubião, Henriqueta Lisboa, Anita Malfatti, Rodrigo Melo Franco de Andrade, Fernando Sabino, Paulo Duarte e outros. Assim, não é apenas de precariedade e lacuna que se faz a correspondência, mas também de proliferação.

Dessas correspondências mencionadas, várias não estão publicadas integralmente, encontrando-se disponíveis em arquivos. Neste último caso, o estudo implica partir das primeiras etapas: compreensão da caligrafia, ordenação cronológica, verificação de ausência de cartas e assim por diante. No caso das correspondências publicadas, subsistem problemas como cortes, ausência de cartas desaparecidas e assim por diante. No que se refere a Mário de Andrade, boa parte de sua correspondência foi publicada. Mesmo aí há problemas, como desde a falta de padronização em termos das peculiaridades introduzidas por Mário de Andrade em sua linguagem[35], até disposições várias que impedem o acesso a elementos que podem interligar-se. Assim, a corres-

[35] Cf. MORAES, Marcos Antonio de. "Diálogo". In: *Gênese e memória.*

pondência passiva de Mário de Andrade ficou fechada até se completarem cinquenta anos da morte do autor. Depois de organizada, já começou a vir a público. Impedimentos semelhantes se encontram em relação a outras correspondências: em relação a cartas de Ribeiro Couto preservadas no arquivo de Manuel Bandeira, o *Inventário* deste arquivo apresenta as seguintes observações: "1. Há cartas incompletas. 2. Algumas cartas são documentos reservados e só poderão ser abertas a consultas em 2015".

Há outros casos em que um lado da correspondência não está disponível. Assim, no arquivo de Carlos Drummond de Andrade encontram-se as cartas de Manuel Bandeira, mas no arquivo deste não se encontram as do primeiro. Outro exemplo, é o da correspondência entre Murilo Mendes e Carlos Drummond de Andrade. As cartas do primeiro estão no arquivo de Carlos Drummond de Andrade, mas as cartas deste não foram ainda localizadas. Apesar dessas lacunas, tem-se um conjunto apreciável de correspondência entre escritores ligados ao modernismo brasileiro, correspondência que oferece material inestimável para a compreensão do período; para a compreensão dos autores envolvidos, tanto no nível mais amplo da história literária quanto no nível da realização das obras de cada um deles; e para a compreensão da própria forma epistolar.

Em termos de inter-relações de correspondências, bem como de vários outros dados do gênero, muitos exemplos podem ser encontrados na correspondência de Mário de Andrade. O fato de ele ter-se dedicado a vários tipos de trabalhos tem desdobramento em sua imensa correspondência, que de várias formas se entronca com o texto da obra. E esse grande texto se revela em expansão a cada vez que vem a público novo conjunto de cartas. Em carta dirigida a Sousa da Silveira, em 15 de fevereiro de 1935, Mário de Andrade como que fez uma suma de sua multiplicidade:

> Não havia folclore musical brasileiro. Não havia crítica de arte em São Paulo, e a pouca brasileira existente era mais que péssima. Fiz crítica de arte. Não havia tratado de poética, moderno, adaptável ao tempo. Fiz um. Não havia história da música em nossa língua. As existentes eram simplesmente porcas. Fiz uma, bem melhor que as outras. Etc.

Em contraposição a esse espírito e a esse empenho, não apenas de produção, mas sobretudo de afirmação de uma consciência plena de sua atuação, situam-se os projetos que a vida não lhe deu oportunidade de levar a termo, bem como pontos que revelam eventuais inconsistências ou desalentos nesta disposição tão positiva. É significativo o fato de tal afirmação se dar em uma carta. Nesse sentido, as cartas — exemplares de precariedade — são sintomáticas. E de modo equivalente, a atitude em relação às cartas é oscilante. Ora aprovando a publicação de algumas de suas cartas para Drummond, ora pedindo a Bandeira que não publicasse as que lhe enviara, nos dois casos se evidenciava a consciência que Mário tinha do significado delas. Em 1944, Drummond publicou na *Folha Carioca* longos trechos de cartas a ele dirigidas por Mário de Andrade; este não criticou o fato, mas, ao contrário, mostrou-se comovido, conforme expõe Drummond em sua introdução à edição das cartas. No mesmo ano, Mário aceitou que fossem publicadas cartas que dirigira a Cecília Meireles. Em compensação, em carta dirigida a Manuel Bandeira (não datada, mas postada em 25 de janeiro de 1925), opunha-se à publicação de suas cartas: "Se eu morrer amanhã não quero que você as publique". Isto se completa com o fato de ter guardado as que lhe foram enviadas, determinando a data de sua abertura, na convicção de sua destinação última, e que em contrapartida viria a ser a de suas próprias cartas. Sobre a possibilidade não publicar as cartas de Mário, Drummond comentou em sua introdução à edição das cartas:

> A obediência implicaria sonegação de documentos de inegável significação para a história literária do Brasil. Não só os praticantes da literatura perderiam com a falta de divulgação de cartas que esclarecem ou suscitam questões relevantes de crítica, estética literária e psicologia da composição. Os interessados em assuntos relativos à caracterização da fisionomia social do Brasil também se veriam lesados pela ignorância de valiosas reflexões abrangentes de diversos aspectos da antropologia cultural.

Ainda na mesma carta dirigida a Sousa da Silveira, Mário de Andrade dizia que "não há um só gesto significativo em mim que não seja uma atitude destinada, um ato consciente de vontade". Não é difícil perceber a ironia que há no destino dessa afirmação: basta atentar para o fato de que ela se fez no espaço de uma carta, tão privado e ao mesmo tempo tão exposto à devassa, tão propício, não tanto a confissões, mas a todo tipo de infiltrações, insinuações que não podem ser evitadas nem mesmo pelo mais atento e pretenso controle. Pelas frestas dessa colocação, de aparência positiva, passam muito silêncios, como os aqui mencionados, mas aos quais se somam aqueles que sem dúvida o próprio Mário de Andrade gerou intencionalmente. O grande texto de suas cartas, que talvez nunca venha a se finalizar, permanece assim em andamento, com o trabalho de arquivos e estudiosos; permanece em proliferação na leitura feita, não mais por seus destinatários imediatos, mas pelo público a que se dirige toda a obra do escritor.

Em relação à sua correspondência passiva, Mário de Andrade havia estabelecido um prazo para que ela viesse a público — um silêncio, assim, com dias contados. No entanto, situação similar é a das cartas do próprio Mário de Andrade que ainda não vieram a público, a daquelas que talvez nunca venham, seja por não terem sido conservadas por seus destinatários, seja pela possibilidade de a estes, por estar em pauta apenas relações pessoais, não interessar o gesto público. Mas ainda há outros silêncios. Nas cartas dirigidas a Oneyda Alvarenga vários nomes foram omitidos, conforme explica a destinatária em sua introdução à edição: "Onde a discrição o exigia, omiti na correspondência os nomes de pessoas vivas e dos mortos ainda muito presentes na memória intelectual do país. Alguns poucos trechos, mesmo se cortados os nomes das pessoas, traziam em seu próprio conteúdo um endereço tão nítido, que precisei suprimi-los. Letras soltas e reticências entre parênteses marcam esses casos". O volume que Manuel Bandeira publicou com cartas de Mário de Andrade incluía apenas as anteriores a 1935, e mesmo nestas, como informou, ele fez cortes. Os originais das cartas preservadas apresentam traços a lápis de Manuel Bandeira eliminando trechos — marcas visíveis de alguns silêncios impostos. As cartas para Manuel Bandeira posteriores a 1935 ainda não foram localizadas. A edição com os dois conjuntos de cartas, o de Mário e o de Bandeira, preparada por Marcos Antonio de Moraes, finalmente, além de apresentar o outro lado da correspondência, sanou as falhas da edição preparada por Bandeira. Nela se expõe minuciosamente toda a situação, não sem alertar para as lacunas que subsistem, como o fato de que ainda há uma carta de Mário para Bandeira que se encontra lacrada.

Em carta para Rosário Fusco não datada, mas provavelmente de 1927, Mário de Andrade faz logo de início este comentário: "Lamento que minha carta registrada contendo escrita longa e 'Caso da cascata' pra *Verde* não tenha chegado aí". Em nota a esta mesma carta Rosário Fusco observa: "O resto da carta se perdeu". Assim, numa mesma carta, encontram-se exemplos da precariedade a que a carta está sujeita, das lacunas que vão compondo parte de uma correspondência. É ainda Mário de Andrade que em 24 de outubro de 1927 escreve a Rosário Fusco:

> Escrevinhei logo uma porrada de notas. As que vão com esta. O caso é que sou jornalista e com obrigação de escrever diariamente no jornal. Assunto pra mim, agora, tudo quanto é assunto agarro logo. Presenciei que pelas notas tinham um assunto literário bom pra comentar no jornal e fui esperando um vazio na trabalheira pra tirar o artigo das notas. Afinal, creio que na Sexta saiu uma Carta a Rosário Fusco que vai sair no Diário Nacional, coisa pouca, porém assunto de importância.

Neste início de carta, além de se revelar, já pelo vocabulário, a informalidade com que pode ser escrita, verificam-se a presença de um dos temas recorrentes em cartas do autor e uma das associações possíveis para a carta. Quando se refere a notas, "que vão com esta", o autor está se referindo a comentários a poemas de Rosário Fusco que acompanham a carta. Ao mesmo tempo, o material da carta se presta para um artigo de jornal. E este se faz como carta.

A relação entre carta e crônica tem sido objeto de algumas abordagens. Assim, Cecília de Lara estabelece comparações entre as cartas de Antônio de Alcântara Machado enviadas do estrangeiro e suas crônicas de viagem enfeixadas em *Pathé-Baby*. Embora inicialmente as comparações estejam no nível factual, prestam-se também para avaliar transposições entre textos de natureza distinta: "Além das informações biográficas, que possam oferecer, estas cartas e cartões se revestem de importância maior, pois permitem um confronto de textos sem cunho literário com a transposição para o plano da criação, nas crônicas de jornal e do livro".[36]

Em outra perspectiva, a aproximação entre carta e crônica também pode ser vista em Mário de Andrade. Telê Ancona Lopez, ao tratar do início da produção jornalística de Mário de Andrade, que se dá na revista *Ilustração Brasileira*, em 1920, observa:

> É na segunda crônica, todavia, que Mário de Andrade vai refletir sobre seu papel de cronista (dezembro, 1920). Imbuindo-se da tarefa de correspondente, rotulará seu texto de "cartas", definindo-se: "Nestas cartas para a *Ilustração Brazileira* dois são os meus propósitos. Procurarei realizá-los pouco a pouco, si para tanto o engenho me sobrar. A todo este larguíssimo Brasil, que a revista abraçará, ao mesmo tempo que tenciono mostrar o movimento artístico e literário da gente paulista, é intuito meu explicar a enigmática cidade".[37]

Telê Ancona Lopez desenvolve a aproximação entre crônica e carta: "Porém, mais interessante é comentar essa ideia sua de cronista que envia 'cartas'. As cartas estão, na verdade, muito ligadas à tarefa de historiar, mas, sob o ângulo de quem as está escrevendo e que, algumas vezes pode se comportar como o cronista-historiador, ou do cronista-ficcionista de costumes"[38]. Essas associações entre crônica, ficção, carta, servem para apontar uma outra rede de relações, em

---

[36] LARA, Cecília de. Da Realidade Contada à Transposição no Texto Literário. Pathé-Baby: Correspondência e Crônicas de Viagem. *Revista do Instituto de Estudos Brasileiros*, p. 37.
[37] LOPEZ, Telê Ancona. "A crônica de Mário de Andrade: impressões que historiam". In: CANDIDO, Antonio et alii. *A crônica*, p. 175.
[38] Id.

que a carta circula, fora daquela rede dos escritos íntimos — diário, memórias.

Referindo-se às crônicas de Malazarte, publicadas na *América Brasileira*, Telê Ancona Lopez diz que são "um campo de experimentação aberto. Vão admitir o conto e a carta"[39]. Como exemplo dessa aproximação entre crônica e carta, apresenta a crônica IX, constituída por uma carta a Ribeiro Couto: "uma conversa com o amigo que se torna pública, tecendo a crítica do livro *A cidade do vício e da graça*. A carta ao colega de letras, ao leitor, continuará aparecendo anos a fio na crônica de Mário de Andrade"[40]. Analisando essa crônica-carta, Telê Ancona Lopez observa que ela tem, como crônica, duas partes, podendo ser comparada a muitas das cartas que Mário de Andrade enviou a escritores que lhe pediam opinião: "Linguagem informal, afetiva, crítica severa, porém externando a condenação com tolerância e simplicidade e entusiasmando-se vivamente com os acertos"[41]. Já a segunda parte da crônica-carta é propriamente uma crônica:

> poderia, a rigor, tornar-se um segundo texto, este, uma crônica de verdade: Mário-Malazarte, aqui identificado, separado e novamente identificado, está de mau humor por excesso de trabalho. Briga com Belazarte e lá se vai, a caminho do Correio colocar a carta para o amigo. A crônica então capta o trajeto de Malazarte através de suas associações; esperando o bonde, olhando a rua e disseminando imagens, sempre desenrolando sentimentos e pensamentos sob a tônica do mau humor.[42]

Tendo tido tantos correspondentes e entre estes algumas das figuras fundamentais da cultura brasileira do período,

---

[39] Id., p. 185.
[40] Id., p. 186.
[41] Id.
[42] Id., p. 186-187.

Mário de Andrade manteve correspondências que trataram de forma minuciosa de assuntos importantes em várias áreas. Assim, com Bandeira e Drummond, tratou, entre outras questões, de poesia; com Oneyda Alvarenga, de música; com Rodrigo Melo Franco de Andrade, de problemas do patrimônio. Mais do que tentar sumariar o quase inesgotável universo que se pode ler nessas correspondências, importaria tentar perceber como se abre esse espaço epistolar.

Em carta não datada, mas de 1924, Mário diz a Bandeira: "Tenho aqui uma porrada de cartas pra responder... Começo pela tua. Pelas tuas, creio que às duas últimas não respondi: Que trapalhada!" À informalidade permitida, segue-se referência ao percurso das cartas, aos intervalos entre elas, às lacunas que se interpõem. Em carta de 20 de novembro do mesmo ano ao mesmo Bandeira, diz Mário: "Obrigas-me a te escrever antes do tempo. Preparava-te uma carta cheia de pensamento, saudades e confissões. Mas as tuas Variações ["Variações sobre o nome de Mário de Andrade"] obrigam-me a te escrever imediatamente". Ainda uma vez, aí se encontra referência ao intervalo epistolar, mas, ao mesmo tempo, referência a móveis das cartas, à passagem entre móveis: a motivação afetiva, íntima (saudades e confissões), é substituída pela motivação intelectual. Nesse sentido, Flora Süssekind, falando da correspondência de Bandeira e Drummond com João Cabral de Melo Neto, refere que "se essa correspondência, no caso de Bandeira e Drummond, impõe, por vezes, uma dimensão crítica ou auto-reflexiva aos seus relatos, [...] no caso de Cabral, as cartas convertem-se em meio eficiente de afirmação de uma poética própria"[43]. Salienta-

---

[43] SÜSSEKIND, Flora. "Apresentação". In: MELO NETO, João Cabral de. *Correspondência de Cabral com Bandeira e Drummond*, p. 11.

se aí a carta como espaço crítico, ainda que nem sempre sistemático ou completo, no sentido em que, a propósito já especificamente das cartas de João Cabral, Flora Süssekind fala de "como que pequenos fragmentos críticos minando o caráter expressivo e a ênfase subjetiva próprios aos epistolários"[44]. Aqui, nesses "fragmentos que minam", estão os indícios da constituição do texto epistolográfico — com frequência claramente fragmentário, heterogêneo.

Em carta de 29 de dezembro do mesmo ano de 1924, Mário diz a Bandeira: "Agora antes de comentar outras partes do teu comentário deixa eu te falar sobre o modernismo e descendência do simbolismo". Esta breve introdução revela dois aspectos. Em primeiro lugar, a condição de "correspondência" literal, isto é, de troca: comentar o comentário; e, em segundo, o anúncio de um tema, que surge na carta, como surgiria em um artigo ou em uma conferência. Na mesma carta, uma longa carta, como tantas outras dirigidas a Manuel Bandeira, a certa altura anuncia-se uma interrupção: "E agora é meia-noite. A carta continuará amanhã. Boa noite". Divide-se a carta em capítulos. Ou a carta se integra de tal modo ao cotidiano, que acompanha as imposições do relógio. Melhor ainda: a carta é o espaço em que convivem esse cotidiano e a possibilidade de ficção. Mas o fato é que imediatamente a seguir o que surge é ainda outra dimensão: "*Influência Lusitana* — Você deve ter notado aliás que o que fiz no artigo foi uma observação psicológica e não uma censura". Após uma observação corriqueira sobre horário, segue-se, sem interrupção, o anúncio de uma dissertação, em que se dá continuidade à discussão de um artigo. Vale observar que a interrupção, muito provavelmente real, poderia, numa ficção, constituir apenas um recurso, em que

[44] Id., p. 13.

fica claro que o tempo ficcional não corresponde ao tempo de elaboração do texto.

Em carta de 1925, acima referida, um trecho acumula algumas questões: "Sou um fenômeno culto, sei disso e não me afasto disso. Agora: numas cartas escritas alegremente pra amigos, por brincadeira, com intenção evidentemente pitoresca uso exageros de pândega, pra rir. Isto não quer dizer que vá escrever sempre assim nos meus artigos. Não. Por mais que eu escreva agora direto e simples, ainda faço distinção entre escrever pra público e pra amigos. As cartas que mando pra você são suas. Se eu morrer amanhã não quero que você as publique. Nem depois da morte de nós dois, quero um volume como o epistolário Wagner-Liszt". Estão aí: a informalidade possível nas cartas, a distinção entre cartas e artigos, a distinção entre público e privado, a privacidade das cartas. No entanto, vários outros movimentos dos textos de Mário de Andrade redefinem as posições aí sumariamente expostas.

Assim, em carta de 22 de julho de 1926, sempre para Manuel Bandeira, Mário de Andrade diz: "Tinha muito que conversar com você (...) agora creio que só irei conversando aos poucos". Enfatiza-se assim a carta como conversa, diálogo. Já em carta de 10 de novembro do mesmo ano, lê-se: "Tenho certeza que se eu perguntar em carta ou artigo pra ele quem que está fazendo arte negra, se eu, ele secundará que não sou eu". Aqui, faz-se, como em inúmeras outras ocasiões, aproximação entre carta e artigo. Essa aproximação não se dá apenas por referência, como aqui, mas na quase totalidade das cartas pelo fato de o texto destas vir a discorrer sobre os assuntos de interesse dos correspondentes. Em alguns casos mais extremos, a carta se confunde inteiramente com um texto ensaístico. É o caso de duas cartas de 1935. Uma, de 9 de janeiro, já começa como verbete: "Embolada: Fórmula poético-musical, específica..." Em nota à carta, Manuel Bandeira explica: "Mário responde nesta carta às consultas que lhe fiz sobre a definição de termos da música brasileira para os respectivos verbetes do *Pequeno Dicionário Brasileiro da Língua Portuguesa*. Todas as suas definições foram introduzidas por mim no dicionário e mantidas nas edições seguintes". Em carta posterior, datada apenas de fevereiro, o procedimento é quase o mesmo, com a diferença de uma rápida introdução: "recebi a carta agorinha, desta vez a resposta é mais fácil: *Samba*: Dança..."

O mesmo se dará em várias das cartas para Oneyda Alvarenga. Em carta de 2 de fevereiro de 1935, a introdução é breve, entrando-se de imediato em questões técnicas: "começo agora respondendo a todas as perguntas das suas cartas. Vamos a ver se dou conta de tudo agora mesmo, nesta tarde de Sábado de quem está desta forma fazendo a sua semana-inglesa. Primeiro as perguntas bibliográficas. O tambor de que fala Lévy-Bruhl é Quilaut. Eu aconselharia você a escrever assim: quilô." Em 27 de fevereiro de 1940, a carta de Mário para Oneyda tem início com um projeto de trabalho: "Vamos iniciar o nosso trabalho de colaboração pros seus estudos iniciais relativos à sua futura 'História Social da Música'. Antes de mais nada está claro que você precisa estudar um bocado de sociologia fundamental, cujos princípios você aplicará para exposição dos fatos históricos musicais e sua crítica". Aí fica claro ainda uma outra dimensão das cartas de Mário de Andrade: as diferenças entre os destinatários implicam distinções nas formulações epistolares. Oneyda Alvarenga é a aluna para quem as cartas são também aulas; Manuel Bandeira é o companheiro a quem

Mário submete seus poemas; Drummond é o poeta mais jovem a quem Mário fornece orientações.

Nessas distinções, a correspondência com Rodrigo Melo Franco de Andrade apresenta ainda outros delineamentos. Trata-se de correspondência de grande importância para avaliar o papel que Mário de Andrade desempenhou no Patrimônio Histórico; mostra ainda como o peso de um trabalho que se impunha fazia com que ficassem de lado as relações de amizade, transformando a correspondência em documentos, papéis administrativos. Na edição da correspondência, o título é significativo: cartas de trabalho. Como o é também o subtítulo da parte em que se transcreve a correspondência: cartas, ofícios e relatórios. De fato, há na correspondência toda uma parte em que se trata exclusivamente de questões de trabalho. É o que ocorre com o relatório de 16 de outubro de 1937: "Como Assistente Técnico do SPHAN para esta Sexta Região, venho apresentar a V. Exa. o relatório das primeiras pesquisas, realizadas no Estado de S. Paulo, a respeito de monumentos arquitetônicos de valor histórico ou artístico, dignos a meu ver de tombamento federal". A carta de 12 de junho de 1943, como outras do mesmo período, é uma carta oficial em que Mário de Andrade presta contas de trabalho ao diretor do Serviço: "Sr. Dr. Rodrigo M. F. de Andrade / De acordo com vossas determinações, venho apresentar o relatório dos trabalhos que realizei para o SPHAN durante o mês de maio p. p." Em compensação, a carta de 2 de janeiro de 1944 assume a forma possível entre dois amigos: "Rodrigo / Duas palavras apenas pois tenho a felicidade de novo de exclamar que 'estou ocupadíssimo!', é uma delícia". Algumas vezes a informalidade é a tônica, como em 14 de maio de 1936: "Quanto à melancolia ela deriva apenas de fazer o ridículo de vocês esperarem só por mim e ter a certeza de que escreverei uma merda". Observe-se que o comentário se faz a propósito de livro de homenagem aos cinquenta anos de Manuel Bandeira, para o qual naquele momento Mário de Andrade estava sem tempo de escrever um artigo. Em carta anterior, ele citava, além de seu trabalho, habitual, o compromisso de num mesmo mês ter de se desobrigar de seis artigos e conferências sobre diferentes assuntos.

Com frequência as cartas de Mário de Andrade farão referência a acúmulo de trabalho; de resto, já indicado pelo fato de sua correspondência se estender sobre assuntos tão diversos como patrimônio, música, literatura, artes plásticas, etc. A proximidade, na correspondência, dos trabalhos e das manifestações pessoais afetivas aponta mais uma vez para as diversas proximidades da carta — artigo, crônica, diário. A carta funciona como laboratório de múltiplos textos. A carta ainda funciona como núcleo em que tanto aparece a função central (às vezes centralizadora) de Mário de Andrade quanto se verificam as articulações de um movimento estético. Se, na carta citada para Rodrigo Melo Franco de Andrade, está em questão homenagem a Manuel Bandeira, em carta para o próprio Manuel Bandeira, não datada, mas identificada como de 19 de maio de 1930, lê-se: "Mas adorei a página sobre *Alguma poesia*. Quem elogia esse livro, até me parece que me elogia a mim, tanto que insisti pro Carlos publicá-lo, com carinhos, persuasões e fixando abertamente a minha admiração pelas coisas dele, até que enfim saiu e tive mesmo um alegrão". Entrecruzam-se nas cartas, desse modo, os vários personagens do modernismo, assim como as cartas se entrecruzam. Afinal, Carlos Drummond de Andrade foi outro grande correspondente de Mário de Andrade, a quem submeteu os poemas que iriam formar seu primeiro livro, *Alguma poesia*.

A edição que Carlos Drummond de Andrade fez das cartas que lhe foram enviadas por Mário de Andrade foi de grande importância, pois não tem os problemas da preparada por Manuel Bandeira, trazendo a integralidade das cartas de Mário, e vem acompanhada de minuciosas notas que procuram esclarecer as cartas, inclusive por cruzamento com outras correspondências. O quadro se completou quando essa edição foi republicada em volume organizado por Silviano Santiago, agora já com as cartas de Drummond para Mário, também profusamente anotadas. Esses trabalhos editoriais ressaltam a correspondência como deflagradora de informações, na medida também em que muitos dados solicitam esclarecimentos ao passaram da esfera privada para a de documento histórico de interesse mais amplo.

Assim como no caso da correspondência com Manuel Bandeira, parcela digna de nota é constituída por discussões voltadas para questões literárias — tanto do modernismo em geral quanto especificamente dos textos que os correspondentes estavam produzindo. Nelas se encontram fragmentos consideráveis do pensamento crítico de Mário de Andrade. No caso da edição das cartas de Mário de Andrade preparada por Carlos Drummond de Andrade, encontra-se em apêndice duas seleções de textos de Mário de Andrade. Essas seleções se valeram sobretudo de cartas enviadas a outros destinatários, mas também de outros textos do autor; mostram a importância que tiveram para Mário de Andrade duas questões: dinheiro e doença. Com isto se evidencia como nas cartas conviviam a dimensão intelectual e a dimensão da intimidade, acentuando-se o caráter de relação pessoal. Assim é que, por exemplo, a última carta de Mário de Andrade para Carlos Drummond de Andrade, escrita dois dias antes de sua morte, diz o seguinte: "Apresento a você o meu amigo Aloísio Álvares Cruz, que é filho de amigo velho meu, e eu quero muito bem. O que ele quer aí no Ministério não é difícil e você vai-me ajudá-lo com prazer pra todos nós". Na medida em que ocupavam cargos públicos e se viam envolvidos com a administração cultural, surgem aqui e ali na correspondência solicitações semelhantes, dentro de velha tradição brasileira: em bilhete de 7 de dezembro de 1932 dirigido a Drummond, Murilo Mendes indaga "se o Capanema poude dar o jeitinho".

O mesmo tipo de pedido se encontra em carta de Manuel Bandeira para Carlos Drummond de Andrade datada de 18 de janeiro de 1944: "Breno de Sousa Leite, inspetor secundário, atualmente servindo no Ginásio de Entre Rios, Estado do Rio, deseja ser transferido para Petrópolis ou para o Rio ou para Niterói. Desempenha o cargo desde 1934 e já esteve em Lorena, São Paulo, e cidades do Estado do Rio. / Esse pedido me foi feito pelo Cláudio de Sousa, parente do homem". Se com este exemplo se enfatiza o fato de haver algumas constantes nas diversas correspondências, a correspondência entre Manuel Bandeira e Carlos Drummond de Andrade oferece algumas peculiaridades. Em que pese à proximidade entre os dois escritores, de que a correspondência é reveladora, esta é pequena e em geral sucinta. Oferece, porém, alguns exemplos significativos.

Em carta de 26 de outubro de 1925 para Carlos Drummond de Andrade, dizia Manuel Bandeira: "Vou ver então se do nº 4 em diante posso mandar à *Revista* umas cartas do Rio. Não me confinarei, porém, no rincão musical, onde não passo de tapeador intruso. E será só por afeto a vocês, pois nenhuma vontade tenho de escrever". Observa-se aí a referência à sua possível colaboração com a revista modernista mineira como "cartas". Naturalmente, aí se trata de artigos ou crônicas. De resto são numerosos os exemplos em diversas épocas em que esse tipo de texto recebe a denominação semelhante. Assim, quando Murilo Mendes se muda de Juiz de Fora para o Rio de Janeiro e continua a colaborar no jornal de sua cidade natal, suas crônicas pelo menos duas vezes recebem o título de "Bilhetes do Rio" (*A Tarde*, 15 e 26 de fevereiro de 1921). No tocante ao universo das publicações dos modernistas — outro setor cuja história tem contribuições inestimáveis nas correspondências —, outras cartas oferecem dados nesta área. A carta de Manuel Bandeira para Carlos Drummond de Andrade datada de 30 de outubro de 1933 diz o seguinte:

> Não tenho mais nada com *Literatura*, que nem olho mais. Se, porém, você e o poeta quiserem aparecer no quinzenário, mandarei a colaboração ao Schmidt. Se preferirem *Ariel*, dá-la-ei ao Cruls. Se o poeta preferir o *Rio-Magazine*, onde os poemas poderão levar uma ilustração de Santa Rosa, também o posso obter. Digam-me o que preferem. / Parei a colaboração no *Estado* por causa da bílis e por enquanto não penso em recomeçar.

Esta carta é um excelente exemplo das articulações que se davam entre os modernistas, bem como das relações que se travavam em função de orientações diversas dos escritores e dos periódicos a que se associavam, para não falar que é uma mostra do número e da variedade de periódicos existentes na época.

No campo específico da produção literária, as cartas podem apresentar elementos que à primeira vista não mostram relação com essa produção, situando-se apenas no campo da informação biográfica. No entanto, mesmo aí as inter-relações podem vir a se revelar. Numa carta para Drummond, datada de 27 de julho de 1933, informa Manuel Bandeira: "Precisava comunicar a minha nova residência que é à Rua Morais e Vale nº 5, apartamento 54. Fica essa rua na Lapa, a Lapa dos Carmelitas e das prostitutas. Na verdade não é rua, senão beco, o Beco dos Carmelitas, o beco famoso, onde não há homem no Rio que não tivesse pago o tributo à Vênus Vulgívaga. Enfim — o 'Beco'." Mais que o fato relatado, o próprio texto da informação repercute na produção literária de Bandeira, pois afinal o beco será tema de alguns poemas : "Poema do Beco", de *Estrela da Manhã*, "Última Canção do Beco", de *Lira dos Cinquent'anos*, e "Duas Canções do Tempo do Beco", de *Estrela da Tarde*, bem como da crônica "Romance do Beco", de *Crônicas da Província do Brasil* (vale observar que na crônica, ficcionalizado, transcreve-se o "Poema do Beco"). A forma de se referir ao beco é muito próxima em todos os textos, situando-se nessa rede a carta como espaço em que se formulam, ainda que de modo incipiente, outros textos.

Algumas cartas de Mário de Andrade para Drummond apresentam elementos diretamente relacionados com escrita de poemas de Drummond. Isto ocorre de modo especial em duas cartas, uma não datada, mas do ano de 1924, e outra de 18 de fevereiro de 1925. A primeira é uma longa carta em que somente no trecho final Mário fala de poemas que Drummond lhe enviara, mas fala apenas em termos de apreciação imediata — "não gosto muito disso", "é simplesmente admirável". Ocorre que foram anexados às cartas os próprios poemas, nos quais Mário fez anotações, que têm implicações diretas na escrita — "Que abundância francesa de possessivos!", "*acolá* Que palavra horrível! Só se emprega em livros didáticos. Deixemos isso pra Portugal". No entanto, além desses comentários, fez marcas nos textos (que não foram reproduzidas nas edições das cartas), que certamente sugeriam cortes, alterações. Esses documentos[45] constituem como que uma versão a quatro mãos, uma visualização tanto do processo conjunto de escrita quanto do diálogo epistolar. Cotejando-se dados como os referidos com a forma que os poemas apresentaram quando de sua publicação, verifica-se que algumas modificações coincidem com essas sugestões, as quais, porém, não foram acatadas integralmente, havendo ainda modificações não sugeridas por Mário. Já na outra carta Mário comenta de modo extenso alguns poemas, inclusive um poema como "Nota social", que já tinha sido objeto de anotação no anexo da carta anterior. Nesta segunda carta, fica claro que Mário está comentando uma nova versão que lhe fora enviada. Faz, por exemplo, longo comentário sobre a regência que fora objeto de anotação anterior: "Foi uma ignomínia a substituição do *na* estação por *à estação*". Nessas situações encontram-se evidências palpáveis da integração entre correspondência e processo de escrita. Naturalmente, o papel que aí cabe à correspondência é relativamente circunscrito a ajustes da escrita, algumas de pouca monta, outras de maiores repercussões, mas o fato é que o poema continua em processo de escrita em função da troca de correspondência.

Se há casos em que a carta comenta a obra literária ou se presta para que esta seja enviada em anexo, há também casos em que a própria carta é o suporte da obra. Talvez isto não tivesse maior importância, a não ser a do aproveitamento de um mesmo suporte. Veja-se o caso de uma pequena carta de Manuel Bandeira para Mário[46]. A carta se

[45] Preservados no Arquivo-Museu de Literatura Brasileira da FCRB.

[46] Na edição da correspondência preparada por Marcos Antonio de Moraes, indica-se que a carta foi postada em 22 de agosto de 1925.

inicia com o poema "O anjo da guarda", que aí aparece sem título e com algumas pequenas outras diferenças em relação ao texto publicado. Em seguida ao poema, inicia-se o texto epistolar propriamente dito — "Mário — Como devo chamar isso? Você que andou em quartéis — como se chama o ato das sentinelas que se rendem?" Este é o primeiro parágrafo da carta, em que se trata do poema transcrito. No parágrafo seguinte (ao qual se seguem apenas a despedida, a assinatura abreviada e um breve pós-escrito), Bandeira comenta texto de Mário. Examinando-se o manuscrito dessa carta[47], observa-se que os dois textos — o do poema e o da carta propriamente dita — ocupam o espaço da página de tal modo que é que como se formassem um conjunto gráfico. No entanto, pelo menos o primeiro parágrafo da carta constitui na verdade uma espécie de adendo, de pós-escrito, de nota ao poema. Nessa como que inversão de estatuto de gêneros no espaço da correspondência, fica salientada a possibilidade de estreitamento de uma como que imbricação entre carta e obra. Em outra carta de Bandeira para Mário, datada de 23 de março de 1926, ocorre literalmente essa imbricação, na medida em que o texto de um futuro poema ("Porquinho-da-índia") é simultaneamente parte do texto da carta. No manuscrito da carta, Bandeira circulou um trecho do texto e fez a seguinte indicação para esse trecho circulado: "Isto é um poema. O 1º verso será: Quando eu tinha 6 anos ganhei um porquinho da Índia". O caso, porém, envolve ainda outras interligações entre texto e carta. A carta de Bandeira se refere tanto a uma outra carta ("Acabei uma carta assim."), quanto a um outro poema ("Madrigal tão engraçadinho"). Na verdade, a carta dá testemunho de

[47] Como as demais cartas de Manuel Bandeira para Mário de Andrade, esta se encontra no IEB-USP.

mudança de título de "Madrigal monóstico em ritmo inumerável" para "Madrigal tão engraçadinho". Além disso, o fato é que ao período "Acabei uma carta assim" segue-se o seguinte: "Depois vi que era um poema". Assim, na carta em que um trecho se confunde com um poema, refere-se outra carta em que ocorre a mesma situação. Em ambos os casos, a carta pode ser incluída entre os manuscritos do poema.

Outros tipos de papéis desempenhados pelas cartas nesse período podem ser vistos ainda numa correspondência como a de Murilo Mendes. Da correspondência de Murilo Mendes disponível em arquivos, destaca-se até o momento o conjunto de suas cartas dirigidas a Carlos Drummond de Andrade e as dirigidas a Mário de Andrade. No primeiro caso, vale notar que a correspondência prossegue mesmo quando, em 1934, Drummond se muda para o Rio de Janeiro, onde já morava Murilo Mendes. Já com a mudança de Murilo para Roma, cai significativamente a frequência da correspondência. Mesmo sem conhecimento das cartas de Drummond, pode-se dizer que a primeira carta de Murilo parece ser de fato o início da correspondência, do que há nela alguns indícios. O principal deles é a referência ao envio do primeiro livro de Drummond, *Alguma poesia*, que Murilo agradece. Este envio provavelmente motivou a carta, nesta não havendo referência a qualquer carta anterior de Drummond. É claro que se as cartas dirigidas por Drummond a Murilo tiverem subsistido e vierem a público, há a possibilidade de surgimento de outros dados que modifiquem as suposições.

Importa observar que, com muita probabilidade, o conjunto das cartas enviadas a Drummond por Murilo se encontra completo. Isto pode ser verificado pelo teor mesmo da correspondência, mas essa verificação é parcial, naturalmente, porque na parte do outro correspondente podem ser encontrados indícios diferentes. Dado importante que apoia a suposição de que toda a correspondência de Murilo dirigida a Drummond tenha sido preservada, ainda que este seja um dado externo, é o fato conhecido da atenção arquivística de Drummond. Todos os documentos que integram o seu arquivo foram por ele guardados de forma cuidadosa e ordenada.

Quando Murilo se mudou para a Europa, passou de fato a haver uma distância entre ele e seus amigos. A carta seria então uma forma de aproximação; no entanto, o que ocorre é uma diminuição sensível da correspondência. As cartas assim constituem não apenas uma forma de comunicação, mas um meio especial de realizar um determinado nível de comunicação, no lugar de outro, talvez mais efetivo. Em suma, a carta preserva uma distância. Dado significativo é a própria caligrafia de Murilo. Ao lado de uma caligrafia cursiva habitual, Murilo usava às vezes uma caligrafia tipo letra de forma; esta ocorre em correspondência de caráter menos pessoal e quando a troca de cartas está em seu término. Na correspondência com Drummond as peças em letra de forma já são todas de Roma. Ainda nesse sentido, um episódio de desentendimento com Drummond constitui bom exemplo da questão. Murilo, a propósito do desentendimento, escreve em 19 de janeiro de 1956 a Drummond, dizendo que renovava os pedidos de desculpas que lhe havia feito por telefone. Assim, o contato mais estreito por meio do telefone é reafirmado por uma carta de tom formal. Esta, ao contrário da comunicação por telefone, constitui documento que pode subsistir. E nessa subsistência pode mesmo escapar ao espaço privado e se tornar público. O fato de Drummond ter anexado a essa carta uma cópia de carta sua sobre o assunto em discussão, que anteriormente enviara a Murilo, demonstra a consciência da dimensão documental da carta e da possibilidade de ela vir a ter dimensão pública.

Esses vários dados fazem parte também de processo de delimitação das relações em seus diferentes níveis. A isto se soma o fato de que as correspondências de uma mesma pessoa se agrupam segundo diferentes questões, tendo os perfis dos destinatários, evidentemente, papel preponderante nesse agrupamento. No caso das correspondências de Murilo Mendes com Drummond e com Lúcio Cardoso, Murilo trata de trabalho e de literatura quase que somente com Drummond; de religião, de questões afetivas e de música, quase que só com Lúcio. Além dessas setorizações por assuntos, é possível detectar um outro agrupamento, quando Murilo assume o papel de orientador, o que se dá apenas no caso das cartas para Lúcio. Assim, a organização das cartas acompanha uma organização não apenas das relações, mas também da vida dos atores envolvidos, que por sua vez podem modificar consideravelmente o papel da correspondência.

O fato é que, se o universo desses conjuntos de correspondência é ocupado em grande parte por questões culturais e pessoais, não deixa também de acompanhar seu momento histórico. Vários exemplos podem ser levantados, com possibilidades de diferentes enfoques e entrelaçamentos. Em carta a Carlos Drummond de Andrade de 24 de novembro de 1930, Mário de Andrade diz: "Mas você não pode imaginar a alegria que tive quando você se lembrou de me telefonar de Barbacena". Em nota à passagem, comenta Drummond:

Em 24 de outubro de 1930, achava-se instalado em Barbacena o Estado-Maior das tropas revolucionárias mineiras, constituídas pela Força Pública (Polícia Militar) do Estado. Eu era auxiliar de gabinete de Cristiano Machado, Secretário do Interior de Minas e, nessa qualidade, Comandante-Geral. Deposto no Rio de Janeiro o Presidente da República, Washington Luís, e franqueadas as comunicações com São Paulo, meu primeiro pensamento foi telefonar para Mário de Andrade.

Na mesma carta, Mário de Andrade refere o fato de um irmão seu estar preso e de estar sendo vigiado. Em nota à passagem, Drummond a associa à crônica "Meu secreta", de *Os filhos da Candinha*, em que na narração da situação o texto recupera a passagem da carta. É possível ainda lembrar o que a nota de Drummond omite, o fato proveniente do episódio histórico que passa pelas cartas, pelas anotações às cartas, e fica em sua obra: data dessa época o poema de Drummond intitulado "Outubro 1930" (publicado em jornal logo a seguir ao episódio, veio a ser inserido em livro apenas na segunda edição de *Alguma poesia*, em 1942).

Em 1932, a Revolução Constitucionalista, irrompida em São Paulo a 9 de julho, mereceu várias referências. Mário de Andrade em carta a Carlos Drummond de Andrade, em 6 de novembro de 1932, comentava: "A Revolução foi um crime hediondo. Que era crime eu vi perfeitamente desde a manhã de 10 de julho, quando me levantei e soube de mais uma revolução em S. Paulo". Em carta de 14 de dezembro de 1932 para Manuel Bandeira, diz Mário de Andrade: "Outro dia lhe falarei sobre o caso de S. Paulo, que continua cada vez mais horroroso, agora não posso mais. Um parente meu acaba de ser baleado inconcebivelmente, passeando de automóvel".

Em outra época, cartas de dois remetentes para o mesmo destinatário, que se encontrava fora do país, na Itália, referem-se a um episódio político com matizes distintos. Em carta de 12 de agosto de 1954 para Sérgio Buarque de Holanda[48], Manuel Bandeira comenta: "As coisas por aqui andam pretas, depois da tentativa de morte contra o Carlos Lacerda e o assassinato do oficial de aeronáutica. O presidente perdeu o controle da situação, estão mandando as forças armadas. Ainda não se sabe o que resultará de tudo isto. Os boatos fervilham". Datada de poucos dias antes, 7 de agosto de 1954, uma carta de Carlos Drummond de Andrade para o mesmo Sérgio Buarque de Holanda[49] diz:

> Estamos vivendo num clima de bastante agitação, após o 100º atentado contra o Carlos Lacerda. Como V. deve ter sabido, ele escapou com um tiro no pé, mas um pobre major da Aeronáutica, seu amigo, foi trucidado. Todas as suspeitas quanto à autoria intelectual do atentado se dirigem para o mesmo rumo; contudo, não se acredita que a responsabilidade seja efetivamente apurada, e V. bem pode concluir o estado de ânimo geral. Não tão geral assim, retifico; enquanto isso, o Josué Montello está providenciando aqui e em S. Paulo a eleição para a Academia de letras, na vaga de Cláudio de Sousa.

Diante do simples relato de Manuel Bandeira, o de Carlos Drummond surge com sua carga de ironia e discreto sarcasmo, entrecruzando a gravidade de um momento e a fatuidade da vida literária. Seria o caso de lembrar a constante presença desse entrecruzamento — que pode se dar ainda de várias formas, como em passagens de linguagem elevada para um tom coloquial — em sua imensa produção como cronista e mesmo em sua poesia.

---

[48] Preservada em arquivo da Unicamp.
[49] Preservada em arquivo da Unicamp.

As cartas dos modernistas ao mesmo tempo que apresentam a efervescência de mudanças em vários aspectos culturais, históricos e políticos, apresentam também aqui e ali sinais de que estavam inseridas em um nível de mudanças em sua própria conformação. Basta pensar no quanto o desenvolvimento do correio propiciou o aumento da frequência da correspondência. No entanto, também se poderia supor que a precariedade das comunicações telefônicas tornavam estas infrequentes e obrigavam a que se continuasse a empregar a correspondência como forma de comunicação. Quando as comunicações telefônicas, por sua vez, se tornam mais correntes, pode-se supor que tenha havido alguma diminuição das correspondências. Mais recentemente, a utilização do fax terá levado a uma retomada da comunicação por escrito. Já as possibilidades da internet começam a introduzir outras modificações. Como observa Walnice Nogueira Galvão: "Talvez, então, a epistolografia não esteja propriamente desaparecendo, mas meramente efetuando uma transferência de suporte e de visualidade, enquanto mantém sua função de comunicação interpessoal"[50]. No tocante ao novo suporte, o correio eletrônico, seria possível indagar pelas possibilidades de preservação das mensagens trocadas, embora anteriormente a preservação também variasse em função de outros fatores.

Todavia, antes dessas modificações, a correspondência dos modernistas é o último grande momento dessa forma dentro da literatura brasileira, isto tanto pelas possibilidades de se relacioná-la diretamente com as obras do movimento e pelo que oferecem em termos de conhecimento do próprio gênero epistolográfico, quanto por se ter constituído como

[50] GALVÃO, Walnice Nogueira. "A margem da carta". In: *Desconversa*. Rio de Janeiro: Editora da UFRJ, 1998, p. 162.

espaço em que de modo fundamental se elaborou parcela importante de um movimento decisivo na cultura brasileira. Na sequência das modificações que se verificam nessa correspondência, como a informalidade e as relações com as obras, e ao lado de uma suposta decadência do gênero, com as modificações das formas de comunicação, correspondências mais recentes revelam algumas dessas questões inseridas já em outros contextos. Assim, as cartas de Paulo Leminski para Régis Bonvicino somam à sua informalidade e ao teor, pelo menos em parte, literário, o fato de se aproximarem de uma forma poética, o que tem a ver tanto com as possibilidades da própria carta quanto com as da produção poética do autor. A própria dimensão visual de algumas dessas cartas tem importância, tanto que a melhor solução para sua edição consistiu numa apresentação fac-similar. Já as cartas de Caio Fernando Abreu expõem algumas dimensões pessoais e comportamentais de um modo que se torna possível nesse momento talvez não apenas por uma tomada de decisão, mas em consonância acentuada com as mudanças culturais que se verificam no período. E nesse caso mais uma vez aqui se encontra significativamente um exemplo de carta como formulação de um texto destinado ao público da imprensa. Tal se dá nas crônicas, publicadas em jornal e nas quais Caio Fernando Abreu revelou estar internado com Aids, intituladas "Cartas para além dos muros" — aqui, o texto literário público, a fim de revelar um fato particular, se vale da transformação de um meio privado em público. Às várias modificações por que passa a correspondência soma-se, porém, o crescente interesse não só em publicá-las, mas também em estudá-las. Os exemplos citados também se prestam para salientar a ampliação dos próprios campos de estudos que se debruçam sobre as correspondências, tal como salienta Silviano Santiago (conforme já referido). De um lado, as correspondências continuam a se constituir como novos materiais, distintos de correspondências anteriores, e, de outro lado, pedem, por isso mesmo, novas abordagens tanto em termos de sua edição quanto em termos de sua exploração no âmbito dos estudos literários.

BIBLIOGRAFIA CONSULTADA

ABREU, Caio Fernando. *Cartas*. Org. Italo Moriconi. Rio de Janeiro: Aeroplano, 2002.

ALENCAR, José de. *O Nosso Cancioneiro (cartas ao senhor Joaquim Serra)*. Introdução e notas de Manuel Esteves e M. Cavalcanti Proença. Rio de Janeiro: São José, 1962.

ALENCAR, José de e ASSIS, Machado de. *Cartas sobre Castro Alves*. S.l., s.e., s.d.

ALENCAR, José Martiniano de. *Cartas sobre a Confederação dos Tamoyos*, por I.G. (pseudônimo). Rio de Janeiro: Diário, 1856. Edição fac-similar: ABL, 1971.

ALMEIDA, Júlia Lopes de. *Correio da roça*. Rio de Janeiro: Francisco Alves; Paris: Aillaud, Alves, 1913.

ALVARENGA, Oneyda. *Mario de Andrade, um pouco*. Rio de Janeiro: José Olympio, 1974.

ALVES, Castro. *Correspondência e Crítica*. Rio de Janeiro: Editora H. Antunes e Cia, [1920?].

ANDRADE, Carlos Drummond de. *Poesia completa e prosa*. Rio de Janeiro: Aguilar, 1973.

ANDRADE, Carlos Drummond de e ANDRADE, Mário de. *Carlos e Mário*. Correspondência completa entre Carlos Drummond de Andrade (inédita) e Mário de Andrade. Prefácio e notas de Silviano Santiago. Estabelecimento de texto das cartas de CDA por Alexandre Faria. Rio de Janeiro: Bem-Te-Vi, 2002.

ANDRADE, Mário de. *A Lição do Amigo*. Cartas de Mário de Andrade a Carlos Drummond de Andrade. Rio de Janeiro: José Olympio, 1982.

________________. *Cartas a Manuel Bandeira*. 2ª ed. Rio de Janeiro: Edições de Ouro, 1967.

______________. *Cartas a Rosário Fusco*. S.l., s.e., s.d. Exemplar único, provas tipográficas da biblioteca Plínio Doyle, Fundação Casa de Rui Barbosa.

______________. *Cartas a Sousa da Silveira*. Rio de Janeiro: INL, 1964, p. 113-133. Separata da Revista do Livro, nº 26, setembro de 1964.

______________. *Cartas de Trabalho*. Correspondência com Rodrigo Mello Franco de Andrade (1936-1945). Brasília: SPHAN; Fundação Pró-Memória, 1981.

______________. *Macunaíma*. Edição crítica de Telê Porto Ancona Lopez. Paris: Association Archives de la Littérature latino-américaine, des Caraïbes et africaines du XXe. Siècle; Brasília: CNPq, 1988.

ANDRADE, Mário de; ALVARENGA, Oneyda. *Cartas*. São Paulo: Duas Cidades, 1983.

ANDRADE, Mário de e BANDEIRA, Manuel. *Correspondência*. Organização, introdução e notas de Marcos Antonio de Moraes. São Paulo: Edusp: IEB, 2000.

ANTELO, Raúl. *Na ilha de Marapatá*. (Mário de Andrade lê os hispano-americanos). São Paulo: Hucitec; [Brasília]: INL, 1986.

ASSIS, Machado de. *A Mão e a Luva*. Rio de Janeiro: Garnier, 1988.

______________. ASSIS, Machado de. *Quincas Borba*. Rio de Janeiro: Garnier, 1988.

AZEVEDO, Aluísio. *Mattos, Malta ou Matta?* Rio de Janeiro: Nova Fronteira, Fundação Casa de Rui Barbosa, 1985.

BANDEIRA, Manuel. "Epistolário". In: BANDEIRA, Manuel. *Poesia e prosa*. Rio de Janeiro: Aguilar, 1958.

______________. BANDEIRA, Manuel. *Poesia e Prosa*. Rio de Janeiro: Aguilar, 1958.

BARBOSA, Rui. *Cartas de Inglaterra*. Rio de Janeiro: Ministério da Educação e Saúde, 1946. (Obras Completas de Rui Barbosa, v. XXIII, t.I).

BARRETO, Lima. *Um Longo Sonho do Futuro. Diários, cartas, entrevistas e confissões dispersas*. Rio de Janeiro: Graphia Editorial, 1993.

BROCA, Brito. *A vida literária no Brasil*. Rio de Janeiro: Serviço de Documentação, MEC, 1956.

CALLADO, Antônio. *Reflexos do baile*. Rio de Janeiro: Paz e Terra, 1976.

CAMINHA, Adolpho. *Cartas Litterarias*. Rio de Janeiro: s.e., 1895.

CANDIDO, Antonio. "Atualidade de um romance inatual". In: RIO, João do. *A Correspondência de uma estação de cura*. Rio de Janeiro: FCRB; São Paulo: Scipione / IMS, 1922.

CARDOSO, Lúcio. *Crônica da casa assassinada*. Ed. crít. Júlio Castañon Guimarães. Coord. Mario Carelli. Madrid: Archivos, 1991.

DIAS, Antônio Gonçalves. "Correspondência". In: *Poesia e Prosa Completas*. Rio de Janeiro: Nova Aguilar, 1998.

DUQUE, Gonzaga. "Três cartas íntimas". In: *Impressões de um amador*. Textos esparsos de crítica (1882-1909). Org. Júlio Castañon Guimarães e Vera Lins. Rio de Janeiro: FCRB; Belo Horizonte: Editora da UFMG, 2001.

EULALIO, Alexandre. "Depois do romance". In: AZEVEDO, Aluisio. *Mattos, Malta ou Matta?* Rio de Janeiro: Nova Fronteira, Fundação Casa de Rui Barbosa, 1985.

FONSECA, Maria Augusta. "A carta pras icamiabas". In: ANDRADE, Mário de. *Macunaíma*. Edição crítica de Telê Porto Ancona Lopez. Paris: Association Archives de la Littérature latino-américaine, des Caraïbes et africaine du XXe. Siècle; Brasília: CNPq, 1988.

FUSCO, Rosario. *Carta à Noiva* (Romance). Rio de Janeiro: Organização Simões, 1954.

GALVÃO, Walnice Nogueira. "A margem da carta". In: *Desconversa*. Rio de Janeiro: Editora da UFRJ, 1998.

GENETTE, Gérard. *Seuils*. Paris: Seuil, 1987.

GIDE, André e VALERY, Paul. *Correspondance*. 1890-1942. Préface et notes par Robert Mallet. Paris: Gallimard, 1955.

GUIMARÃES, Júlio Castañon. Correspondência de Mário de Andrade. *Jornal do Brasil*, 12 de outubro de 1993.

______________. *Distribuição de Papéis: Murilo Mendes escreve a Carlos Drummond de Andrade e a Lúcio Cardoso*. Rio de Janeiro: FCRB, 1996. Col. Papéis Avulsos, 27.

HAROCHE-BOUZINAC, Geneviève. *L'épistolaire*. Paris: Hachette, 1995.

Inventário do arquivo Manuel Bandeira. Rio de Janeiro: Fundação Casa de Rui Barbosa, 1989.

Inventário do arquivo Carlos Drummond de Andrade. Rio de Janeiro: Fundação Casa de Rui Barbosa, 1989.

KAUFMANN,Vincent. *L'équivoque épistolaire*. Paris: Minuit, 1990.

LARA, Cecília de. Da Realidade Contada à Transposição no Texto Literário. Pathé-Baby: Correspondência e Crônicas de Viagem. *Revista do Instituto de Estudos Brasileiros*. USP, n. 26, 1986.

LEMINSKI, Paulo. *Envie meu dicionário: cartas e alguma crítica*. Org. Régis Bonvicino, com a colaboração de Tarso de Melo. São Paulo: Ed. 34, 1999.

LINS, Vera. *Novos pierrôs, velhos saltimbancos*. Curitiba: Secretaria de Estado da Cultura, 1998.

LOPEZ, Telê Porto Ancona. "A crônica de Mário de Andrade: impressões que historiam". In: CANDIDO, Antonio et alii. *A crônica: o gênero, sua fixação e suas transformações no Brasil*. Campinas: Editora da Unicamp; Rio de Janeiro: Fundação Casa de Rui Barbosa, 1992.

MALLET, Robert. "Introduction". In: GIDE, André e VALÉRY, *Correspondance*. 1890-1942. Préface et notes par Robert Mallet. Paris; Gallimard, 1955.

MELO NETO, João Cabral de. *Correspondência de Cabral com Bandeira e Drummond*. Org., apres. e notas Flora Süssekind. Rio de Janeiro: Nova Fronteira, Fundação Casa de Rui Barbosa, 2001.

MENDES, Murilo. Seis Cartas de Murilo Mendes a Carlos Drummond de Andrade. Ed. Júlio Castañon Guimarães. *Revista do Brasil*, ano 5, nº 11, 1990.

MENDONÇA, Lúcio de. *O marido da adúltera*. Campanha: Typ. de M. de Oliveira Andrade, 1882.

MILLIET, Sergio. *Duas Cartas no Meu Destino*. Curitiba: Editora Guaíra, 1941.

MORAES, Marco Antonio de. "Diálogo multiplicado". In: *Gênese e memória*. IV Encontro internacional de pesquisadores de manuscritos e de edições. São Paulo: APLML, Anablume, 1995.

______________. Afinidades eletivas. In: ANDRADE, Mário de e BANDEIRA, Manuel. *Correspondência*. Org. Marcos Antonio de Moraes. São Paulo: Edusp: IEB, 2000.

PAGÈS, Alain. "Correspondance et genèse". In: GRÉSILLON, Almuth e WERNER, Michaël. *Leçons d'écriture. Ce que disent les manuscrits*. Paris: Minard, 1985.

RIO, João do. *A correspondência de uma estação de cura*. Rio de Janeiro: FCRB; São Paulo: Scipione, IMS, 1992.

SANTIAGO, Silviano. "Suas cartas, nossas cartas". In: ANDRADE, Carlos Drummond de e ANDRADE, Mário de. *Carlos e Mário*. Correspondência completa entre Carlos Drummond de Andrade (inédita) e Mário de Andrade. Prefácio e notas de Silviano Santiago. Estabelecimento de texto das cartas de CDA por Alexandre Faria. Rio de Janeiro: Bem-Te-Vi, 2002.

SÜSSEKIND, Flora. "O romance epistolar e a virada do século". Lúcio Mendonça e João do Rio. In: *Papéis colados*. Rio de Janeiro: Editora UFRJ, 1993, p. 211-225.

______________. "Apresentação". In: MELO NETO, João Cabral de. *Correspondência de Cabral com Bandeira e Drummond*. Org. Flora Süssekind. Rio de Janeiro: Nova Fronteira, Fundação Casa de Rui Barbosa, 2001.

VIEIRA, Antônio. *Cartas*. Lisboa: Editores, J.M.C Seabra e T. Q. Antunes, 1854.

CARTAS: INTERSEÇÕES

A PUBLICAÇÃO DAS CARTAS DE PAULO LEMINSKI A RÉGIS Bonvicino, para além do fato mais explícito de permitir a circulação de uma série de informações nelas contidas, permite pelo menos lembrar certas situações ligadas à obra do remetente e entrever algumas outras questões ligadas à divulgação desse tipo de documento. Pode parecer um tanto estranho empregar a palavra documento para se referir a algo tão vivo, às vezes tão candente e ainda tão próximo de nós, mas o fato é que essas cartas, pela própria publicação, já estão em um outro circuito, são textos submetidos a um preparo para, saindo do espaço privado, entrarem em um espaço público, como base de conhecimento (para usar uma definição exatamente de dicionário). Logo de início não se deve deixar de observar que, no caso, se trata de uma reedição, e isto no sentido exato da palavra, não apenas de mera republicação, mas de um novo trabalho de edição, com mudanças e acréscimos significativos.

Estas cartas de Leminski vêm a ser como que um embaralhador de tempos, criando superposições e hiatos, na medida em que escapam a um andamento de que se podia ter uma expectativa mínima. A morte prematura de seu remetente as tornou póstumas antes do tempo. E ao lado de Leminski, infelizmente, se contam nomes como Torquato Neto, Ana Cristina César, Cacaso, retirados, fora do tempo, da sequência de produção de sua geração. Assistimos então ao trabalho de recolha de esparsos e inéditos póstumos de uma geração que ainda está em plena atividade. A vinda a público dessas recolhas tem-se antecipado à publicação de muito material que lhes é anterior, trabalho de gerações anteriores. Assim, dos modernistas há um mundo de dispersos em periódicos e de correspondências que não chegaram a ser coligidos em livro. É bom que o trabalho com o material dos autores mais recentes já esteja sendo feito, de modo a evitar que com o passar do tempo esse trabalho se torne cada vez mais difícil, como é o caso com muitos autores mais recuados no tempo. A publicação dos textos póstumos desses autores mais recentes e o trabalho que essa publicação implica não levam apenas a que se constate uma espécie de atropelo temporal. Na verdade, há de certa forma uma espécie de urgência em se ter esses textos, como que para complementar o trabalho de uma geração. A publicação póstuma desses autores recentes tem o papel imediato, não exatamente de preencher uma lacuna, mas de ampliar a presença que deveriam estar tendo e que sem dúvida faz falta.

Fatores os mais variados participam da publicação mais ou menos demorada de materiais como os referidos — maior ou menor empenho de pessoas próximas; a forma de preservação do material; a condição privada da correspondência, com possíveis referências a fatos e pessoas que levam a que se tenha de esperar um determinado tempo para que a correspondência possa vir a público; e assim por diante. No caso de correspondência, dificilmente a publicação pode ser feita com a simples reprodução das cartas. Uma das características mais salientes da epistolografia é a fragmentação. Assim, uma carta é fragmento de uma sequência de cartas; a carta de um remetente se complementa com a carta do interlocutor; nos dois conjuntos de cartas dos dois correspondentes, pode ocorrer perda de elementos, isto é, cartas ou pedaços de cartas podem se extraviar ou ser destruídas; uma determinada carta pode ser escrita com longas interrupções de tempo, assim como essas interrupções podem se dar entre cartas; as referências nas cartas podem chegar a ser obscuras, por serem por demais sucintas ou por se valerem de um código estabelecido entre os correspondentes; se escritas a mão, as cartas podem estar em uma caligrafia de difícil leitura; a ausência de datação, ou sua leitura precária, pode dificultar a ordenação das cartas; e assim por diante. A própria disposição na página pode não ser linear, havendo interferências, acréscimos entre as linhas ou nas margens; pode haver ainda outros elementos gráficos em jogo: mudança de instrumento de escrita (parte a máquina, parte a caneta), anexos em folhas à parte, inserção de desenhos. Todos os casos aventados constituem situações de fragmentação e, a partir daí, de dispersão, de incompletude.

Entre os modernistas, podem-se encontrar alguns exemplos. As cartas recebidas por Mário de Andrade ficaram fechadas a consulta por cinquenta anos, por razões legais, enquanto as enviadas por ele vêm sendo publicadas; muitas cartas recebidas por Manuel Bandeira não são localizadas, pois seu arquivo até ir para uma instituição pública não foi devidamente preservado; as cartas enviadas por Ribeiro Couto são de leitura extremamente penosa por causa de sua caligrafia; entre as cartas recebidas por Manuel Bandeira, há algumas fechadas a consultas até 2015 por decisão de pessoas envolvidas; as cartas de Mário de Andrade que Manuel

Bandeira cuidou de publicar têm muitos trechos cortados por este último, que julgou conveniente omitir passagens muito pessoais ou com referências desagradáveis a pessoas vivas; a correspondência entre Carlos Drummond de Andrade e Abgar Renault desafia pesquisadores e editores já de início por seu volume: cerca de mil cartas.

Estas cartas de Leminski vêm acompanhadas de material necessário: um conjunto de textos críticos que tratam do autor de modo amplo ou que abordam questões determinadas, bem como um ótimo aparato de notas que identificam dados e contextualizam informações. No tocante à transcrição das cartas, esta pode tornar-se um complicador, porque ou se opta por alguma simplificação, quando então se perde a informação presente no conjunto de elementos gráficos, ou se opta por uma transcrição exaustivamente minuciosa, que leva em conta esses elementos, mas que acaba se tornando tão complexa que torna a leitura penosamente exaustiva. No caso das cartas de Leminski, apesar da profusão de elementos gráficos, sua leitura é clara, já que na quase totalidade escritas a máquina, com complementações a mão, mas sempre legíveis. Assim, a opção pela apresentação em fac-símile se revela perfeitamente conveniente, já que possibilita uma leitura interligada, integral de todos os elementos, ao contrário da edição anterior (onde se adotou uma solução mista, de transcrição tipográfica do corpo da carta e apresentação em fac-símile apenas das inserções gestuais, por assim dizer). Com a atual apresentação é possível ver, não somente a disposição que Leminski adotava para os textos das cartas, mas também como esses textos se desenrolavam, como surgiam interferências, como os textos iam se compondo com acréscimos, se entrecortando, se rediscutindo.

Régis Bonvicino chama a atenção para o fato de as cartas serem escritas numa forma que visualmente lembra a distribuição de um poema, ou seja, com linhas que não se estendem completas até a margem direita, mas se cortam como versos (o que lembra também certos textos crítico-poéticos de Augusto de Campos). Com frequência há acréscimos tanto a máquina quanto a mão — nas entrelinhas, nas margens, em pós-escrito, em anexos. A isto se somam desenhos, esquemas. Naturalmente é a interligação de todos esses elementos que compõe o texto a ser lido, texto este que, composto de fragmentos, rompe uma possível linearidade. Todavia, se, pelo acúmulo desses elementos, se poderia pensar numa desorganização, ou melhor, numa tumultuada sucessão de textos, a verdade é que a leitura revela que se está diante de uma organização, havendo mesmo alguns elementos bem explícitos que indicam a presença de um trabalho sistematizado. Assim, há cartas divididas em tópicos, há cartas dispostas em mais de uma coluna, há cartas com segmentos distribuídos espacialmente na página, há um jogo de maiúsculas e minúsculas, há anotações que associam diferentes trechos das cartas, há sinais que salientam trechos, etc. Acima de tudo, há um desenvolvimento da carta, entre o relato e a reflexão, que várias vezes acaba se resolvendo, entre síntese e *insight*, num ritmo à beira da composição de um poema.

Para além das informações factuais, no caso da correspondência de um escritor sempre se pode indagar até onde as cartas fazem parte ou pelo menos se aproximam da obra (e esta é uma questão que os pesquisadores da crítica genética não desprezam). As interseções aí possíveis redefinem as leituras. Assim, em muitos níveis as cartas de Leminski podem ser lidas com a sua inserção no circuito da produção poética do autor. Alguns elementos explicam a forma e o alcance das cartas. Trata-se de uma correspondência entre amigos, o que permite um à-vontade, ou melhor, toda dose de brincadeira e criatividade; trata-se de uma correspondência ao mesmo tempo entre poetas, o que leva à presença quase constante do assunto literatura. A carta então se relaciona com a literatura na medida em que ela tende a ser literatura, pela invenção, e também pelo aspecto talvez mais explícito de que ela fala quase o tempo todo de literatura.

Esse falar de literatura pode ser resumido em alguns grandes temas que ocupam com regularidade as cartas de Leminski. Nelas ele trata seguidamente da sua produção literária, da produção de seu interlocutor, bem como da de alguns amigos; das formas de divulgação, mais especificamente de páginas de suplementos, de revistas; da função da poesia no momento; das possibilidades de alcançar maior divulgação; das relações entre literatura e as outras atividades a que se ligou, como o jornalismo e a publicidade.

Existe, porém, uma grande questão que percorre a correspondência: a relação com seus antecessores imediatos, isto é, com os poetas concretos. Há o reconhecimento da grande importância deles, em termos gerais, e em especial para a produção do próprio Leminski, ao mesmo tempo que se expõe a necessidade de não estar sempre atrelado a eles. A insistência nesses aspectos não se faz de um modo taxativo e inequívoco; ao contrário, deixa uma impressão de inquietação e oscilação, quando não de um certo incômodo.

Se se lembrar a posição da poesia de Leminski no cruzamento de tendências da época em que ele atuou, essa oscilação pode ser mais bem qualificada. Jovem, acolhido pelos concretos, Leminski em outro momento tem uma produção ligada também à música popular. O fato é que a poesia de Leminski alia recursos construtivos provenientes de seu aprendizado concretista a uma dimensão informal, coloquial que a poesia dita marginal dos anos 70 experimentava a partir de uma certa leitura do Modernismo. Com certeza não é o caso de falar de uma poesia de síntese, mas com certeza também se trata de uma poesia que não se fazia por exclusões radicais. Assim, Leminski produziu uma "descompressão" no rigor concretista, como diz Carlos Ávila. Em vários momentos das cartas, Leminski procura como que entender a situação e colocá-la de forma ordenada. A certa altura isto se dá pelo recurso a um jogo de palavras, com o que numa tirada (mesmo com tudo o que de redução pode haver numa tirada) se alcança alguma iluminação — o que também era bem próprio de sua postura intelectual. Ao falar da poesia de Sebastião Uchoa Leite, diz que esta é *savante* (culta) enquanto a dele e a de seu interlocutor, Régis, é xavante, com o que chama a atenção para dimensões da ordem do impulsivo, visceral, antropofágico. Nesse cruzamento, produziu sua obra, com seus melhores e seus piores momentos. Nesse cruzamento, observa que "o papo com augusto foi (once more) uma ducha gelada no meu cio poético perpétuo: arquipélagos de ideias-constelação, apenas, só e felizmente" (onde ainda se poderia ler uma autocrítica, matizada pela reafirmação de sua atitude criativa). Nesse cruzamento, ainda se pode ver seu interesse pela música popular, por seus nomes, pelas possibilidades que ela oferece de audiências mais amplas e recompensadoras (lembrem-se comentários como este: "Num dos shows, Caetano cantou a pedido meu 'Cajá', dizendo 'esta música é para um amigo meu, o grande Paulo Leminski'...").

Se a várias cartas estão anexados poemas do próprio Leminski, além de traduções de poemas, como os de Laforgue e Vigny (e esta é outra relação das cartas com a literatura do autor), há cartas que como que se substituem a possíveis anexos poéticos — elas são como que um impulso de poema ou um poema que não teve fôlego suficiente. Veja-se o início da carta 56, que se poderia ler como um poema informalmente modernista. Veja-se ainda o poema que constitui a carta 57, um poema construído. Pelo título, "conclusão", se pode lê-lo como parte da carta anterior. Além disso, os inícios se refletem: "cidade caipira" e "escrevo provincianamente", que é um acréscimo manuscrito ao poema. Assim, os dois textos se relacionam pela via do rascunho — a carta em seu aspecto não elaborado (ainda que no caso de Leminski a carta tenha sempre um aspecto construído) se comunica com o espaço de elaboração do poema. A aproximação entre carta e obra ganha, portanto, uma outra dimensão — a dos enlaces dos diferentes tipos de textos em suas distintas fases de configuração. Em suma, além de uma leitura voltada para os relatos e comentários, bem como para os poemas anexados, as cartas de Leminski (além do que oferecem para o conhecimento da obra do próprio Leminski e da produção de uma geração) podem dar margem ainda a um tipo de leitura atenta à própria escrita (onde se entrecruzam textos de diferentes gêneros).

DISTRIBUIÇÃO DE PAPÉIS:

MURILO MENDES ESCREVE A CARLOS DRUMMOND DE ANDRADE E A LÚCIO CARDOSO

I

AINDA MUITO POUCO DIVULGADA, NÃO SE TEM SEQUER noção do volume que pode ter a correspondência de Murilo Mendes. Todavia, independentemente da quantidade, sua significação pode ser avaliada não só pela importância do autor, mas concretamente pelo que indiciam umas poucas cartas já tornadas públicas[1]. No Arquivo-Museu de Literatura Brasileira da Fundação Casa de Rui Barbosa, encontram-se cartas de Murilo Mendes dispersas pelos arquivos de alguns escritores. Além de o conjunto delas não ser grande, não se tem também um número significativo de cartas dirigidas a um único destinatário. Em vários casos encontra-se uma única carta para o destinatário, por exemplo, Andrade Muricy e Manuel Bandeira. Assim, em geral, não se tem a documentação de uma correspondência com continuidade

[1] Das cartas para Lúcio Cardoso há, por exemplo, longas transcrições em *Corcel de fogo* de Mario Carelli (Rio de Janeiro: Editora Guanabara, 1988). Das cartas para Carlos Drummond de Andrade, seis foram publicadas na *Revista do Brasil*, ano 5, nº 11, dezembro de 1990, sob o título *Seis cartas de Murilo Mendes a Carlos Drummond de Andrade*, e uma na *Folha de S. Paulo*, Suplemento Letras, de 11 de maio de 1991. Há ainda transcrições de outras cartas em *Murilo Mendes* (Petrópolis: Vozes, 1972; reed.: São Paulo: Perspectiva, 2001); em *Territórios / Conjunções. Prosa e prosa críticas de Murilo Mendes* (Rio de Janeiro: Imago, 1993), de Júlio Castañon Guimarães; e em *Murilo Mendes: 1901-2001* (Juiz de Fora: Centro de Estudos Murilo Mendes, 2001), organização de Júlio Castañon Guimarães.

ou duradoura, mas exemplares isolados. Esta, porém, é apenas uma verificação inicial; é preciso ainda tentar definir se esses exemplares isolados de correspondência são de fato o que se passou ou se são somente o que foi preservado, supondo-se então algum extravio temporário ou perda definitiva de peças do conjunto. Isto implica exame de outros arquivos, de modo especial o do próprio Murilo Mendes (quando se tornar disponível), onde a presença ou ausência da contraparte das correspondências é dado fundamental; estudo das relações entre os correspondentes; datação dessas relações e das correspondências.

No entanto, há duas exceções significativas dentro da correspondência muriliana preservada na FCRB. Trata-se das cartas dirigidas a Carlos Drummond de Andrade e a Lúcio Cardoso. Deve-se observar que há uma disparidade quantitativa entre os dois conjuntos e que mesmo o mais extenso deles, o das cartas para Drummond, é reduzido, se comparado com outras correspondências extensas, como as desenvolvidas entre Mário de Andrade e o próprio Drummond ou Manuel Bandeira. Todavia, essas cartas de Murilo para Drummond e para Lúcio mostram-se significativas em vários níveis.

A correspondência dirigida por Murilo a Drummond constitui um conjunto de 52 peças, na quase totalidade manuscritas. A primeira delas é datada do Rio de Janeiro, 18 de maio de 1930, e a última, de Roma, 8 de outubro de 1971. Trata-se, em sua maioria, de cartas, havendo apenas alguns telegramas e cartões. Estendendo-se por um período de cerca de quatro décadas, a correspondência é mais intensa no começo; sua frequência se reduz com o passar do tempo, até se tornar esporádica. No início da correspondência, Drummond residia em Belo Horizonte, e Murilo Mendes, no Rio de Janeiro. Há peças enviadas por Murilo de Juiz de Fora e Pitangui. Vale notar que a correspondência prossegue mesmo quando, em 1934, Drummond se muda para o Rio de Janeiro. Já com a mudança de Murilo para Roma, cai significativamente a frequência da correspondência. Mesmo sem ter conhecimento das cartas de Drummond, pode-se dizer que a primeira carta de Murilo parece ser de fato o início da correspondência, do que há nela alguns indícios. O principal deles é a referência ao envio do primeiro livro de Drummond, *Alguma poesia*, que Murilo agradece. Este envio provavelmente motivou a carta, nesta não havendo referência a qualquer carta anterior de Drummond. É claro que se as cartas dirigidas por Drummond a Murilo tiverem subsistido e vierem a público, há a possibilidade de surgimento de outros dados que modifiquem as suposições.

A correspondência dirigida por Murilo a Lúcio compõe-se de 13 peças, entre cartas e cartões. Há em anexo duas outras peças que não constituem propriamente correspondência, mas que são elementos dela: um cartão para que a dona da pensão onde Murilo morava deixasse o visitante entrar e um depoimento sobre um grupo de teatro organizado por Lúcio. Todas as peças, com exceção do depoimento, são manuscritas. A primeira é um cartão postal de Cambuquira, MG, não datado, mas com carimbo postal de 2 de fevereiro de 1935. A última é uma carta datada de Roma, 18 de abril de 1961. A correspondência está concentrada em fins da década de 30 e década de 40, fora do que há apenas um breve cartão de 1951 e, dez anos depois, uma carta, já referida, de 1961. Além dos locais referidos, há cartas datadas ainda de Pitangui, Juiz de Fora, São Paulo e Rio de Janeiro, sendo que Lúcio Cardoso residia nesta última cidade desde 1929.

No início deste mapeamento, importa observar que, com muita probabilidade, o conjunto das cartas enviadas a Drummond por Murilo se encontra completo. Isto pode ser verificado pelo teor mesmo da correspondência, mas essa verificação é parcial, naturalmente, porque na parte do outro correspondente podem ser encontrados indícios diferentes. Dado importante que apoia a suposição de que toda a correspondência de Murilo dirigida a Drummond tenha sido preservada, ainda que este seja um dado externo, é o fato conhecido da atenção arquivística de Drummond. Todos os documentos que integram o seu arquivo foram por ele guardados de forma cuidadosa e ordenada.

O mesmo não ocorre no caso de Lúcio Cardoso. Embora tenha guardado numerosos documentos, não o fez de forma ordenada. Quando de sua doação à FCRB, estavam em desordem e visivelmente incompletos[2]. Assim, no que se refere às cartas de Murilo, não se tem qualquer dado que comprove estar o conjunto completo ou não. Talvez a outra parte da correspondência, a de Lúcio para Murilo, viesse a oferecer elementos complementares.

Mesmo com vários elementos incompletos ou indefinidos, já estão aí alguns aspectos caracterizadores de dois conjuntos diferentes de correspondência e, consequentemente, dos universos e das relações dos autores em questão. Em primeiro lugar, está a diferença na extensão; em segundo lugar, a diferença na maior probabilidade de uma correspondência estar completa e a outra não.

[2] Na edição crítica de *Crônica da Casa Assassinada* publicada pela coleção Archives em 1991, a descrição dos originais do romance dá ideia da situação de todo o material deixado por Lúcio Cardoso.

II

Resumindo na expressão "equívoco epistolar" sua tese sobre a correspondência de escritores, Vincent Kaufmann formula a noção de que, em vez de contribuir para aproximar, para comunicar, o gesto epistolar cria uma distância, "desqualifica toda forma de partilha e produz uma distância graças à qual o texto literário pode sobrevir"[3]. A proposição de tal hipótese implica afirmar o caráter oscilante da correspondência, "fragmentos de vida muito escritos para uns, textos muito pouco textuais para outros"[4]. Assim, o "correspondente contumaz"[5] surge como uma "trânsfuga contagioso"[6], atuando num "terreno vago", a correspondência, que é para alguns escritores, "independentemente de seu eventual valor estético, uma passagem obrigatória, um meio privilegiado de ter acesso a uma obra"[7]. O "correspondente contumaz" seria então o "elo que falta entre o homem e a obra"[8]. Quer as relações entre a correspondência e a obra sejam mais ou menos diretas, mais ou menos explícitas, esta não é a única possibilidade de perceber vínculos. O desenvolvimento da correspondência pode servir para, ao estabelecer uma distância, abrir um espaço propício à criação da obra.

Naturalmente, aí se faz necessária uma série de condições. A primeira é dispor-se de um *corpus* epistolar suficiente, o que pode ser entendido de dois modos diante de uma outra observação de Vincent Kaufmann: na escolha de

---

[3] Kaufmann, Vincent. *L'Équivoque Épistolaire*. Paris: Minuit, 1990, p. 8.
[4] *Ibid.*, p. 7.
[5] Este é o título do volume em que se publicou a correspondência de Mário de Andrade para Pedro Nava (Rio de Janeiro: Nova Fronteira, 1982).
[6] Kaufmann, V., *op. cit.*p. 7.
[7] *Ibid.*, p. 8.
[8] *Ibid.*, p. 9.

correspondências por ele realizada, "as correspondências representam um *corpus* ao mesmo tempo superabundante e sempre lacunar"[9]. A correspondência é lacunar na medida em que compõe um longo texto fragmentado, podendo ainda ocorrer a situação de algumas peças não terem sido preservadas. Se a escolha de Vincent Kaufmann se deu por correspondências superabundantes, é fácil supor que nos casos contrários se torna precário rastrear os elementos que sustentam sua hipótese.

Outra questão que as colocações de Kaufmann suscitam é a do tipo de correspondência — entre dois escritores ou entre escritor e não-escritor. De início, seria possível supor que no primeiro caso mais evidentes seriam as relações com a obra, mas Kaufmann procura mostrar que uma correspondência como a de Kafka / Felícia também propicia aquele espaço de passagem para a literatura. Isto porque em ambos os casos importam fatores além do que pode ser lido de forma literal, ou seja, importam algumas articulações estabelecidas pela correspondência.

No caso de Murilo, as condições da correspondência em questão não permitiriam, em princípio, abordagens semelhantes. Todavia, alguns indícios das possibilidades referidas se tornam aos poucos visíveis, ainda que talvez escapem algumas minúcias.

III

Mas a esta altura o exame das correspondências, pressupondo o torná-las públicas e sua relação com a produção literária, permite algumas indagações sobre o estatuto pri-

---

9 *Ibid.*, p. 10.

vado do material e os diferentes níveis de relação do texto epistolar com o texto literário, em sentido estrito, ou com o universo cultural dos autores, em sentido lato. Um exemplo digno de nota é a publicação da correspondência de Mário de Andrade para Drummond. Ao publicar as cartas a ele dirigidas por Mário, Drummond trata justamente da questão de tornar público o que inicialmente era privado. Em primeiro lugar, Drummond argumenta no plano não privado, referindo o desejo de Mário de que suas cartas não fossem publicadas:

> A obediência implicaria sonegação de documentos de inegável significação para a história literária do Brasil. Não só os praticantes da literatura perderiam com a falta de divulgação de cartas que esclarecem ou suscitam questões relevantes de crítica, estética literária e psicologia da composição. Os interessados em assuntos relativos à caracterização da fisionomia social do Brasil também se veriam lesados pela ignorância de valiosas reflexões abrangentes de diversos aspectos da antropologia cultural.[10]

Mas Drummond encontra outra explicação no plano pessoal, quando comenta que em 1944 publicara cartas de Mário na imprensa e que este não o recriminara, antes aprovara a escolha. Acrescenta ainda que no mesmo ano Mário permitiu a publicação de cartas suas para Cecília Meireles, o que se pode encarar como um "processo de contradição explicável psicologicamente"[11].

Referindo-se àqueles que tiveram correspondência mais intensa com Mário, Drummond observa:

---

[10] *A Lição do Amigo: cartas de Mário de Andrade a Carlos Drummond de Andrade, anotadas pelo destinatário*. Rio de Janeiro: José Olympio, 1982. P. IX.
[11] *Ibid.*

> Mas fui, sem qualquer dúvida, aquele dos quatro que mais se correspondeu com Mário, e portanto mais recebeu dele em bens imponderáveis. Estabeleceu-se imediatamente um vínculo afetivo que marcaria em profundidade a minha vida intelectual e moral, constituindo o mais constante, generoso e fecundo estímulo à atividade literária, por mim recebido em toda a existência. Isto sem falar no que esta amizade me deu em lições de comportamento humano, desvelos de assistência ao homem tímido e desarvorado, participação carinhosa nos cuidados de família, expressa em requintes que a memória e a saudade tornaram indeléveis.[12]

Em outro ponto, Drummond especifica como se deu essa amizade, ou melhor, qual efetivamente foi a função que a correspondência assumiu como forma não apenas de discutir questões intelectuais, mas desenvolver a amizade:

> A bem dizer, e paradoxalmente, jamais convivi com Mário de Andrade a não ser por meio das cartas que nos escrevíamos, e das quais a parte mais assídua era sempre a que vinha de São Paulo, discutindo temas estéticos e práticos, oferecendo e renovando oferecimento de préstimos, reclamando da preguiça ou do desânimo do missivista incorreto. Nem mesmo a partir de 1938, quando ele passou a morar no Rio de Janeiro, onde permaneceu até 1941, e onde eu já residia desde 1934, nos vimos assiduamente e menos ainda nos dedicamos à fraterna conversa, devido a esses tapumes que o trabalho (só ele?) costuma levantar entre pessoas que se estimam cordialmente: eu, na minha lida infindável de burocrata no Gabinete do nosso comum amigo Ministro Gustavo Capanema, titular da pasta da Educação; ele, embora mais livre, também engolfado em trabalho e em modo de viver que o mantinham relativamente distante de meu dia-a-dia. Foi preciso que Mário voltasse a morar em São Paulo, para recomeçar o ciclo da comunicação escrita.[13]

---

[12] *Ibid.*, p. VII-VIII.
[13] *Ibid.*, p. VIII.

Assim, a passagem do privado para o público envolve uma interpenetração desses planos no desenvolvimento da correspondência. As cartas são importantes pelo que transmitem culturalmente, e por isso devem ser divulgadas, mas mesmo em nível pessoal há esse reconhecimento, quando as cartas são a efetivação da amizade — aceitar a publicação é patentear essa amizade. A dimensão privada, a amizade, se define por via das sucessivas discussões epistolográficas culturais. À concreta distância pessoal corresponde uma grande aproximação via carta.

Os comentários de Drummond ainda trazem um dado nada desprezível: o fato de Mário ser mais assíduo que Drummond. Não há na correspondência uma equivalência perfeita entre as partes, o que se pode ver como outra forma de lacuna, mas também como sinal dos diferentes móveis que levam à correspondência.

IV

Na correspondência de Murilo, devido a suas dimensões e sua condição lacunar, nos vários aspectos referidos, não se podem definir com precisão elementos desse tipo. Todavia, algumas pistas são perceptíveis. Quando Murilo se transfere para a Europa, ou seja, quando de fato passa a haver uma distância entre ele e seus amigos e quando então a carta seria uma forma de aproximação, diminui sensivelmente a frequência da correspondência. As cartas podem então ser lidas não como uma comunicação simplesmente, mas como um meio especial de realizar um determinado nível de comunicação, no lugar de outro, talvez mais efetivo, ou seja, a carta preserva uma distância. Com a mudança para a Europa, não há mais necessidade de manter a distância no cotidiano. Dado significativo é a própria caligrafia de Murilo. Ao lado de uma caligrafia cursiva habitual, Murilo usava às vezes uma caligrafia tipo letra de forma; esta ocorre em correspondência de caráter menos pessoal e quando a troca de cartas está em seu término. Exemplo é um cartão de 18 de janeiro de 1951 para Lúcio Cardoso (a última peça da correspondência de Murilo para Lúcio datada do Brasil), em que Murilo solicita a Lúcio a publicação no suplemento da *Tribuna* de um poema de sua amiga Carminha Gouthier. Na correspondência com Drummond as peças em letra de forma já são todas de Roma: carta de 16 de fevereiro de 1958 em que se trata de colaboração numa homenagem a Ungaretti; cartão de natal datado de 1958 / 1959; carta datada de 10 de fevereiro de 1966, em que Murilo retribui referência a ele em poema de Drummond, enviando-lhe os dois textos sobre Drummond incluídos em *Convergência*; cartão datado de 8 de outubro de 1971 em que se refere o envio de *Convergência*. São estas comunicações bem mais sucintas do que o que se encontra nas cartas iniciais, quando a distância entre Minas e Rio, ou mesmo dentro do Rio, era bem menor.

Um elemento emblemático da questão se encontra na correspondência com Lúcio. É o cartão que dá direito a Lúcio de entrar na pensão em que Murilo morava para visitá-lo. Em carta datada do Rio, 31 de julho de 1944, Murilo explica a Lúcio por que este foi impedido de visitá-lo — Murilo era obrigado por questões de saúde a manter repouso. Um P.S. diz: "Junto esta autorização especial, para que não se repita o fato desagradável. Pedindo a Saudade para ser minha embaixatriz, confiro-lhe uma honra que não estenderia a muitos". Em um pequeno cartão com o nome "Murilo Mendes" impresso, lê-se: "Mlle. Brandt / Meu amigo Lúcio Cardoso pode subir a qualquer hora (salvo à hora do repouso absoluto, entre 1 e 4) — mesmo que eu tenha avisado que não posso receber ninguém. / Agosto 1944. / Murilo". A comunicação se dá por meio de uma série de interposições. Em primeiro lugar, Murilo se dirige a Lúcio, mas concretamente quem permite o contato é uma terceira pessoa, interposta, a futura mulher de Murilo, Maria da Saudade Cortesão. Quem, por sua vez, permite a entrada é Mlle. Brandt. Murilo avisa que não recebe ninguém, mas recebe Lúcio; Murilo recebe Lúcio, mesmo que não receba ninguém, mas de qualquer modo não recebe Lúcio se for a hora do repouso absoluto. Acrescente-se que na carta Murilo se refere a outras ocasiões em que Lúcio faltou a compromisso marcado, o que atribui ao destinatário um papel no jogo de interposições. É como se as relações se dessem apenas à distância, via salvo-conduto da correspondência.[14]

Um episódio de desentendimento com Drummond é também revelador. Sobre uma possível colaboração numa "peça com motivos da vida de Cristo", de que participariam outros poetas, Murilo escreve em 19 de janeiro de 1956 a Drummond, dizendo: "esperamos todos que V. revogue sua decisão anterior de não colaborar". Mas ele próprio, Murilo também recusara colaborar. A seguir modifica sua posição: "quando afirmei, de forma violenta e desagradável, não poder aceitar a tarefa, tinha em vista somente minha posição de católico. Meus parceiros, não se achando na mesma

[14] A propósito desses meandros de aproximação e afastamento, vale lembrar os comentário de Deleuze e Guattari (que em certo sentido vão ao encontro dos de Kaufmann) quando, com referência a procedimentos de Kafka nesse plano, trazem à discussão aspectos exemplares da correspondência de Proust: "As cartas de Proust são antes de tudo topografias de obstáculos, sociais, psíquicos, físicos e geográficos; e os obstáculos são maiores na medida que o correspondente está próximo" (Gilles Deleuze e Félix Guattari, *Kafka. Por uma Literatura Menor*. Trad. Júlio Castañon Guimarães. Rio de Janeiro: Imago, 1977, p. 51 n.).

situação, estavam automaticamente excluídos do conflito". Adiante Murilo renova "as desculpas que ontem lhe pedi pelo telefone. (...) Por outro lado, nego-me a admitir a ideia de um estremecimento na nossa velha amizade, visto continuar a encará-lo como um poeta exemplar e um amigo lúcido e leal, cujo contato me é deveras precioso". O contato mais direto e pessoal via telefone é enfatizado e firmado por intermédio da carta de tom formal. A carta, ao contrário do telefonema, fica como documento, inclusive para uma posteridade pública. A consciência dessa situação é demonstrada e assinalada por Drummond quando este anexa à correspondência arquivada uma cópia da carta que sobre o assunto enviara a Murilo (um cuidado que supre a eventual não-conservação das cartas em poder deste último).

V

Estes dados podem ser lidos como uma forma de delimitar os espaços das relações — em diferentes níveis de amizades, de distâncias / aproximações, de interesses pessoais individuais / comuns. Embora as correspondências com Lúcio e Drummond se desenvolvam aproximadamente na mesma época e embora ambas revelem um elevado grau de aproximação pessoal, elas se distribuem por questões diferentes. Ou melhor, Murilo nelas faz uma distribuição de aspectos de sua biografia. Está claro que elementos também definidores dessa distribuição são os destinatários e seus perfis extremamente distintos. Os pontos de contato / afastamento com cada um deles vão constituindo formas de aglutinação das questões dispersas pelas cartas — dispersão que se acentua (de modo bem distinto da que se pode verificar em um diário ou mesmo em memórias) com a distribuição efetivada na troca entre remetente e destinatário e com a perda decorrente de inevitáveis lacunas.

Alguns grandes temas ficam claramente separados nas duas correspondências. No que se refere a sua situação de trabalho, Murilo só trata do assunto com Drummond. Quanto ao problema religioso, só o refere em cartas a Lúcio. As explicações são imediatas. Quanto a trabalho, a situação de Lúcio não era muito diferente da de Murilo. Já Drummond era a pessoa que tinha possibilidades de resolver a situação de falta de emprego, graças aos cargos que ocupou no funcionalismo público.

Assim, já na quinta carta para Drummond, datada do Rio, 28 de novembro de 1932, pode-se ler:

> Mas, Carlos — lá vai choradeira. Passemos para a parte da "ficção". Hoje mandei carta pedinchona para o Capanema — quero um lugarzinho de fiscal de jogo — se vocês não me arranjarem isto, pior para vocês — fico feito uma sarna — choverão cartas, telegramas, e, provavelmente, a minha pessoa, sobre vocês! Preciso da nota, meu amigo, estou na quebradeira — o cartório de Aníbal por enquanto — um "enquanto" que vai durar muito — dá pouquíssimo! Preciso, portanto, de cavar o lugar de fiscal de jogo; e, como diz o samba: *o decreto vai sair*!
> É só um telegraminha do Capanema ao Pedro Ernesto, ou do venerando presidente Olegário ao Getúlio. Se não *réussir*, pretenderei outro lugar. Fique certo que não largo mais vocês. Peguei o gostinho. Tome nota! — Você recebeu a carta de Aníbal a respeito? Carmelita já escreveu ao Capanema. Eu sei tudo! Espio tudo! Álcool motor não dá sorte! Carlos, me responda por favor se Capanema recebeu minha carta! Estou interessadíssimo! Preciso casar, Carlos! Posso escrever tratados sobre a vida de solteiro! Preciso melhorar de sacanagem! Eu não tenho mais pudor! Não largarei vocês! Foi assim que Venceslau, Bernardes, Washington Luís, etc., chegaram a presidente da república!

Em carta anterior, datada de Pitangui, 3 de fevereiro de 1931, Murilo já anunciava como se poderiam desenvolver as relações neste nível: "O diabo é que o Capanema agora é troço — mas felizmente eu tive o cuidado de mandar poemas e recados para ele quando apenas professor aqui, porque sabia que ele era dos nossos. É o diabo a gente se dirigir aos sujeitos importantes".

Mais adiante prossegue o pedido de interferência de Drummond junto a Gustavo Capanema, como em carta datada do Rio, 16 de fevereiro de 1933:

> Você vai me prestar mais um grande favor: peço-lhe informar reservadamente se o Capanema não se aborreceu comigo por eu ter recusado a cadeira de português na E. N. de Pitangui. Além dos motivos que já lhe expus há tempos, acontece que razões de ordem material dificultavam na ocasião a minha mudança do Rio. Telegrafei há dias ao Capanema pedindo-lhe para cavar com o Getúlio a minha nomeação para fiscal de nacionalização do trabalho (Ministério do Trabalho) — pois existe uma vaga. É por isto que lhe peço me informar *sem medo, com absoluta franqueza*, quais as disposições do Capanema a meu respeito. Conforme for, talvez não me convenha fazer novo assalto. Mas se ele continua com boa vontade, insistirei, pois preciso resolver meu caso. Botei a vergonha de lado e estou resolvido a cavar — você sabe, não é, crise mundial, etc. Espero, portanto, que você me responda com a possível brevidade, para que possa me orientar, e COM FRANQUEZA.

Os pedidos prosseguem ao longo de alguns anos. Há um breve bilhete datado do Rio, 7 de dezembro de 1932, em que Murilo indaga "se o Capanema poude dar o jeitinho". Esta peça inclui também bilhete de próprio punho de Aníbal Machado, pedindo que Drummond intervenha a favor de Murilo. Dois dias depois, Murilo escreve referindo recebimento de telegramas de Drummond e Capanema, bem como envio de telegrama a este último "sugerindo outro lugar". Em carta de 16 de fevereiro de 1933, ainda há referência a emprego. Passados alguns anos, Murilo já não pede emprego, mas trata de assuntos ligados a seu trabalho, continuando a pedir ajuda de Drummond. Em carta datada de Juiz de Fora, 5 de fevereiro de 1937, lê-se:

> Passando a assunto menos sério: envio ao Capanema, por seu obsequioso intermédio, uma lista de livros para completar o relatório da C. L. I. A lista não está completa, pois examinaram-se vários antes de se mandar fazer as fichas, tomando-se notas em pequenos pedaços de papel que sumiram. Só depois de um certo tempo é que se resolveu guardar as notas, até que enfim chegaram as fichas.
>
> Queira o Capanema observar que só depois de julho começamos a examinar livros, pois os 2 primeiros meses foram tomados em discussões mais ou menos técnicas sobre literatura infantil.

Anos depois, mesmo de férias, Murilo pede a intermediação de Drummond. Veja-se trecho desta carta datada de São Paulo, 12 de janeiro de 1941: "Estou passando férias aqui, mas como o regulamento exige que se mande 1 termo de visita a 15 e outro a 30, peço-lhe o favor de mandar entregar, por um contínuo, o termo incluso aí na Divisão, do contrário serei cortado nos vencimentos".

Mesmo quando já resolvida a situação de emprego, além de pedidos de auxílio para pequenos problemas burocráticos, Murilo também faz pedidos para terceiros, como o que deixa supor esta breve indagação em carta datada do Rio, 29 de julho de 1944: "Você teve oportunidade de falar com o Candinho sobre o assunto do Arpad?" A carta datada do

Rio, 21 de novembro de 1944, volta a tratar de Arpad de modo mais detalhado:

> Arpad Szenes procurou-me, pedindo-me por meu intermédio sua ajunta, digo ajuda junto ao Capanema para que o Museu adquira um quadro de Maria Helena. Devido às complicações da guerra eles se acham em dificuldades financeiras. Mas, independentemente deste motivo, é óbvio que acho justo e interessante que o Museu faça a aquisição, visto tratar-se de uma grande artista, acrescendo ainda — do ponto de vista do governo — ser ela neta de brasileiro.

Os pedidos vão além das relações no campo pessoal, intelectual e artístico, chegando a questões humanitárias, como no pedido feito em carta datada do Rio, 29 de agosto de 1944: "Trata-se de arranjar uma carta do Capanema pa. O Diretor do Sanatório Naval de Friburgo — Dr. Nelson de Barros e Vasconcelos — solicitando o internamento do Sr. Antônio Costa. Conheci esse pobre homem no S. B. B., onde ele era barbeiro e enfermeiro — embora não pudesse trabalhar, pois é tuberculoso em estado grave. É horrível!"

Na mesma carta, Murilo acusa sua posição de frequente solicitante, que goza da permanente atenção de Drummond: "A Béatrix Reynal esteve aqui e me disse que ouviu dizer que você não me recusa nada do que lhe peço. Confirmei, por ser verdade". Ao lado da mudança de foco nos pedidos, há aos poucos uma pequena alteração no tom com que são feitos. Nas cartas iniciais, o humor aberto talvez atuasse como um anteparo para os pedidos, mas não se pode esquecer até que ponto fazia parte da postura modernista. Com o passar do tempo, o tom torna-se mais formal e sucinto, como que estabelecendo um isolamento entre os pedidos e as expansões afetivas.

VI

Quanto ao problema religioso, esta era uma questão que ao que se supõe não dizia respeito a Drummond, que manteria distanciamento do problema. Lúcio era quem vivia o problema, já definido também por Murilo com sua conversão, de modo que se punha em condições de aconselhar e até mesmo catequizar seu correspondente.

Em bilhete datado de Juiz de Fora, 22 de fevereiro de 1939, Murilo fazia este breve comentário, que deixa desperta a imaginação quanto à outra parte da troca de cartas: "Se Deus põe tantos tropeços no seu caminho, é sinal que você foi chamado para ser dos seus eleitos. Viva e sofra com o Cristo. Não há outra solução". Em carta de pouco depois, datada de Juiz de Fora, 15 de março de 1939, Murilo se estende numa longa tentativa de convencimento, ocupando praticamente todas as seis páginas da carta, de que vale a citação de longos trechos:

> Você diz que está desanimado e não vê nada na frente.
> Afinal de contas os grandes e definitivos problemas são os espirituais e transcendentes. Porque evitar tocar no assunto supremo, isto é, o religioso? Lúcio, o que é que você está esperando para entrar de corpo e alma na Igreja Católica? Será possível que você ainda tenha dúvidas?... Os anos passam — amanhã você estará velho — e perguntando ainda... o que o catecismo responde! Desde que se creia na Divindade de Jesus Cristo, o resto é canja.
> Uma coisa é ter simpatias pela Igreja, pendurar o Crucifixo na cabeceira da cama, e ler com agrado os grandes romancistas e poetas católicos — e outra, é ajoelhar-se diante de um padre, confessar-se e comungar, participar conscientemente do Santo Sacrifício da Missa, penetrar os dogmas e armar-se do olho católico para todos os problemas e questões, para todas as cousas, enfim. (...) Pela convivência que tenho tido com você, pelo

que tenho notado e pressentido nas suas conversas, nas suas preferências, no seu molde de vida enfim, só posso concluir em toda a lógica que o Cristo o está esperando de emboscada, e que o melhor é entregar os pontos imediatamente, entrar (sem raciocínios bestas) numa igreja, fazer uma confissão geral, e comungar. A *verdade te tornará livre*. Você se sentirá formidável, independente das tolices e das convenções dos homens, você ficará armado de lentes poderosíssimas e verá o que seus olhos não viam, ouvirá o que seus ouvidos antes não ouviam. Aproveite-se da minha experiência. Eu seria um cão, um covarde de marca maior, se hesitasse mais um dia em te dizer a *Verdade*. Não adianta espernear, nem se torna um *observador do tempo*, do mundo moderno. (...) Pretendo passar em S. Bento alguns dias da Semana Santa e você poderá me acompanhar. Qualquer esclarecimento que você queira, me pergunte.
Acho cacete e indigno de você, não ser católico. (...) Repito que resistir a Jesus Cristo, isto é, à Verdade, é indigno, monstruoso, abominável e diabólico. Igualmente o é resistir à Igreja. Você não é mais ingênuo para ignorar que o Cristo delegou poderes à Igreja, até a consumação dos séculos.
Note que não há 2 espécies de católicos: o simpatizante e o "praticante". Quem não tem vida sacramental *não é católico*.

Neste aspecto, surge um outro dado a partir do tom que se pode perceber nas cartas em que Murilo insta com Lúcio para que este entre para a Igreja Católica. O tom de aconselhamento talvez ainda se compreenda pela diferença de idade (Murilo era mais velho que Lúcio doze anos).

Outra setorização se dá, no plano das relações pessoais, afetivas, quando nas cartas a Drummond é feita apenas referência ligeira a namoro de Murilo, enquanto nas cartas a Lúcio há repetidas referências à especial amizade entre Murilo e a poetisa Adalgisa Nery, viúva do pintor Ismael Nery. Em nível que se pode aproximar do tom de aconselhamento permitido pela diferença de idade, mas aqui se aliando a uma especial afinidade, Murilo várias vezes pede a Lúcio que atue como seu intermediário e portador junto a Adalgisa.

Em carta a Drummond datada de Pitangui, 3 de fevereiro de 1931, Murilo comenta:

> Resta o amor, vivo fazendo experiências, inda não acertei. O amor indeterminado talvez seja meio literário. Graça, bondade, simpatia, são três máquinas que convencem; bundas, seios, ancas — isto é outra conversa, mas convencem também. Vim aqui pra 15 dias, já estou há dois meses, fiz três experiências, zero, agora estou às voltas com a quarta, é extremamente simpática, me parece que tem bondade humana, muito simples, e não sabe geografia. Se eu adquirir a certeza que ela coloca mal os pronomes, casarei na certa. Não sei quando volto, por causa dessa criatura.

E outro comentário do tipo não se encontra na correspondência com Drummond. Já com Lúcio, multiplicam-se as referências a Adalgisa Nery, numa frequente expansão afetiva. Em carta datada de Juiz de Fora, 14 de setembro de 1938, encontra-se esta breve alusão: "Tens visto Adalgisa? Peço-te procurá-la de vez em quando, pois quem gosta de mim, gosta dela também". Pouco depois, em bilhete postal datado de Pitangui, 21 de janeiro de 1939, outra breve alusão: "Tens visto Adalgisa? Ela me escreveu que está gripada. Podias telefonar-lhe, desejo que a procures sempre". Poucos dias depois, em carta datada de Pitangui, 28 de janeiro de 1938, lê-se esta instrução, escrita em diagonal na margem na terceira página: "Vou te dar outra incumbência: queira comprar um buquê de violetas (as melhores são do florista à esquina de S. José com Avenida, ou então junto à Livrª. Odeon); se não houver violetas, 1 dúzia de cravos, e entregue a Adalgisa em meu nome. Não te esqueças de me contar se desempenhaste esta agradável tarefa". No corpo da mesma carta, na página 4, lê-se outra referência: "Você procurou Adalgisa? O telefone dela 27-6097. A propósito: por algumas cartas que recebi, soube que circulavam aí no Rio boatos a respeito de uma suposta briga entre nós dois. Peço-te desmenti-los, se ouvires falar qualquer coisa sobre. Tivemos um desentendimento, mas que não durou uma semana, como sempre. O eixo Murilo-Adalgisa é muito forte!"

Um asterisco ao final desta passagem remete para uma nota, ao pé da página da carta, onde se lê: "Preferia morrer, a brigar com Adalgisa". Ainda em diagonal na margem da página 4, Murilo acrescentou: "Se deixares de procurar Adalgisa, equivalerá a deixares de me procurar". Uma informação na página 5 da mesma carta ajuda a delimitar as expansões afetivas de Murilo, ou melhor, a compreender a amizade com Adalgisa: "Continuo aqui, à distância, a viver um romance muito interessante. Por força das circunstâncias, tomou o caráter espistolar. Minha vida está aumentando em intensidade poética". Ainda na mesma página, um pouco adiante, Murilo retorna a Adalgisa: "Não esqueças que te nomeei meu legado junto a Adalgisa, durante minhas ausências: tens, portanto, que procurá-la; este é o meu desejo. Se não a encontrares em casa, deixa um bilhete para ela no José Olympio". As intermitentes referências a Adalgisa ao longo da carta e as referências acrescentadas posteriormente nas margens sem dúvida assinalam, mais que uma ênfase, um arrebatamento.

Em bilhete postal datado de Juiz de Fora, 11 de fevereiro de 1939, há uma breve indagação: "Viste A.?" Em carta datada de Juiz de Fora, 15 de março de 1939, Murilo refere falta de notícias de Adalgisa: "Ninguém mais me escreve. Só me escrevia Adalgisa, mas essa agora foi à Argentina. Quis ir até aí pa. assistir ao embarque dela, mas não pude devido a um serviço dentário".

Cerca de dois anos depois, uma outra referência a Adalgisa Nery, em carta datada de São Paulo, 18 de janeiro de 1941, se une à questão dos pedidos: "Adalgisa hoje me telefonou: pedi-lhe que obtivesse um serviço para você aqui em S. P., por alguns dias. O clima aqui está ótimo".

VII

Já a questão literária, incluindo a poesia em geral, a obra de cada um e a vida literária, é tratada quase exclusivamente nas cartas a Drummond. Estariam estas questões no plano, menos das relações pessoais afetivas, que no da vida pública? Nas cartas a Lúcio, há pouquíssimas referências a estes assuntos. Em carta datada de Pitangui, 28 de janeiro de 1939, Murilo comenta um artigo que se pode entender como de autoria de Lúcio: "O artigo está bom, agradeço muito tua solicitude. Apenas um ponto deves retificar: o livro 'Os quatro elementos' é *anterior* a 'Poesia em Pânico' e 'Sinal de Deus'. São poemas de 1931 a 1935, quando os outros são de 36 a 37. Não pode, portanto, ser o complemento, o fecho dos dois".

O comentário revela como já então era necessário ter atenção à ordem de elaboração dos livros de Murilo, que não correspondia à de publicação; ao mesmo tempo revela uma rara referência de Murilo a *O Sinal de Deus*, livro cujo lançamento chegou a ser anunciado pelo menos no número de 25 de novembro de 1937 do periódico *Dom Casmurro* e que de fato chegou a ser impresso, mas cuja publicação foi sustada (não se sabe ainda com clareza por que motivo), permanecendo o livro inédito até sua inclusão no volume da poesia completa e prosa publicado em 1994 por Luciana Stegagno Picchio. Outro breve comentário em cartas a Lúcio Cardoso só será encontrado na última peça preservada da correspondência, a carta datada de Roma, 18 de abril de 1961: "Trabalhando em silêncio, escrevendo dois livros de prosa que não tenho a menor pressa em terminar". Esta referência se soma à insistência com que na época Murilo, em cartas e entrevistas, comentava seu interesse pelos textos em prosa.

Já nas cartas a Drummond, é possível encontrar pelo menos um comentário, não apenas à elaboração de suas obras, mas sobre sua concepção de poesia e sua posição dentro do Modernismo, como ao se referir a seu primeiro livro em carta datada de Pitangui, 3 de fevereiro de 1931:

> Mesmo porque nunca comunguei com certas ideias do Graça — perpétua alegria, entusiasmo pela máquina, América do Norte, etc. Isto é — não acho isto finalidade nenhuma, como também não penso em combater a máquina, Deus me livre. (Minha Wassermann é francamente positiva.) O que pretendo frisar é que meu livro não tresanda a estas admirações formidáveis pela obra do esforço humano — você compreende. Acho que o carnaval, por exemplo, é um título de glória muito maior para o homem, para a sua capacidade de gênio, do que o arranha-céu. A minha inquietação (desejo situá-la, porque já está se tornando muito literário falar em tal cousa) é a de um sujeito que não vê continuidade no mundo — vivo em estado de evaporação constante — precisava de mais olhos, mais eletricidade, todos os espaços, ou nenhum espaço. Seria capaz de dar um tiro na cabeça porque não posso suportar às vezes tanta coisa bonita e formidável que vejo na minha frente. Conforme digo num poema — (me permita me citar — agora sou poeta laureado, e venho nos jornais!...) — tenho horas de seiscentos minutos — meus aborrecimentos não são vagos, sei

> muito bem quais são. Sou escravo duma infinidade de potências descontínuas do mundo — não tenho temperamento, ou por outra, tenho vários temperamentos. Acordo padre e anoiteço moleque. Daí minha dificuldade diante da "vida prática" — e sou a desordem. Ultimamente tenho feito esforços para ver se arranjo uma eternidadezinha — mas qual! Está difícil. O instantâneo, o imediato, não me larga. Mas o mundo hoje é terrível espetáculo. Basta abrir um jornal pra ficar arrepiado. Quanto à luta de classes, estive pensando em tomar parte nalguma campanha, agir, mas depois vi que era besteira. Pra qualquer classe que me transfira sou infeliz. Além disto, não consegui resolver o meu próprio problema econômico, acho loucura pretender resolver o da humanidade.

Comentário deste tipo pode ser considerado único; na verdade a maioria dos comentários nesta área são breves referências à produção literária de ambos ou, raramente, de terceiros, de modo mais específico em termos de vida literária. Sucedem-se referências a *Alguma Poesia* (carta do Rio, 18 de maio de 1930); à antologia de escritores brasileiros organizada pelo peruano Alberto Guillén (carta de Pitangui, 3 de fevereiro de 1931); a *Brejo das Almas* (cartas do Rio, 16 de junho de 1932, Rio, 28 de novembro de 1932, e Rio, 16 de fevereiro de 1933); a poema de Drummond com alusão a Murilo (carta do Rio, 5 de setembro de 1943); a poema de Drummond (carta de Bruxelas, 3 de janeiro de 1955:

> A "Flor e a náusea", em texto francês trabalhado por Saudade, provocou um tal entusiasmo que tive — com prazer — de bisá-lo, e dar 4 ou 5 cópias mais tarde. Também "Os ombros suportam o mundo", e o "Sentimento do mundo" são peças que provocam uma grande admiração. Não tendo — sem modéstia — dons de conferencista e de recitante, não há dúvida de que o sucesso deve-se exclusivamente à força e capacidade comunicativa da sua poesia.

Em carta datada de Roma, 4 de fevereiro de 1959, lê-se: "Junto lhe envio um recorte do '*Radiocorriere*', jornal especializado em que anoto as transmissões radiofônicas que desejamos ouvir. Como v. verá, consta do mesmo o seu famoso 'Canto ao homem do povo Charlie Chaplin', num programa dedicado ao seu xará". A carta de Roma, 18 de março de 1960, refere inclusão de Drummond em uma coleção italiana, *Il mosaico di poeti*, da editora Nuova Academia de Milão, fala do tradutor, da autorização para a inclusão e da disposição de Murilo para rever a tradução. Em carta de Roma, 4 de novembro de 1960, Murilo trata da tradução de Drummond para a coleção. Em carta de Roma, 1º de maio de 1963, Murilo diz "Ainda agora há pouco dei uma lição na Universidade de Pisa sobre C. D. A." e pede informações sobre texto em orelha de livro de Drummond e foto para álbum de poetas e artistas brasileiros e europeus, além de novos estudos sobre Drummond para atualizar bibliografia. Em carta de Lisboa, 14 de setembro de 1963, Murilo refere mais uma vez que ministrou aula em Pisa sobre a poesia de Drummond e observa: "Estou certo de que sua poesia tem um grande poder de comunicabilidade no estrangeiro".

A carta de 1º de novembro de 1963, de Roma, refere encontro em Sevilha com os casais João Cabral de Melo Neto e Rodrigo Melo Franco: "Durante os seis dias sevilhanos conversamos muito sobre poesia — o que é raro no mundo de hoje. Seu nome foi, naturalmente, evocado várias vezes, com o carinho e admiração de sempre". Em P.S. lê-se: "O João, cada vez mais lúcido. Um monstro de inteligência". Vale observar que arquivado com o conjunto da correspondência se encontra um cartão postal datado de Sevilla, 29 de setembro de 1963, assinado por Rodrigo (Melo Franco), Murilo, Saudade, João (Cabral) e Stella.

Em carta de Roma, 11 de novembro de 1965, Murilo refere os poemas "Murilograma a C. D. A." e "Colagem para Drummond", que vieram a aparecer em *Convergência*, dizendo que os está retocando e que em breve os enviará a Drummond, referindo também o "Murilograma para Manuel Bandeira". A seguir, carta de Roma de 10 de fevereiro de 1966 remete os dois textos, "tardia retribuição do 'bebo em Murilo' e da quadra que tanto me honraram". A carta de 25 de janeiro de 1969, de Roma, dá continuidade à troca de gentilezas:

> Um amigo mandou-me aqui do Rio a sua crônica — publicada há quase um mês — a respeito de 'A Idade do serrote'. Agradeço-lhe muito. Se nunca fui, como sabe, um grande cortejador da publicidade (também você nunca foi nem o é), sou extremamente sensível à opinião de certos escritores de alta qualidade, e em primeiríssimo plano, obviamente, você, além do mais tão grande prosador e ensaísta quanto poeta. Sua opinião corresponde para mim a um diploma; e bem vejo, pela sua bela crônica que o meu livro repercutiu no seu espírito de forma muito positiva.

Por fim, uma carta e um cartão solicitam a opinião de Drummond. A carta de Lisboa, 30 de setembro de 1969, refere o envio de *Poliedro* e pede: "Gostaria imenso que você lhe desse uma olhada. Inútil acrescentar que sua opinião é para mim importantíssima". O cartão de Roma, 8 de outubro de 1971 cobra a acusação de recebimento: "Até hoje não sei se você recebeu 'Convergência'. Mande-me duas linhas, please, pois é óbvio que estou ansioso por saber sua opinião, mesmo rapidíssima".

VIII

Aspectos da vida política e mesmo da política literária também são assuntos que fazem parte da correspondência com Drummond. Isto se vê, por exemplo, em carta datada de Juiz de Fora, 8 de março de 1945:

> Leio nos jornais que você pediu demissão. Sem dúvida é uma pena para o Brasil, mas você está certo. E outros dias virão. Pessoalmente, não posso deixar de lhe agradecer tantas finezas que você me prestou, sempre tão solicitamente, quando no exercício do cargo.
> [Acuso] Confirmo meu telegrama de hoje, pedindo-lhe o favor de me representar no almoço de sábado próximo, e de transmitir minha solidariedade à declaração de princípios do 1º Congresso de Escritores.
> Abandonei a colaboração n' *A Manhã*, se bem que estivesse gostando, pois me dava um certo treino de escrever prosa, e além disso os 800 cruzeiros me eram muito necessários, nas circunstâncias atuais de m/ vida. Mas o governo excedeu-se, perdeu todo o controle, divorciou-se por completo das aspirações populares, e esgotou o seu já fraco conteúdo. De qualquer forma, continuar os artigos seria uma espécie de colaboracionismo.
> Como você sabe, continuo em regime de saúde, por isso não posso tomar parte pessoalmente na campanha que se desenrola. Entretanto, estou bastante atento à mesma; por isso — caso você julgue oportuno — poderá divulgar que estou solidarizado com a campanha democrática, e absolutamente contra os métodos do governo. Se acharem interessante, poderei escrever, mesmo sobre assunto político, pequenas crônicas e notas — desde que m/ saúde o permita.

Além de evidenciar a postura política de Murilo, esta carta traz dado digno de nota no tocante à produção literária do autor, ou seja, a referência a "treino de escrever prosa", revelando antiga e especial atenção a este setor de sua produção. Ao lado ainda do dado biográfico da doença de Murilo, observa-se que mais uma vez continua a fazer alguma solicitação a Drummond, pedindo a este que atue como seu intermediário.

Merece menção ainda a carta — datilografada, o que indica sua especial formalidade — datada de Juiz de Fora, 4 de abril de 1945, pois exprime com clareza uma tomada de posição:

> Mais uma vez me dirijo, por seu generoso intermédio, à imprensa carioca, ditando esta carta do meu leito de doente, a fim de pedir anistia.
> Considero a instituição da anistia o preâmbulo indispensável à obra de reerguimento democrático do país.
> Como escritor católico, representante de uma multi-secular tradição humanística, protesto contra a farsa que consiste em denominar cristão o regime que atravessamos, regime de regalias e de privilégios antipopulares.
> As medidas que ora defendemos, essas sim conduzem ao estabelecimento de um regime onde os princípios da civilização cristã poderão ser invocados.
> Anistia para todos os presos e exilados políticos!

Na mesma linha de preocupação quanto ao posicionamento político, está uma carta anterior, ainda da época do internamento, pois datada de Sanatório Bela Vista, Correias — E. do Rio, 2 de março de 1944, quando outra solicitação se faz ao intermediário Drummond:

> Carlos, desejo entrar para a A. B. de E. Não sei quais são as formalidade necessárias; suponho que seja preciso a apresentação por um associado, por isso peço-lhe que indique o meu nome. Há muito que me bato — mas isoladamente — por esse ótimo programa da A. Agora, coletivamente, muita cousa

útil será feita. Encaminho desde já à A., por seu intermédio, a minha total solidariedade. A A. precisa reagir contra toda medida policial que surgiu, de coação à liberdade intelectual. Essa coisa de censura é incrível!

IX

Voltando ao plano especificamente literário, merecem ser apontadas algumas passagens das cartas que trazem dados importantes para a história da publicação das obras de Murilo. A carta datada do Rio, 16 de fevereiro de 1933, ao referir a próxima publicação da *História do Brasil*, contribui para que se estabeleça a data deste livro como sendo 1933 e não 1932 como habitualmente se fez. As cartas datadas de Ouro Preto 26 de janeiro de 1949 e 19 de março de 1949, além de permitirem deduzir o período que o poeta passou na cidade e que antecedeu a elaboração de *Contemplação de Ouro Preto*, trazem importante informação também sobre *História do Brasil*, ou melhor, sobre sua exclusão da reunião da obra poética de Murilo publicada em 1959. Em P.S. na primeira carta, lê-se: "Estou organizando o plano das minhas poesias escolhidas (...) Pensei em reunir 80 poemas; o Manuel entretanto é de opinião que eu devo publicar um livro grosso, pelo que resolvi escolher 200 poesias, excluindo do plano a *História do Brasil*".

Já na segunda se lê: "Tomei boa nota da reivindicação de poemas da *História do Brasil*. Não tenho o volume aqui, mas creio que poderei incluir sem dano os 2 textos que v. citou. Terei naturalmente gde. prazer em atendê-lo. Saudade já seguiu na ma. frente. Estou custando a desgarrar. A estadia aqui me tem sido muito útil".

Além de mostrar a antecedência com que começou a se gerar o volume das poesias reunidas, provavelmente surgido da ideia inicial de uma antologia que Bandeira pedia mais volumosa e da qual Drummond não queria a exclusão da *História do Brasil*, a carta mostra que já em 1949 Murilo pensava nessa exclusão. Todavia, nessa época sua posição não era irrevogável, pois ele dizia aceitar a sugestão de Drummond.

Tempos depois, em cartas datadas de Roma, 11 de novembro de 1965 e 10 de fevereiro de 1966, Murilo refere dois livros de poemas, *Contato e Exercícios*, "tentativas de reformulação da minha linguagem poética", como se lê na segunda carta. Na primeira, Murilo explicita que do primeiro livro consta um "Murilograma a C.D.A." e do outro uma "Colagem para Drummond". Na verdade, esses dois livros projetados (considerados até mesmo inteiramente projetados, pois na segunda carta se diz "meus dois livros já prontos") vieram a constituir o volume *Convergência*.

X

Finalmente, uma outra área de interesse de Murilo estabelece mais uma setorização nas correspondências com Drummond e Lúcio. A música, elemento tão caro a Murilo, é objeto, de forma mais detida, apenas de cartas a Lúcio, havendo apenas breve referência em carta a Drummond. Na carta datada de Pitangui, 3 de fevereiro de 1931, para Drummond, lê-se: "Diga ao Capanema que ele agora pode vir aqui, em Pitangui já tem Prokofiev, Mussorgsky e Stravinsky para ouvir. Meu mano tinha chegado até Wagner, mas eu fiz ele dar um pulo até aqueles bambas. Ontem chegou uma porrada de discos". Já nas cartas para Lúcio há umas breves referências e pelo menos uma de certa extensão. Esta se encontra na carta datada de Pitangui, 28 de janeiro de 1939, na qual se lê:

> É pena que não possas vir passar uns dias aqui, principalmente devido a música. Pitangui é uma tapera com rádio. Chove interminavelmente e eu passo os dias estendido numa cadeira, lendo um pouco, ouvindo muito (principalmente Beethoven) e dormindo. Escrevo páginas e páginas, que queimo. A maior parte do que tenho escrito nesta vida, queimo. O fogo é mesmo purificador.
>
> Aqui na discoteca há uma quantidade enorme de discos de Beethoven, de maneira que eu tenho feito quase um curso. Recomendo-te, entre outras cousas notáveis, o "Trio ao Arquiduque" (op. [1]97) e a sonata op. 31, nº 2. Não fica a dever cousa alguma à Appassionata. É realmente grandiosa. Ao contrário do que escreveu Wagner, entendo que Beethoven é um temperamento essencialmente sinfônico: em tudo que escreve / fora das sinfonias / sente-se o sinfonista encarcerado no piano, no violino — no trio, na sonata, etc. Há também muito Bach por aqui. Mozart, algum. Além de outros discos, uma sonata pa. violino e piano, nº 42 (K. 256) que acabo de ouvir, botando em seguida a sonata op. 2, nº 1 de [Moza] Beethoven*; pois bem, achei a sonata de Mozart mais beethoveniana do que a de Beethoven. Não deixes de ouvir, repito, essa formidável 31, nº 2. Pa. mim, são as 3 grandes: essa, a Appassionata e a 111. Esta é talvez a mais "cósmica" de todas. Procure ouvir também o quarteto op. 59 nº 3*: é de uma violência, de uma agressividade, incríveis. Tem um andante, que é das maiores cousas que tenho ouvido na minha vida.
>
> Para se conhecer bem um músico, é necessário ouvir muita coisa dele, *em seguida*. É por esse motivo que eu tanto ouvia Mozart, ultimamente, aí no Rio: conhecia-o pouco, e precisava ouvir muito, em seguida, muita cousa junta, para me familiarizar bem com o seu estilo e o seu canto.
>
> *é verdade que esta sonata é da 1ª fase de B.
>
> *Rasoumovsky

Se revela o interesse de Murilo por música e, em contrapartida, também o de Lúcio, fica claro ainda que a posição do primeiro é a de quem orienta. Enfatiza-se aí mais uma das peculiaridades destas relações epistolares de Murilo, marcadas pela orientação, pelo préstimo, pela intermediação, em suma, por várias interposições representadas em diversos momentos pelos destinatários. Há, em vários momentos, como que um duplo afastamento — em relação ao destinatário e em relação àquilo junto a que o destinatário serve de intermediário.

XI

Ao propiciarem um mapeamento pelo menos de parte do universo muriliano, essas cartas ao mesmo tempo naturalmente fornecem numerosos dados que ajudam a compor sua biografia e seu trajeto intelectual. As diferenças entre as cartas, se, de um lado, são devidas às diferenças das personalidades destinatárias, revelam também, não uma adequação do remetente ao destinatário, mas talvez uma escolha feita pelo remetente para atender a sua necessidade de estabelecer suas próprias delimitações, atribuindo então a cada destinatário um papel. Fica evidente que isto se dá apenas para ele próprio, remetente — e não no sentido de comunicar essas delimitações, já que elas se dão em conjuntos distintos de correspondências, ou seja, de modo totalmente fragmentário para os destinatários, que só têm acesso a partes isoladas do grande texto que o autor-remetente vai formando (e que o leitor amplia com a inclusão dos textos dos diversos destinatários).

Se a relação da correspondência com o universo intelectual do autor não é difícil de perceber, a partir do momento em que se distinguem as delimitações que ele aí faz, também começa a ser perceptível como esses textos fragmentados podem esboçar espaços onde a obra se constrói. De modo mais imediato as referências religiosas e musicais se associam aos muito artigos que sobre esses assuntos Murilo publicou. É claro que se pode supor que a ampliação do volume da correspondência permitiria maiores especificações, aqui bastante fluidas.

Referindo-se a textos privados, como diários e cadernos de anotações, Louis Hay observa que "seu desenvolvimento no tempo dá sem dificuldade a suas inscrições um encadeamento e um ritmo que permitem gerar elementos textuais sem passar por todas as formalizações da obra"[15]. O encadeamento e o ritmo da correspondência são bastante diferentes, pela intercalação das cartas dos dois correspondentes e pelos espaços de silêncio, de lacuna, de ausência decorrentes desse fato e de eventuais extravios, havendo ainda a presença do destinatário como qualificador da privacidade da correspondência em relação aos outros tipos mencionados. Mas sem dúvida a correspondência, com suas peculiaridades, pode se incluir nesse circuito, quando então vale levar em conta esta outra observação de Louis Hay: "A tendência contemporânea a tratar a escrita privada como uma escrita pública diz respeito, de fato, ao mesmo tempo ao escritor e ao leitor"[16]. Isto na medida em que a ambos interessam os processos de elaboração. No caso em questão, o da correspondência, importa ressaltar sua possível leitura como

---

[15] HAY, Louis "*L'amont de l'écriture*". In: Louis Hay et allii, *Carnets d'Écrivains*. Paris, CNRS, 1990, p. 20. Esse texto foi publicado em português, com o título "A montante da escrita", em volume da coleção Papéis Avulsos da Fundação Casa de Rui Barbosa (juntamente com o texto de Almuth Grésillon "Devagar: obras").

[16] *Ibid.*

integrante da produção geral do autor. Além do mais, a correspondência em estado manuscrito oferece dados que alimentam sua leitura e modulam a passagem do privado ao público. (Relembrem-se aqui, por exemplo, os diferentes tipos de letras de Murilo, usados em diferentes circunstâncias, ou situações como dados importantes deslocados para as margens da folha). Neste sentido, a pequena correspondência de que aqui se apontaram alguns princípios de mapeamento oferece sinais de uma potencialidade que incentiva sua exploração na leitura do conjunto da produção de Murilo Mendes.

APARAS DE POEMAS

MURILO MENDES FREQUENTEMENTE É APRESENTADO COMO escritor de múltiplas faces[1]. Conforme o interesse do leitor, salienta-se ora sua integração no projeto modernista, ora seu aspecto como poeta criador de imagens surpreendentes, ora o encaminhamento construtivo de parte de sua produção, ora ainda as associações com outras linguagens, em especial música e artes plásticas — e ainda são possíveis, naturalmente, outras vinculações. No entanto, nem essas faces são distintamente marcadas, nem, por consequência, suas leituras precisariam necessariamente se fazer por exclusões. No conjunto do monumento em que, com sua multiplicidade, essa obra se constitui, talvez se possam acrescentar alguns dados que apontem para uma ênfase nas inter-relações, não no nível das grandes interpretações do monumento, mas no nível das pequenas oscilações que se dão na elaboração dos textos que o constituem.

Esses dados podem até provir exatamente do que não se incluiu no conjunto da obra, de seus restos, de suas aparas. E isto, por si, já encaminha a leitura para fora da grande

[1] Esse aspecto é referido por Davi Arrigucci Jr. na passagem adiante citada.

multiplicidade. Assim, em 7 de dezembro de 1941, Murilo Mendes publicou em *Autores e Livros*, suplemento literário do jornal carioca *A Manhã*, o poema intitulado "Wolfgang Amadeu (sic) Mozart". Esse poema não foi incluído pelo autor em nenhum de seus livros. Entre os motivos pelos quais o poema só teria essa publicação em jornal certamente se podem supor vários — o primeiro deles evidentemente seria o fato de o autor não tê-lo considerado bem realizado o suficiente para ser aproveitado em livro. Se assim é, voltar ao poema poderia não ser mais do que mera curiosidade, já que, inclusive do ponto de vista do próprio autor, nada acrescentaria à obra. Talvez não acrescentasse se lido apenas nessa perspectiva de qualificação, de avaliação. No entanto, é possível lê-lo fora dessa perspectiva e não apenas como um poema isolado, que ficou apartado de um conjunto.

Vale a pena observar que no jornal o poema vinha acompanhado de um desenho de Vieira da Silva, desenho que é bastante distinto dos trabalhos que mais caracterizam a obra da artista, situando-se no campo mais circunstancial das ilustrações. Essa situação é similar à do próprio poema, o que se pode verificar pelas seguintes datas: o poema está datado de 5 de dezembro de 1941, com a indicação "No 150º [sesquicentenário] da morte de Mozart". O poema sai publicado dois dias depois dessa data que o autor lhe atribuiu. Não será despropositada a suposição de que o poema tenha sido escrito em função da data comemorativa — e até mesmo por encomenda, como terá sido o caso da ilustração. E este não será caso único na produção de Murilo Mendes. Pode-se lembrar que situação semelhante deve ser a do poema "Verlaine 1944", que foi incluído num volume de homenagem ao poeta francês intitulado *Paul Verlaine et le Brésil*, organizado por Michel Simon e publicado no Rio de Janeiro em 1948.[2]

Quando o poeta, no processo de seleção de poemas e organização de volumes de poemas, descarta poemas como os dois aqui referidos, isto pode ser atribuído — outra suposição — ao fato de ele os considerar como não pertinentes ao conjunto. Não pertinentes por motivos como o de considerar que os poemas, como já referido, não chegaram a uma boa conformação, ou seja, não chegaram a se constituir como poemas efetivamente realizados para além das circunstâncias que os motivaram. Essa visão do fato pressupõe um objetivo — e, *a posteriori*, uma concepção — que se pode referir como "texto final", a obra em que o autor expressa sua vontade autoral. Independentemente da resposta que se possa dar à possível indagação sobre o que se considera como "boa conformação" ou como "poemas efetivamente realizados", interessa o fato consubstanciado na prática do autor. A época dos dois poemas, "Wolfgang

---

[2] Transcreve-se aqui o poema:

Verlaine Verlaine
Tu que enfrentaste as prisões os hospitais
Tu me falas nesta noite sinistra de 1944
Tu me falas com essa voz que vem de Villon através dos tempos
Essa voz terrível do amor

Verlaine Verlaine
Dos fundos abismos de quem venceu a morte
Verlaine tocas o coração da França
Resistência da poesia
Permaneces no meio de todos nós
Andas ombro a ombro com os vivos
Que recebem o alimento da catástrofe
Que gemem nas prisões nos hospitais nos campos de concentração
Nas catacumbas onde a luz começa a florescer
Entre os fuzis e os cânticos abafados
Sim Verlaine Verlaine
Le jour de gloire arrive

Amadeu Mozart" e "Verlaine 1944", é a do surgimento de alguns livros do autor. Em 1941, sai *O visionário*; em 1944, *As metamorfoses*; em 1945, *Mundo enigma e Os quatro elementos*; e em 1947, *Poesia liberdade*. No entanto, os poemas de *O visionário*, segundo datação autor, são de 1930-1933. A primeira parte de *As metamorfoses* é datada de 1938; a segunda não apresenta data, mas traz um poema intitulado "1941". *Mundo enigma* é datado de 1942, enquanto *Os quatro elementos* é de 1935. Já *Poesia liberdade*, que é de 1947, tem (na primeira edição) sua primeira parte datada de 1945 e a segunda de 1943.

Assim, o poema "Wolfgang Amadeu Mozart" poderia ter pertencido a *As metamorfoses*, a *Mundo enigma* ou a *Poesia liberdade*, enquanto "Verlaine 1944" poderia ter pertencido a *Poesia liberdade*. E já aqui os poemas podem ser vinculados a esse livros, pois, ao não serem incluídos, estão inseridos no intenso movimento de organização, em especial de *Poesia liberdade*. Isto porque Murilo Mendes fez modificações substanciais em seus livros de uma edição para outra, alterando versos, trocando a ordem de poemas, eliminando ou acrescentando poemas e assim por diante. Com isto o objetivo do "texto final" é muitas vezes desafiado, ficando sua noção inteiramente relativizada pelo processo de produção do texto.

Davi Arrigucci Jr., referindo-se à "multiplicidade aparente das metamorfoses murilianas", observa que "para uma poesia assim, o problema que se coloca, desde logo e agudamente, é a questão da integridade da forma: como soldar os elementos díspares no todo acabado que é o corpo de palavras do poema"[3]. A questão formal em Murilo Mendes foi

[3] "Arquitetura da memória", em *O cacto e as ruínas* (São Paulo: Duas Cidades, 2ª edição, 2000), p. 96.

apontada como um problema por Mário de Andrade, ao comentar *Poesia em pânico*, mas o fato é que a aparentemente irresolução formal, uma certa desarticulação, tem de ser vista em paralelo com a disparidade e a violência das imagens que com frequência compõem os poemas murilianos.

O poema rejeitado "Wolfgang Amadeu Mozart" não é exatamente um poema composto de imagens excessivamente dissonantes ou díspares. Trata-se mesmo de um poema dotado de certa unidade, embora com um tom algo grandiloquente e discursivo. Não seria um bom exemplo de poema desarticulado. Mas, em outro ponto de vista, se associa a alguns outros poemas, e poderia mesmo ser considerado como elemento matriz, pois há elementos comuns entre esses poemas, inclusive elementos que dizem respeito à "integridade da forma". Fala-se aqui em "matriz", na eventualidade de se comprovar a anterioridade do poema rejeitado em relação aos outros poemas com que tem a ver. Caso não seja comprovada essa anterioridade, o poema de qualquer modo ainda poderia ser lido, em sentido inverso, como um apanhado de elementos utilizados em outros poemas.

Veja-se o poema:

> Sentado à sombra do teu monumento aéreo
> Venho conversar contigo, ó Wolfgang Amadeu!
>
> A noite enrola as montanhas de Salzburg.
> As espadas dos ditadores confabulam nas trevas.
> Recolhem as plantas, os címbalos, os violinos
> E barram o horizonte com os tanks, os canhões, os para-quedas.
>
> Destroem a caixinha de música
> Que alimentou nossa infância
> Põem abaixo os teatros de marionetes
> E erguem gigantes de chumbo...

Ó Wolfgang Amadeu, conspiram contra o ritmo
constroem as falsas pátrias e mutilam a unidade.

O coração do universo
Estala, não pode mais,
O peso do Minotauro
Esmaga a asa da música.

Sufocam a dança da manhã primeira da criação.
Sufocam a liberdade de dançar e de errar
Fascinado pelo teu cristal
Que permanece altivo e simples acima do massacre,
Venho te confessar minha fidelidade
Enquanto os raios dos ditadores desabam sobre a Europa.

É de ti que o mundo precisa
Ó dominador dos elementos e dos instintos.
Acima das baionetas e dos tanks dos tiranos
Canta, pura chama, dança, Wolfgang Amadeu,
Para que o homem retorne ao paraíso.
Teu canto é liberdade
Teu nome é vitória.

Já do fato de o poema ser voltado para Mozart extrai-se uma primeira recorrência, pois em vários momentos de sua obra Murilo Mendes se referirá ao compositor, a começar pelo poema de *Os quatro elementos* intitulado justamente "Mozart". O autor fez várias modificações nesse poema[4], quase todas visivelmente no sentido de torná-lo mais conciso. Acresce que o autor em seu exemplar da edição de 1945 anotou o seguinte: "Minha concepção de Mozart é hoje muito diversa". Dois dados ressaltam aí quanto a esse

[4] Isto é possível de ser verificado no aparato da edição da *Poesia completa e prosa* organizada por Luciana Stegagno Picchio (Rio de Janeiro: Aguilar, 1994).

poema. O primeiro é a dificuldade de situar cronologicamente com precisão o poema, tendo em vista que o livro, conforme já referido, é datado de 1935, mas só foi publicado dez anos depois. O outro dado provém da observação de Murilo Mendes sobre sua concepção de Mozart, que nos permite lembrar o comentário de Davi Arrigucci Jr. sobre a "multiplicidade aparente das metamorfoses murilianas", que devem ser reconhecidas, mas às quais subjaz "a complexa unidade da usina central de que procedem". Se é difícil avaliar a dimensão das metamorfoses, o fato é que o poeta, de um lado, altera insistentemente os poemas e, de outro, modifica sua concepção. Assim, ao lado da mudança das grande linhas de orientação, processam-se também mudanças em níveis menores, que vão-se somando e se encaminhando ao lado das alterações das grandes linhas.

O primeiro verso do poema não incluído em livro, por exemplo, já permite lembrar outra recorrência. Diz o verso: "Sentado à sombra do teu monumento aéreo". Em alguns outros poemas, o início se dá pelo mesmo procedimento. Em "Meninos" de *Os quatro elementos*, diz o primeiro verso: "Sentado à soleira da porta". No poema "Alcance" de *As metamorfoses*, o primeiro verso é o seguinte: "Sentado no horizonte". No poema "Canto da pobreza" de *O visionário*, o primeiro verso diz: "Sentas-te à beira da noite". No poema "A ceia sinistra" de *Poesia liberdade*, é este o primeiro verso: "Sentamo-nos à mesa servida por um braço de mar". Trata-se de um procedimento recorrente por parte do sujeito em relação ao que o poema vai constituir. Pode-se lembrar aqui situação semelhante, em termos de recorrência, em fins de poemas (dessa situação não faz parte o final do poema de que estamos tratando). Trata-se de versos compostos por um par de substantivos. No poema "Saudação a Ismael Nery" de *Poemas* o último verso diz: "forma e transparência"; no poema "Exegese" de *Parábola* lê-se no último verso: "Melodia e harmonia". Os exemplos são numerosos. A identificação de procedimentos como esses de início e fim de poemas vai mapeando uma retórica do poeta que melhor se esclareceria se associada a seus processos de elaboração (expostos, pelo menos em parte, pelas variantes dos textos).

Além dos procedimentos exemplificados, é possível identificar, naturalmente, numerosas outras recorrências, como no plano das imagens. No poema de que estamos tratando, logo no primeiro verso, surge um "monumento aéreo"; mais adiante, refere-se uma "asa da música"; e adiante ainda se lê: "fascinado pelo seu cristal". Em vários momentos de livros de Murilo Mendes datados da época em questão, esses elementos ressurgem. No poema "Mozart" de *Os quatro elementos*, o quinto verso diz: "Mozart aero-amigo"; o segundo verso do mesmo poema fala em "asas no céu translúcido"; no poema "Vermeer de Delft" de *Poesia liberdade* os últimos versos dizem: "Através dos seus cristais / Restitui a inocência".

Outras associações, em nível de temática, podem ser identificadas com os poemas nitidamente motivados pela segunda guerra mundial. Assim, o poema de que estamos tratando poderia ser aproximado de um poema como "A ceia sinistra" de *Poesia liberdade* ou, mais ainda, de um poema como "1941" de *As metamorfoses*, que se inicia com o esmagamento da cultura europeia: "Adeus ilustre Europa / Os poemas de Donne, as sonatas de Scarlatti / Agitam os braços pedindo socorro: / Chegam os bárbaros de motocicleta, / Matando as fontes em que todos nós bebemos". A mesma associação se poderia fazer com o outro poema rejeitado aqui já mencionado, o "Verlaine 1944", poema em que também se contrapõe a cultura ao horror da guerra. Aproximam-se até mesmo os finais dos dois poemas, o dedicado a Mozart e o dedicado a Verlaine. Um diz "Sim Verlaine Verlaine / Le jour de gloire arrive"; o outro diz "Teu canto é liberdade / Teu nome é vitória".

O poema rejeitado sobre Mozart dá margem ainda a que se indague: por que Mozart? E com isto se pode entrar em outro nível de inter-relações e do trabalho de elaboração dos poemas. Sem dúvida, Mozart, até mesmo pelas imagens dos poemas a ele dedicados, representa um ideal de equilíbrio, de concisão, de clareza. O poema "Mozart" de *Os quatro elementos* pode até causar estranheza quando surge em meio a textos dominados por imagens inusitadas, arrebatadas e violentas. Fica evidente que o poema procura aderir a seu contexto, a música de Mozart, sendo como que impregnado pelas características mais correntes desta música. Na medida em que o poema se contrapõe aos traços mais salientes do livro, ele também, desse modo, explicita sua peculiaridade — a de um ideal de criação artística. Ao lado das grandes metamorfoses da obra de Murilo Mendes, caminham também as pequenas alterações na elaboração dos textos — e todas se encaminham no sentido de algumas noções associadas a esse ideal. No entanto, assim como, de forma talvez não bem realizada, o poema rejeitado sobre Mozart conjuga o "fascinado pelo teu cristal" com "o coração do universo estala", ou seja, a linha de equilíbrio com a imagem arrebatada, as metamorfoses nessa poética parecem não se dar em áreas isoladas ou de modo excludente.

Mesmo quando, em seu momento final, Murilo Mendes parece ter radicalizado uma orientação poética, é possível ler no poema "Texto de informação", de *Convergência,* um trecho que aponta, talvez não tanto uma unidade, mas pelo menos um princípio de não excludência: "Eu tenho a vista e a visão: / Soldei concreto e abstrato". Como se trata de um poeta que conhecia tão bem Mallarmé, citando-o numerosas vezes ao longo de toda sua obra, não há como não lembrar que no poema "Prose" de Mallarmé se lê: "Oui, dans une île que l'air charge / De vue et non de visions". As interpretações de "vue" e de "visions" no poema de Mallarmé chegam a ser conflitantes entre alguns de seus mais renomados críticos, como é o caso de Paul Benichou e Gardner Davies. O primeiro lê as duas palavras como vista do que existe e como visão no sentido de alucinação[5]; o segundo vê "vue" como "capacidade de ver, e em especial a de penetrar, pelo olhar, além da percepção superficial dos fenômenos", enquanto "visions" "pareceria designar o que se vê, o objeto eventual do olhar que transfixa"[6]. Se as interpretações são inversas, salientam, de qualquer modo, a oposição entre os dois termos, que no poema de Murilo Mendes se encontram em conjunção, ao contrário do que se passa no poema de Mallarmé. Essa conjunção se inscreve no projeto muriliano de aproximação e não de exclusão, e delineia os caminhos de suas metamorfoses.

Para voltar ao poema rejeitado sobre Mozart, não se pode deixar de lembrar que o poema finalmente passou a integrar a obra do poeta, não por suas mãos, mas pelas da organizadora da edição da *Poesia completa e prosa*, onde o poema figura no apêndice de *Conversa portátil*, um livro póstumo. Em nota sobre o poema, a organizadora, Luciana Stegagno Picchio, informa que, em versão datilografada do

---

[5] *Selon Mallarmé*. Paris: Gallimard, 1995, p. 227-228.
[6] *Mallarmé et la "couche suffisante d'intelligibilité"*. Paris: Corti, 1988, p. 233-234.

poema, Murilo Mendes fez algumas anotações. Uma delas informa que o título definitivo do poema seriam apenas as iniciais do nome do compositor, "W.A.M", informação esta datada pelo autor de 1973. Assim, o poema, que, no movimento dos livros da mesma época, ficou excluído de sua organização, permaneceu, no entanto, no movimento de escrita do poeta. Até mesmo porque além da pequena mudança de título datada, o texto do poema apresenta outras alterações — de pequeno porte, mas que incluem troca de palavras. Desse modo, a versão transcrita na obra completa não é idêntica à versão publicada em jornal décadas antes. Fora da obra, mas não fora da produção do autor, o poema continuava a ser escrito mesmo quando já se haviam dado algumas metamorfoses.

Quando conjuga a vista e a visão — o que, partindo de Mallarmé, se pode entender como uma conjugação entre a capacidade de perceber elementos mais efetivamente palpáveis e o acervo ilimitado da imaginação — Murilo Mendes está expondo uma orientação de sua poética. Essa orientação se encaminha para um controle mais efetivo de ambas as dimensões, o que se percebe pela própria formulação em termos declaratórios do verso mencionado. Mas nessa poética as metamorfoses têm "multiplicidade aparente", como observou Davi Arrigucci Jr. Isto é demonstrado pela própria produção do poeta, por meio inclusive da prática da escrita desde seus arranjos retóricos até às pequenas reescritas. E é demonstrado também pelos rearranjos que se verificam entre textos que de uma forma ou outra se inter-relacionam, mesmo quando ausentes (aparentemente) da obra, como é o caso dos poemas aqui abordados. Já a integridade da forma — esta sim, nem sempre aparente — possivelmente resultaria do maior ou menor estreitamento entre as orientações mais amplas e o plano da elaboração textual. O trânsito de diversos elementos de um poema posto à margem e poemas integrantes da obra, se não revela a efetivação dessa integridade, expõe alguns procedimentos que, situados em relação ao projeto do autor, podem pelo menos balizar um viés de abordagem da questão.

ENTRE REESCRITAS E ESBOÇOS

Em 1975, já depois da morte de Murilo Mendes, foi publicado em Roma um pequeno volume com textos do poeta e trabalhos do artista plástico Jesús-Rafael Soto[1]. A publicação já traz referência à morte de Murilo Mendes, devendo ser posterior de muito pouco, pois ele morre em agosto de 1975 e a publicação ainda se dá no mesmo ano. É muito provável que o próprio poeta tenha organizado os textos para a publicação ou pelo menos concordado com a organização e publicação. Dificilmente uma publicação graficamente elaborada como esse volume seria realizada em período de tempo muito curto, devendo ter sido iniciada antes da morte do autor dos textos. No entanto, mesmo que se admita a possibilidade de que não tenha sido organizada pelo próprio poeta, o fato de a obra dele permitir o que se organizou nesse volume já é suficientemente significativo para desencadear algumas questões.

No referido volume, o texto de Murilo Mendes está em italiano, compondo-se de três partes. A primeira e a segunda têm título (respectivamente, "Labirinto per Soto" e "Il tempo"), o que não ocorre com a terceira. Ao final do texto,

[1] *Mendes. Soto.* Roma: De Luca Editore, 1975.

há indicação de tradução por Carlo Vittorio Cattaneo, dado importante, no que se refere aos textos do período final de Murilo, pois nessa época ele produziu textos diretamente em italiano. O primeiro e o terceiro componentes do texto são em prosa. Já o segundo componente, o menor deles, é um poema.

A leitura do pequeno volume que reúne esses três textos sugere algumas indagações sobre a própria constituição do volume; em termos mais amplos, sobre a constituição do texto de Murilo Mendes; sobre a noção de planificação, presente de modo insistente na etapa final da produção de Murilo Mendes; sobre a relação da reunião dos textos em torno de Soto com alguns modelos das concepções poéticas finais de Murilo Mendes.

Para a leitura dos textos e do volume em que se agrupam, é importante ter presente, ainda que de modo extremamente sumário, o que Soto representa, ou ainda, quais as características mais evidentes ou os traços mais gerais de seu trabalho. E é importante também, devido a algumas peculiaridades, que se tenha uma ideia da própria conformação gráfica da publicação.

Os trabalhos de Soto se situam dentro das chamadas op art e arte cinética. As características da primeira tendência "consistem na relação da obra com o movimento, sendo este induzido mas nunca real"[2]. A op art "põe em causa a ideia de um ponto de vista único (perspectiva) (...) e buscaria definir um conceito de espaço puramente óptico"[3]. Para esses objetivo da op art são importantes a matéria e sua relação com a luz. Há um contato em muitos pontos com a

[2] ARMSTRONG, Cléo. *Groupes, mouvements, tendances de l'art contemporain depuis 1945*. Paris: École Nationale Supérieure des Beaux-Arts, 1989, p. 127.

[3] Id.

chamada arte cinética, quando a obra se vale de um movimento efetivo, até mesmo mecânico. A obra de Soto transita entre as duas tendências. Em relação a seus trabalhos, diz o artista: "O que sempre me interessou foi a *transformação* de elementos, a *desmaterialização* da matéria sólida. Em certo sentido isto sempre interessou aos artistas, mas eu quero incorporar o *processo de transformação* à própria obra. Assim, a *linha* pura é transformada, por ilusão óptica, em pura *vibração*, o *material* em *energia*"[4]. Ressalte-se aqui a referência à importância do material, a cuja exploração se devem muitos dos resultados alcançados nas obras. Ao lado dessa exploração, evidenciam-se também tanto a economia de meios na elaboração (vale lembrar que as raízes dessas tendências estão, por exemplo, no construtivismo russo e nos trabalhos da Bauhaus) quanto o caráter ativo de processo a ser alcançado como consecução da obra. Os traços gerais dessa sucinta descrição podem auxiliar na leitura do volume.

Outro elemento cuja descrição importa é a constituição do volume de que aqui se trata, ou melhor, sua configuração gráfica. Quando se abre o volume, ele se desdobra em dois livros unidos pela última capa. O livro da esquerda contém o texto de Murilo Mendes, enquanto o da direita apresenta os trabalhos de Soto. Desse modo, o leitor tem dois livros paralelos. É como se o texto de Murilo e os trabalhos de Soto se desenvolvessem de modo simultâneo, complementando-se para dar forma a esse novo objeto, o livro que se tem em mãos. Ao mesmo tempo, talvez fosse possível ver nessa disposição uma intenção que estabeleceria uma linha de demarcação. O texto ocupa um espaço, as imagens ou-

[4] Citado em STANGOS, N. (org.). *Concepts of modern art*. London: Thames and Hudson, 1985, p. 218.

tro; na verdade, o texto ocupa um livro, as imagens outro Essa demarcação gráfica, porém, não corresponde à realidade nem das imagens, nem, muito menos, do texto. Ainda no âmbito da realização gráfica do volume, mais do que a demarcação, é a condição de leitura simultânea que predomina, até mesmo por ser esta que tem afinidade com o conjunto do material apresentado, o texto e as imagens.

A parte do livro que expõe o trabalho de Soto é constituída por quatorze folhas, com reproduções de igual número de imagens, pois estas ocupam apenas uma face das folhas. Na primeira folha, está a reprodução de um trabalho que se pode considerar "acabado". Nas folhas seguinte estão reproduções de esboços e projetos de trabalhos. Estes apresentam muitas anotações, quase sempre referentes a cores e medidas, como: "fondo negro — rayas blancas", "quadrados color plata 15 x 15 cm", "bordes de un cm", "vibration en losange"[5]. Algumas das imagens são efetivamente projetos de uma construção, com indicações minuciosas de medidas de todos os elementos que ocupam a área do desenho.

Aqui se pode situar um primeiro momento de ambiguidade ou interseção que interessa observar em função daquelas questões referidas. Assim, tem-se um artista plástico que produz um trabalho geométrico, que trabalha com elementos mínimos, que emprega materiais sóbrios, que tem a pureza como dado de referência. Desse trabalho publica-se no volume justamente a parte inconclusa, a parte em processo de elaboração. Com isto chama-se a atenção para uma dimensão da obra que, especialmente em trabalhos como os de Soto, ficam como que submersos, embora não se possa

[5] As anotações estão ora em espanhol, ora em francês, ora numa mistura das duas línguas. Soto nasceu na Venezuela em 1923, mas desde a década de 50 se radicou na França.

supor sua ausência. Chama-se a atenção para a etapa concreta de construção.

No que se refere aos textos de Murilo Mendes, o terceiro e último deles é característico do que o poeta produziu no período italiano para catálogos de exposições de artes plásticas. É um texto que se pode considerar como crítico, embora tenda a ser mais sintético que analítico. Não aparece com título, mas foi publicado com o título "Soto" no volume da obra completa, dentro do conjunto intitulado *A invenção do finito*. Esse conjunto, organizado pelo próprio autor, foi deixado inédito em livro e reúne textos sobre artistas plásticos[6]. Nesse texto, Murilo apresenta de modo objetivo várias das características principais do trabalho de Soto. Aí, algumas vezes fala do "operador Soto", expressão que substitui o "artista Soto" por uma referência mais afinada com o construtivismo. Aí se fala de operador, tal como se fala do operador de uma máquina, exatamente no âmbito da construção. Murilo ainda se refere à exploração de materiais, à clareza, à economia. Nesses indícios da compreensão de Soto por Murilo estão alguns pontos iniciais nas relações entre texto, elementos visuais e projeto gráfico da publicação.

Já o primeiro dos textos, que tem por título "Labirinto per Soto", foi também publicado no mesmo conjunto da obra completa, aparecendo aí com o título "Labirinto para SotoRoma"[7]. Esse texto se aproxima da prosa mais criativa de Murilo Mendes do mesmo período, que tem seu melhor exemplo nos textos do livro *Poliedro*. O texto é composto por uma série de fragmentos, e o que mais chama a atenção

---

[6] MENDES, Murilo. *Poesia completa e prosa*. Rio de Janeiro: Aguilar, 1994, p. 1337-1342.
[7] Id., p. 1342-1346.

nesses fragmentos é que eles não se referem a Soto, ou seja, em nenhum momento se faz referência ao artista plástico, a seu trabalho. Vários dos fragmentos assumem a forma de aforismos. Alguns deles são simplesmente citações (de William Blake, Lichtenberg, Jacques Prévert). Outros fragmentos são um pouco mais extensos e se desenvolvem como breves comentários ou como exposição de situações inusitadas.

Esses dois textos são datados. O último está datado em seu próprio corpo, pois começa deste modo: "Escrevo em Roma 1974, mas de fato encontro-me em Montréal 1967" Na verdade o texto envolve duas datações: uma, a data do fato rememorado; outra, a da redação do texto. O primeiro texto traz, na edição da obra completa, uma data ao final: "Fevereiro de 1962".

O segundo dos três textos chama a atenção, em primeiro lugar, por se tratar de um poema intitulado "O Tempo". Como no volume o conjunto de textos deve se relacionar com a obra do artista plástico (o primeiro deles já indica isto pelo título), talvez não se pensasse de imediato numa questão temporal, mas numa questão espacial. No entanto, no terceiro texto do conjunto, Murilo Mendes diz que "A obra de Soto baseia-se numa relação com o tempo, espaço; mas, segundo creio, ultrapassa o tempo e o espaço". Assim, esse texto de caráter mais crítico aborda a questão de modo diretamente relacionado com a obra de Soto e desta maneira estabelece um elo com o poema. Com isto é possível ir descobrindo relações entre os textos no plano da referência seja diretamente a Soto seja a questões que se podem relacionar com sua obra.

No caso desse poema há ainda um dado bastante especial. Trata-se de um poema que originalmente faz parte do livro *Poesia liberdade*, que é de 1947. Assim, além das diferenças de forma, existe também uma grande diferença de data de elaboração; tendo em vista as datas, já referidas, dos outros textos, há uma diferença de mais de duas décadas. Mais importante do que isto, porém, é o fato de se tratar de um texto que, por essa diferença de data, faz parte de outra fase da produção de Murilo Mendes. E essa outra fase tem alguns aspectos bastante diversos em relação à fase dos dois outros textos. Mais significativo do que o poema ser de fase diversa da dos dois outros textos é o fato de ele ser de fase diversa daquela em que se deu a "reunião" dos três textos, pois é esta reunião que interessa na leitura do volume.

Diz o poema:

O tempo cria um tempo
Logo abandonado pelo tempo,
Arma e desarma o braço do destino.
A metade de um tempo espera num mar sem praias,
Coalhado de cadáveres de momentos ainda azuis.
O que flui do tempo entorna os pássaros,
Atravessa a pedra e levanta os monumentos
Onde se desenrola — o tempo espreitando — a ópera do espaço.
Os botões da farda do tempo
São contados — não pelo tempo.
O relojoeiro cercado de relógios
Pergunta que horas são.

O tempo passeia a música e restaura-se.
O tempo desafia a pátina dos espíritos,
Transfere o heroismo dos heróis obsoletos,
divulga o que nós não fomos em tempo algum.

Pelo menos a partir do terceiro verso, o poema apresenta uma sucessão de elementos peculiares ao período de que data *Poesia liberdade*. "Braço do destino", "atravessa a pedra", "ópera do espaço", e assim por diante, constituem imagens que com variações são recorrentes na poesia de Murilo Mendes até aproximadamente inícios da década de 50. Na aparente — e às vezes enigmática — incongruência de seus elementos, o poema apresenta um tempo convulsivo, a que os outros elementos se submetem (o tempo "Arma e desarma o braço do destino"). Trata-se, portanto, de um tempo completamente diferente daquele que pode ser superado pela obra de Soto, tal como referido pelo trecho do texto de Murilo citado, e que assim, na verdade, é operacionalizado por essa obra.

Se, portanto, entre os três textos há tanto alguns elementos que os aproximam quanto outros que os distanciam, em relação a sua publicação junto com as reproduções de trabalhos de Soto há também alguns elementos que interessam para as aproximações e os distanciamentos. Murilo Mendes destaca, em relação à obra de Soto, a clareza, a legibilidade, "a presença constante da geometria essa força de beleza que regenera e corrige tantas deformidades". Em outro trecho diz Murilo: "o trabalho de Soto se insere entre os mais fecundos: propõe-nos um mundo liberto das suas escórias e impurezas, ao corrigir, de certo modo, os desmandos e excessos da natureza descontrolada". São enfatizadas aí a dimensão construtiva e a orientação geométrica, capazes de eliminar impurezas e produzir obras sobre as quais se tem controle, obras resultantes de um conhecimento, de uma técnica.

Do mesmo modo, o período final de Murilo Mendes é marcado por orientação semelhante. No livro *Tempo espanhol*, há uma recorrência do termo "concreto" e de termos correlatos, fato para o qual já se chamou bastante atenção[8]. No

---

[8] CAMPOS, Haroldo de. "Murilo e o mundo substantivo". In: *Metalinguagem*. Petrópolis: Vozes, 1967.

livro *Convergência*, por sua vez, há uma recorrência similar de verbos como "planificar" e "construir". Essa passagem, de um livro para outro, da concreção para a construção corresponde palpavelmente à passagem para um momento de experimentação, configurado pela exploração das possibilidades construtivas. No "Murilograma a João Cabral de Melo Neto" há versos que dizem: "Construir linguagem enxuta / Mantendo-a na precisão" e outros que dizem: "Força é abolir o abstrato, / Encarnar poesia física, / Apreender coisa real, / Planificar o finito". E no "Murilograma a Nanni Balestrini" encontram-se estes versos: "O poeta planifica / O texto de linhas retas" (no terceiro dos textos sobre Soto, lê-se: "A infinita riqueza das linhas, quase sempre retas"). A construção e a planificação intentadas pela poesia de Murilo Mendes têm a ver diretamente com a geometria corretora e produtora de obras de arte que ele detecta no trabalho de Soto.

Todavia, as reproduções de trabalhos de Soto que acompanham os textos de Murilo Mendes não são de trabalhos acabados, como mencionado, de trabalhos que fossem o resultado final da planificação. São esboços, projetos, em que ainda se está no campo de certas indefinições, de certas precariedades, de certas irresoluções (no terceiro texto em torno de Soto, Murilo Mendes fala da "*certeza* dessa arte"). Seria o caso então de indagar como se afinam os textos de Murilo Mendes e esses esboços, já que os textos têm como horizonte a perfeição geométrica. Nesse descompasso se poderia ver uma dimensão de instabilidade ou mesmo uma fissura na construção.

No entanto, todo esboço, se tem uma margem de abertura que é exatamente por onde ele se desenvolve, incorpora também um esforço de controle. Isto fica claro no caso dos esboços de Soto. Neles está a obra informe, mas estão também expostos os elementos que irão conformar essa obra de acordo com o projeto de rigor geométrico. Situação semelhante se encontra em textos literários, nos quais o nível de controle se apresenta de modo similar[9]. Ao falar de manuscritos de escritores, Jacques Neefs destaca sua condição como concreção do espaço de trabalho (o que também pode se aplicar a esboços como os de Soto): "O espaço dos manuscritos é aberto pela escrita, livremente, organizado segundo as disposições necessárias ao avanço do pensamento que aí atua, da obra que aí se trama. Os manuscritos são o volume dessa invenção"[10]. Isto que dessa forma pode ser considerado um "objeto intelectual" (que é como o crítico identifica os manuscritos, chamando a atenção para a dimensão material da atividade de criação) deixa de ser algo afastado da obra, relegado à condição de algo que não é a obra; pelo contrário, integra-se de modo significativo à leitura da obra.

Mas seria também o caso de então, em sentido inverso, observar que o próprio conjunto de textos de Murilo Mendes se apresentaria como um conjunto um tanto díspar, para o qual não haveria como encontrar um rigor de organização, como o que já está em germe nos esboços de Soto. Por um lado, os textos se justificariam, como conjunto, por fatores circunstanciais; por outro lado, como já visto, há entre eles interligações que se destacam entre as diferenças que isoladamente possam apresentar.

No já referido "Murilograma a Nanni Balestrini", encontra-se esta estrofe: "Que é finalmente o poema: / Palavra

---

[9] Em manuscritos de obras de ficção, por exemplo, esse controle pode se apresentar sob a forma de listas de nomes, de datas, quando não há mesmo uma insistente quantificação de páginas, de linhas, de determinadas ocorrências, e assim por diante, o que pode ser encontrado em manuscritos de autores como Osman Lins ou Georges Perec.

[10] NEEFS, Jacques. "Objets intelectuels". In: HAY, Louis (org.). *Les manuscrits des écrivains*. Paris: Hachette / CNRS, 1993, p. 102.

ou frase? / Sem frase levanta-se a palavra?". O que está em jogo nessa indagação é a questão dos níveis de constituição do texto. Essa constituição envolve naturalmente desde as unidades mínimas de elaboração até a integralidade do texto, podendo, porém, ir além e alcançar as unidades mais amplas, quando ele se insere em outras séries, como um conjunto destinado a publicação sob a forma de livro ou como outras formas de organização. Mallarmé tocou diretamente neste ponto, e o fez de modo extremado (num texto que se intitula justamente "Crise de vers"), pois se tratava de aspecto fundamental para sua poética. Assim, diz ele: "Le vers qui de plusieurs vocables refait um mot total, neuf, étranger à la langue"[11]. Está em discussão aí exatamente a questão das diferentes unidades que participam de um texto. No caso da poética de Mallarmé, enfatiza-se a unidade maior em que as menores se integram; no caso da indagação de Murilo Mendes, aponta-se para várias possibilidades. O deslocamento de textos, como no caso do volume aqui abordado, participa dessa indagação.

E esse deslocamento ainda está no plano da elaboração, vindo aqui a propósito algumas observações de Paul Valéry num texto intitulado "Acerca do *Cemitério Marinho*", texto em que ele desenvolve comentários a partir de questões de elaboração do seu poema "Cemitério marinho". Lê-se aí, a certa altura: "Portanto, se me interrogarem, se se inquietarem (como acontece, e às vezes intensamente) sobre o que eu 'quis dizer' em tal poema, respondo que não *quis dizer*, e sim *quis fazer*, e que foi a intenção de *fazer* que *quis* o que eu *disse*..."[12]. Uma declaração desse tipo está vinculada ao

---

[11] MALLARMÉ, S. "Crise de vers". In: ——. *Oeuvres complètes*. Paris: Gallimard, 1979, p. 368.
[12] VALÉRY, Paul. "Acerca do Cemitério marinho". In: *Variedades*. Trad. Maiza Martins de Siqueira. São Paulo: Iluminuras, 1999, p. 165.

seu projeto poético, mas é uma declaração que explicita um rumo para trabalhos de tendência construtiva. A noção da relação entre o fazer e o dizer no tocante ao texto é fundamental para o modo como Valéry examina as questões da elaboração de um poema. E essa noção se associa a uma outra que é enfatizada no mesmo texto, qual seja a de reformulação constante do texto, que se associa com a anterior em primeiro lugar no nível do fazer. Diz Valéry: "Não sei se ainda está em voga elaborar longamente os poemas, mantê-los entre o ser e o não ser, suspensos diante do desejo durante anos; cultivar a dúvida, o escrúpulo e os arrependimentos — a tal ponto que uma obra sempre retomada e refeita adquira aos poucos a importância secreta de um trabalho de reforma de si mesmo"[13]. Em outro ponto do mesmo texto, essa noção do texto em transformação é enfatizada na medida em que é encarada como resultante do efetivo desempenho da linguagem: "A Literatura, portanto, só me interessa *profundamente* na medida em que cultiva o espírito em certas transformações — aquelas nas quais as propriedades excitantes da linguagem desempenham um papel fundamental".[14]

Essa "reforma" e essa "transformação" a que as duas passagens se referem além de se somarem na produção de um texto, conforme já referido, àquele "fazer", estão estreitamente associadas ao fato de ser possível para Valéry afirmar que um poema nunca está terminado, mas apenas momentaneamente abandonado. Dentro do mesmo contexto está sua repetida afirmação de especial interesse pelos esboços de textos, que lhe podem parecer mais interessantes que o supostamente acabado.

---

[13] Id., p. 161.
[14] Id., p. 164.

Mais do que examinar como essas noções podem orientar um projeto de escrita, o que interessa aqui é que elas podem orientar a leitura de certos fatos de escrita. Assim, importa perceber, no conjunto de que aqui se trata, como o "fazer" incorpora a "reforma", a "transformação". No plano da reescrita manifestada em diferentes versões de um texto, vale ressaltar que, no caso de Murilo Mendes, sempre houve efetivamente um intenso trabalho de reformulação de seus textos. Mesmo nos casos, como o dos três textos aqui abordados, para os quais não se dispõe de documentação de sua elaboração, pode-se supor para eles uma "infraestrutura considerável", para usar a expressão com que L. J. Austin se refere, ao tratar de Mallarmé, aos "numerosos rascunhos manuscritos conservados (e que supõem pelo menos outro tanto de manuscritos perdidos), [às] correções e variantes que fazia em seus textos em prosa e em verso a cada vez que os republicava em coletâneas sucessivas"[15]. Trata-se de infra-estrutura similar à que é visualizada nos esboços de Soto, para os quais o termo tem, aliás, especial aplicação.

No próprio livro de que faz parte o poema "O tempo", *Poesia liberdade*, Murilo Mendes fez inúmeras modificações, dos mais diferentes tipos — de redação, de ordenação dos textos, de eliminação e assim por diante. Há na sua obra alguns exemplos de deslocamento de texto de um livro para outro. Este é o caso, por exemplo, do poema "A Testemunha", publicado inicialmente em *A poesia em pânico* e depois transferido, na obra reunida de 1959, para a reedição de *Tempo e eternidade*, um livro anterior. Um deslocamento desse tipo recontextualiza o texto e constitui um tipo de reescrita, que impõe ao leitor uma releitura. Em úl-

[15] AUSTIN, Lloyd James. "Introduction". In: MALLARMÉ, S. *Poésies*. Paris: Flammarion, 1989, p. 11.

tima instância, a reescrita não implica apenas e sempre uma transformação do texto; ela implica "transformação progressiva [da] técnica poética"[16], como observa L. J. Austin a propósito das reescritas de Mallarmé. Quando as reescritas se dão em longos períodos de tempo, essa transformação da técnica naturalmente pode ficar mais visível.

No caso do poema incluído no conjunto sobre Soto, não se trata de procurar traços de sua reescrita, no sentido da elaboração do poema. O que ocorre é que ele sofre um deslocamento, e não pequeno, quando é extraído de *Poesia liberdade* e passa a integrar o conjunto sobre Soto. Há aí um fazer que leva o poema a dizer alguma coisa, alguma outra coisa, em seu novo contexto. Na verdade, se tem aí uma certa forma de reescrita, quando se estabelecem novas relações com o novo entorno. Entre essas novas relações podem ser lembrados um redimensionamento do próprio enfoque do tempo, o contato com a forma da prosa e a abordagem da visualidade.

Quando inserido entre os dois textos em prosa sobre Soto, o poema dialoga com novas questões. Em sua localização original, era um poema entre poemas; agora, é um poema entre prosas. Certamente, entra então no circuito de discussão sobre prosa e poesia (instigada, por exemplo, por um livro como *Poliedro*), questão que mereceu a atenção de Murilo Mendes, tendo este algumas vezes, em sua etapa final, afirmado seu especial interesse pela prosa. O conjunto dos três textos em torno de Soto oferece mesmo como que um exemplo de modulação entre prosa e poesia, na medida em que um deles é poema, outro prosa crítica e outro um conjunto de fragmentos, próximos de outros textos de Murilo Mendes que transitam entre a prosa e a poesia.

---

[16] AUSTIN, Lloyd James. "Introduction". In: MALLARMÉ, S. *Poésies*. Paris: Flammarion, 1989, p. 33.

Já a questão do tempo, tema do poema, inseria-se, no contexto de *Poesia liberdade,* numa linhagem que vinha se desenvolvendo desde livros anteriores de Murilo Mendes. No contexto dos três textos, a temática temporal desse poema certamente incorpora a visão do tempo na obra de Soto tal como apresentada por Murilo Mendes. Mas entra em cena também o modo como o tempo surge nos próprios textos. Assim, no primeiro deles, surge de modo explícito logo no início: "Duas mulheres (antagônicas ou complementares?), consciência ou inconsciência, debatem-se dentro de mim. Arrepio-me ao pensar que passado, presente, futuro jamais decidirão o conflito". Nesse texto, porém, mais do que referências ao tempo, este irrompe na própria forma como são associados elementos os mais diversos, provenientes de tempos distintos: "Ocupo-me de tantos assuntos díspares. No momento acham-se programados o amanhecer de Semíramis, a greve geral dos computadores eletrônicos, a transformação de *tanks* em manequins, uma epístola a Josef Albers e outra a Odilon Redon, atuando em campos diversos". E no poema, lembre-se, os primeiros versos apontam para a impossibilidade de se abarcar de alguma forma o tempo, pois "O Tempo cria um tempo / Logo abandonado pelo tempo". Aí se está em dimensão distinta daquela do tempo que é manipulado na obra de Soto por seu trabalho plástico, como aponta Murilo Mendes no terceiro dos textos. Mas é esse mesmo texto que indica como pode haver interseções entre essas diferenças, e não exclusões: "O artista participa da consciência cósmica; a sua identidade é verificável no tempo e no espaço, supera o tempo e o espaço".

Quanto à abordagem da visualidade, pode-se observar que o poema "O Tempo" é construído essencialmente com o acúmulo de imagens de cenas, gestos — "a ópera do espaço". Já no último texto em torno de Soto, tem-se um texto referencial, que a certa altura observa: "Na arte de Soto não existe o gestual, nem a onomatopéia, nem a eloquência, nem um desgaste de forças". Aí não se está na "ópera" tal como referida pelo poema. No entanto, é o primeiro dos textos, o "Labirinto", que concretiza em sua forma — labirinto — as interseções entre esses textos, lembrando que no último deles Murilo Mendes observa que "a ideia de labirinto é também própria a Soto" e que numa das obras de Soto descobre "a metamorfose do labirinto em passagem livre". Provavelmente foi sob o signo dessa passagem que ocorreram reuniões como a do volume que aqui se comenta. Mas nesse campo da visualidade, cabe aqui lembrar um poema incluído no conjunto póstumo *Conversa portátil.* Trata-se de "The responsive eye"[17], título que é o mesmo de exposição realizada em 1965 no Museu de Arte Moderna de Nova York e que reunia os principais representantes da op art. Um dos versos do poema diz: "O olho, alavanca do quadro". O texto se compõe basicamente da enumeração de várias ações do olho, mas esse verso aponta para uma visualidade atuante, que envolve o olho que responde, para a consecução da obra no espaço da leitura.

Nessa possibilidade de remanejamentos que provoca reescritas e novas leituras, e em que os esboços de Soto sugerem a busca das relações entre esses diversos planos aqui referidos, vale ainda lembrar uma outra situação ligada aos textos finais de Murilo Mendes. O rigor de sua planificação vem a ser uma etapa em que a concreção manifestada em *Tempo espanhol* se transforma em construção como experimentação em *Convergência,* conforme já referido.

[17] MENDES, Murilo. *Poesia completa e prosa.* Rio de Janeiro: Aguilar, 1994, p. 1480-1481.

No entanto, esta seria uma visão com uma certa dose de simplismo se a ela não se incorporarem, por exemplo, as muitas indagações que percorrem o livro, desde aquela já mencionada do "Murilograma a Nanni Balestrini" até, por exemplo, as muitas que compõem o poema "Texto de consulta": "O texto abole / Cria / Ou restaura?" A planificação não exclui a margem de instabilidade das interrogações, que podem ser aproximadas do espaço de experimentação dos esboços. Do mesmo modo como no volume que reúne os textos de Murilo Mendes e os esboços de Soto podem-se encontrar sugestões para ler a produção de Murilo Mendes nas articulações de uma prática que não exclui de seu horizonte os diferentes momentos dessa produção, que incorpora de modo produtivo as instigações de outras práticas e que pode transformar em texto níveis diversos dessas práticas.

O OLHO DO POETA

Ainda no âmbito das comemorações do centenário de nascimento de Murilo Mendes, em 2001, foi publicado na Itália um volume, *L'occhio del poeta* (Roma: Gangemi Editore, 2001), que reúne seus textos de crítica de arte em italiano. Trata-se de uma bela edição, em formato grande, com capa dura e ilustrada, organizada por Luciana Stegagno Picchio, que assina texto introdutório em que trata tanto das características desses textos quanto dos critérios da edição. O livro reproduz ainda alguns textos sobre Murilo Mendes — do crítico de arte Giulio Carlo Argan e dos artistas plásticos Piero Dorazio e Achille Perilli. Os textos de Murilo Mendes aí reunidos revelam mais um pouco do grande poeta culto que ele foi, interessado por várias formas de arte, pela produção artística que lhe era contemporânea e pela renovação constante.

Trata-se sem dúvida de uma importante publicação por várias razões. Em primeiro lugar por reunir e dar a conhecer textos de Murilo Mendes até então esparsos e de difícil acesso, pois foram escritos para catálogos de galerias de arte italianas. Além disso, o volume permite que se possam avaliar algumas outras situações, como a posição desses textos no contexto da obra de Murilo Mendes e como o papel dessa publicação em relação à edição do conjunto da obra de Murilo Mendes. Esta, apesar da importante edição preparada por Luciana Stegagno Picchio para a editora Aguilar, ainda tem parcela considerável dispersa, tanto assim que essa edição apropriadamente tem como título "poesia completa e prosa", deixando claro que a prosa não está toda reunida. De fato, sobretudo no que se refere à colaboração de Murilo Mendes na imprensa, boa parte continua inédita em livro. Mesmo no tocante à poesia, há número considerável de poemas publicados na imprensa e não acolhidos em livro (alguns, pelo menos, foram incluídos na edição Aguilar).

No livro estão textos sobre 52 artistas, havendo para alguns deles mais de um texto. Em sua maioria, os artistas são italianos, havendo alguns de outras nacionalidades, mas que viviam na Itália. Entre eles, citem-se Magnelli, Morandi, Fontana, Vedova. Há também alguns brasileiros que expuseram na Itália — Franz Weissmann, Alfredo Volpi, Arcangelo Ianelli, Roberto de Lamonica. E há também grandes nomes ligados às vanguardas do começo do século de circulação internacional, como Jean Arp, Victor Brauner, Sonia Delaunay, Marcel Duchamp, Max Ernst. Na medida em que se trata de textos de caráter crítico para catálogos de artistas plásticos, inicialmente se poderia pensar que esses textos devessem ser lidos na perspectiva de sua relação com seus objetos, ou seja, na perspectiva da pertinência de sua análise, da adequação de seu juízo crítico, e assim por diante. No entanto, não é difícil ver que esses textos têm aspectos muito distintos, indo de uma pequena ficção (como o texto de caráter surrealista dedicado a Victor Brauner) até o ensaio (como os dedicados a Magnelli e Turcato), passando pelo poema (como os dedicados a Capogrossi e a Colla).

Diante dessa diversidade, ler o conjunto desses textos — ou pelo menos começar a lê-los — segundo aquelas perspectivas provavelmente não será o melhor caminho. Uma leitura mais proveitosa parece ser aquela indicada perspicazmente pelo texto de Giulio Carlo Argan, quando aí se lê que "Para Murilo Mendes a crítica de arte era um gênero literário, um capítulo de seu trabalho poético".

Em uma carta dirigida a Alberto Magnelli (datada de 16 de março de 1964), em que se refere ao texto que escreveu para um livro sobre o artista (*Alberto Magnelli.* Roma: Edizioni dell'Ateneo, 1964), Murilo expõe justamente sua concepção sobre esse texto em especial, concepção que, porém, deve ter orientado muito de sua produção nessa área. Diz a carta:

> Não se trata da visão de um crítico, trata-se da visão de um poeta, mas de um poeta que não gosta de se perder no vago, que busca uma base e uma certa precisão. Meu objetivo não é escrever um ensaio completo e científico, técnico sobre você (aliás não tenho competência para tal), mas ajudar certos leitores a ter uma melhor compreensão de você e de sua obra, e outros a se iniciarem nessa obra. Não se trata de um edifício, trata-se de um pórtico.[1]

Assim, antes de sua eficácia crítica (que nem por isso deve ser desprezada) esses textos serão sempre e acima de tudo componentes do complexo de produção muriliano. Certamente terão significado em sua destinação primeira, de resto circunstancial, de apresentar um artista num catálogo efêmero. No entanto, até mesmo pelas dimensões de vários desses textos, muitas vezes reduzida a duas ou três dezenas de linhas, não seria proporcional tratá-los exclusivamente

[1] A carta está parcialmente publicada, em francês, no livro *Magnelli.* Paris: Centre Georges Pompidou, 1989, p. 255.

com os critérios com que se leem textos críticos. Um pouco adiante, o pequeno texto de Argan toca nos dois lados da questão que envolvem textos como esses de *L'occhio del poeta:* "A crítica de arte, para ele, não era absolutamente a contribuição de um diletante, mas um departamento de seu laboratório linguístico". Os textos talvez não possam ser considerados como produtos de um crítico especializado, mas considerá-los como contribuição de diletante também não é adequado, como indica Argan; volta-se a salientar que eles estão integrados à produção literária de Murilo Mendes, em seu aspecto mais experimental, pois integrados a seu laboratório linguístico.

A edição desse conjunto de textos de Murilo Mendes em italiano apresenta algumas questões relativas à edição de sua obra. Segundo a organizadora, *L'occhio del poeta* era um volume *in fieri*, que Murilo Mendes não chegou a organizar por completo e a publicar. Na mesma situação ficou o volume *Invenção do finito,* com 38 textos portugueses, que foram incluídos na edição da *Poesia completa e prosa.* Aí explica a organizadora que "se apresentam apenas os textos que tinham uma primeira redação de autor em português ou uma tradução portuguesa, sempre de Murilo, do original italiano", enquanto os textos do outro volume são "apenas em italiano". Essas explicações são reproduzidas no volume italiano, mas nas notas a este volume é possível ver que a situação não é muito simples. A nota sobre um dos textos dedicados a Capogrossi informa que a versão portuguesa foi publicada em *A invenção do finito*; não se fica sabendo, porém, se as duas versões são de Murilo Mendes. Em relação a muitos textos que não têm versão em português, não se fica sabendo de quem é a versão em italiano, já que para alguns há a indicação do tradutor para o italiano. Há casos, porém, em que fica claro que se trata de texto italiano de Murilo Mendes. Assim, no texto sobre Pasquale Santoro, Murilo Mendes acrescentou a mão no catálogo: "Texto original de M. M.". Na nota ao texto sobre Carlucci informa-se que no manuscrito está anotado: "Texto original italiano revisto por Bruno Conte". Na nota sobre o texto dedicado a Sonia Delaunay, informa-se que, na fotocópia do texto publicado no catálogo, Murilo Mendes acrescentou a mão "Texto original revisto por Francesco Smeraldi"; que há um manuscrito italiano; e que há um manuscrito português. Pode-se, de qualquer modo, indagar qual foi escrito primeiro. Na nota aos textos sobre Magnelli, informa-se que Murilo Mendes anotou num dos textos "Passar para o português e incluir em 'A invenção do finito'".

O caso do texto sobre Max Ernst apresenta ainda outros dados. Foi também publicado em português em *Retratos relâmpagos,* mas aí faz parte de um texto mais extenso. Além disso, o mesmo texto, ou seja, a parte que existe em italiano, se encontra em francês no conjunto intitulado *Papiers*, incluído na obra completa de 1994. Não há em nenhuma das três publicações indicações que permitam detectar qual das versões seria a inicial. Há apenas a indicação da mesma data, 1965, para as versões italiana e francesa. Caso semelhante é o do texto sobre Simona Weller, que, além da versão italiana presente em *L'occhio del poeta*, tem uma versão francesa incluída em *Papiers*. Na nota ao texto italiano, diz-se que o texto italiano foi traduzido por Cesare Vivaldi e que o texto original é em francês. Nos dois livros a data dos textos é a mesma, 1973. Segundo a mesma nota, o texto francês foi publicado em catálogo em 1974, enquanto para a primeira publicação do texto italiano em catálogo não se apresenta data.

Além desses dados referentes à questão da língua, as notas indicam como em diferentes versões os textos foram incluídos em diferentes livros, e não apenas no volume paralelo *A invenção do finito*. Assim, a propósito do texto sobre Marcel Duchamp, informa-se que "A versão portuguesa faz parte da segunda série de *Retratos Relâmpagos*". Nessa situação dos textos publicados em diferentes livros, cabe lembrar o caso daqueles que foram publicados em livros de poemas, como é o caso do "Grafito para Giuseppe Capogrossi" publicado em italiano em *L'occhio del poeta* e em português em *Convergência*. Já o poema italiano sobre Ettore Colla inserido em *L'occhio del poeta*, tal como o poema sobre Capogrossi, foi incluído como "Grafito para Ettore Colla" em *Convergência*. Todavia, quanto a esse poema, a nota no livro italiano indica que o original é português e que a versão italiana é uma tradução, enquanto não se tem indicação nesse plano para o poema sobre Capogrossi. O poema italiano sobre Jean Arp que se encontra em *L'occhio del poeta* também aparece publicado no livro de poemas italianos *Ipotesi*. Nesses casos, trata-se de poemas inseridos ora em livros de poemas, ora num livro pelo menos predominantemente de prosa e pelo menos voltado para uma perspectiva crítica, como é o *L'occhio del poeta*. Há outros casos de tipo semelhante. Na nota sobre o texto dedicado a Carla Accardi, informa-se que este "talvez seja o primeiro dos raros murilogramas em italiano". Há, em relação a esse texto, dois outros dados que merecem atenção: não foi incluído no livro em que se reuniram os murilogramas, *Convergência*, e se trata de um texto em prosa, ao contrário do conjunto dos murilogramas, que são poemas. Como o texto está datado de 1963 e *Convergência* traz as datas "1963-1966", pode-se supor que esse murilograma em prosa constitua um momento inicial da concepção de uma série de textos que viriam a ser elaborados como poemas. Tem-se aí um exemplo bem próximo do processo de produção de Murilo Mendes em que se verifica o trânsito entre prosa e poesia, ou mesmo a indistinção entre esses gêneros, peculiar da fase final do escritor. Do mesmo modo, o conjunto desses exemplos ressalta um outro trânsito próprio do Murilo Mendes final, aquele que se dá entre línguas, português e italiano, mais um departamento de seu laboratório linguístico, de seu projeto de invenção.

Uma breve síntese dessas questões, que são centrais na poética final de Murilo Mendes, encontra-se no texto, incluído em *L'occhio del poeta*, sobre a artista americana Beverly Pepper, escultora e pintora que vivia na Itália. Na nota editorial referente a esse texto, informa-se que, em fotocópia do datiloscrito, o autor anotou que se tratava de texto publicado em catálogo, com a seguinte informação: "Trad. di A. Tabucchi". A nota indica ainda que há um datiloscrito português com a mesma data do anterior, o italiano, "1970". A nota diz ainda que há "tradução portuguesa com paginação diferente" incluída em *A invenção do finito*. Ora, se no datiloscrito italiano há indicação de um tradutor italiano, supõe-se que o original fosse português. Assim, a versão portuguesa publicada em *A invenção do finito* não seria uma "tradução", mas o original. Além disso, o que é referido como "paginação diferente", constitui na verdade uma reformulação do texto bastante significativa. Na versão em italiano, tem-se um texto com forma de poema. Na versão em português tem-se um texto em prosa. Seria de supor que o tradutor italiano tivesse, não só traduzido o texto em prosa, mas que também lhe tivesse dado forma de poema? Talvez faltem dados que expliquem as mudanças, mas o fato é que aí se tem um bom exemplo de conjugação de algumas das questões mais presentes na fase final de Murilo Mendes.

Outra situação em termos da edição de *L'occhio del poeta* que merece atenção é a da relação entre os textos e as imagens. Trata-se de um aspecto que, para além do plano da edição propriamente dita, pode apresentar pelo menos indícios relativos à significação dos textos. Como os textos que compõe o livro foram produzidos para catálogos de exposição, seria o caso de supor que as imagens que acompanham cada um deles fizessem parte das mostras comentadas. No entanto, verifica-se pelos créditos das imagens que algumas — poucas, na verdade — são posteriores aos textos que elas acompanham. Assim, a obra de Pasquale Santoro apresentada é de 1971, enquanto o texto de Murilo Mendes é de 1970; a obra de Henrique Ruivo é de 1973, enquanto o texto é de 1972; a obra de Beverly Pepper é de 1971, enquanto o texto é de 1970; a obra de Carla Arccadi é de 1965, enquanto o texto é de 1963. É verdade que há um caso, pelo menos, em que o texto se refere a uma determinada obra — trata-se do poema sobre Ettore Colla, em cujo início há a seguinte indicação: "(Statua consultata: 'Orfeo')", enquanto no livro está reproduzida outra obra do artista. Mas se trata de caso isolado. É provável que no trabalho de produção do volume não tenha sido possível recuperar as imagens das mostras a que se referiam esses textos. No entanto, o que importa é que, em termos da efetiva relação entre os textos e as imagens, isto provavelmente não terá de fato qualquer repercussão, tendo em vista ou que os textos têm em geral caráter bastante amplo, não se constituindo em análise de determinadas obras, ou ainda que as imagens apresentadas não o são com caráter sistemático, mas no sentido amplo de dar uma ideia da produção do artista comentado.

Todas essas situações ajudam a encaminhar a leitura dos textos para aqueles dois modo como Giulio Carlo Argan os situa: eles são tanto um capítulo de seu trabalho poético, quanto um departamento de seu laboratório linguístico. Do mesmo modo como a inter-relação entre os vários tipos de texto de Murilo Mendes vem a ser o modo mais proveitoso de lê-los, também parece conveniente lembrar que na própria elaboração desses textos se dá uma conjugação de aproximações. Com frequência, ao tratar de determinadas obras plásticas, o texto de Murilo Mendes recorre a outro de seus grandes interesses, a música. Esta passa a ser como que um meio de compreensão do dado plástico. Um texto sobre Dorazio diz o seguinte: "I quadri dell'ultima serie sono concepiti alla maniera dei preludi di Bach". E em outro sobre Luigi Boille se lê: "La mia lettura dei quadri di Boille procede quindi in chiave di incontro di un universo oscillante tra l'organico e l'inorganico, sostenuto dalla ricchezza cromatica e dall'atonalità". O outro caminho frequente de aproximação — e, no caso, bastante natural — é por meio da literatura. Ao mesmo tempo, porém, Murilo Mendes não deixa de qualificar esses procedimentos. Assim, logo após o comentário citado sobre Luigi Boille, ele emenda: "per usare un linguaggio preso dalla musica (e criticato da Herbert Read)". Certamente a referência "criticado por Herbert Read" quer chamar a atenção para o fato de que ele está ciente de que talvez não esteja se valendo de um procedimento rigorosamente crítico. No entanto, em vários momentos seus textos procuram trabalhar com dados de história da arte, com uma descrição mais objetiva das obras e com conceitos pertinentes à crítica de arte. É frequente também nos textos um empenho em situar as obras e as questões artísticas num contexto mais amplo, no contexto da produção artística, no contexto da história. Assim, em texto sobre Takahashi, se lê: "In un mondo come il nostro, dove la crudeltà e la forza bellica scatenate pretendono di imporre un ordine stupido, che d'altronde ha già da molto rivelato la sua fragilità, Takahashi, com altri artisti impegnati, ci propone una visione personale dell'unico ordine desiderabile, il mentale, che un giorno dovrà destruggere le forti contraddizioni inerenti all'attuale sistema di vita". Comentários como este surgem em vários momentos do período final de Murilo Mendes, revelando uma preocupação intensa, que por outro lado originou muitos dos poemas tanto de *Convergência* quanto de *Ipotesi*.

Assim, é numa perspectiva de experimentação incessante e de busca de rigor, talvez não tanto conceitual, mas sobretudo de construção, que Murilo Mendes inventa seus textos, sejam eles de poesia, prosa, crítica, sejam eles, em muitos casos, mais adequadamente textos apenas. *L'occhio del poeta* oferece, sem dúvida, profícuas percepções de vários dos artistas comentados, mas oferece sobretudo mais uma parcela importante da obra de Murilo Mendes.

PONGE, INACABADO

ALGUNS TERMOS DE USO CORRENTE, QUANDO SE ESTÁ NO campo da escrita, vêm adquirindo usos mais delimitados, na medida em que se passa para o campo dos estudos mais recentes sobre a escrita. Assim, no que se refere a um conjunto de termos como manuscrito, rascunho, rasura, tem havido um encaminhamento tal dos estudos que os utilizam que tais termos vêm perdendo a condição habitual em que designam de forma não muito precisa objetos que também não tinham, em geral, sequer situação muito clara. Com o incremento de uma área de estudos como a crítica genética, tais termos correntes se viram associados a termos de caráter obviamente mais técnico, como prototexto ou gênese. Na medida em que os objetos por eles designados passaram a ocupar posições operacionalizadas, também esses termos mais correntes passaram por um processo de refino de suas definições. O termo rasura, por exemplo, já conta com uma tipologia, deixando de ser uma denominação genérica[1]. A própria denominação manuscrito deixa de ser empregada em sentido estrito — aquilo que é escrito a mão — e passa

[1] Cf. *Eléments de critique génétique*, de Almuth Grésillon. Paris: PUF, 1994.

a ser empregada de modo a abranger o conjunto de materiais que antecedem o momento público de um texto, distinguindo-se de denominações como rascunho e prototexto. Essas distinções são função de uma operação crítica sobre materiais textuais disponíveis. Em relação especificamente ao prototexto, Jean Bellemin-Noël chegou a dizer que "o prototexto propriamente dito não existe em nenhum lugar fora do discurso crítico que o produz, extraindo-o dos rascunhos".[2]

Caminha-se no sentido de definições, tipologias, funções, métodos, e assim por diante, de modo que o impreciso e o circunstancial passam a dar lugar a uma sistematização. Com o desenvolvimento dos estudos nessa área, os elementos relacionados com o manuscrito perdem a condição de simples descrição genérica, com utilização às vezes até mesmo como simples imagem para tentativas de interpretação, e passam a ser elementos na busca de formar uma cadeia de articulações. Dessa busca que se quer crítica resulta que o texto, em sentido proporcionalmente inverso, vai perdendo sua condição de fixidez, de fechamento, de ponto final para o qual convergem todos aqueles elementos instáveis. A crítica, ao operacionalizar a conceituação de tais elementos, passa a trabalhar com um texto permeado pelo caráter dos elementos constituintes do processo de produção textual. Assim, à objetivação da visada sobre os elementos da escrita corresponde o relevo que se passa a dar à instabilidade do texto, constituído por elementos da ordem do precário, da mobilidade permanente, do inacabado (a rasura, a substituição, o acréscimo, a supressão, a anotação, o fragmento, etc.).

---

[2] Jean Bellemin-Noël, "Reproduzir o manuscrito, apresentar os rascunhos, estabelecer um prototexto" (trad. Carlos Eduardo Galvão Braga), em *Manuscrítica*, Revista de Crítica Genética, São Paulo, nº 4, 1993.

Nesse cruzamento em que um caminho de objetivação ativa a percepção do caminho em que os textos perdem seu caráter de definição quase monumental, está um viés revelador de um aspecto crucial da obra de Ponge. Esta é sempre referida como uma obra que se ocupa das coisas, o que naturalmente é uma redução, a começar pelo seu volume e extensão no tempo. De fato, as coisas ocupam posição privilegiada na temática dos textos pongianos, sobretudo com e a partir de seu segundo livro, *Le parti pris des choses* (1942). Este dado, no entanto, já se permitiu ser encarado em dois sentidos contrários: a busca da repercussão das coisas no homem e a busca de percepção das coisas em si. Naturalmente, os dois sentidos podem levar a leituras que se distanciam, mas o fato básico, independentemente de certas extrapolações interpretativas, é que as coisas não são apenas elemento temático — elas estão ligadas à própria constituição do poema, no sentido de sua elaboração e de sua concepção, no sentido de uma poética.

Assim, a forma como o poema busca tratar seu tema (o cigarro, a chuva, a laranja, a ostra, e assim por diante) se faz por meio de vários procedimentos. Em primeiro lugar se encontra uma busca de descrição das características físicas da coisa. Em seguida, o esforço de apreensão pode recorrer a vínculos metafóricos, com o que muitas vezes se estabelece uma verdadeira rede de metáforas. Com frequência considerável, o próprio nome da coisa passa a ser elemento em pauta, por meio de definições de dicionário ou de sua etimologia e as ligações que a partir daí se estabelecem. Desse modo, por essas várias possibilidades que se detectam em poemas de Ponge, verifica-se um encaminhamento no sentido de uma explicitação de que a matéria dos poemas são os elementos da linguagem. E isto chega ao ponto em que a coisa se confunde com a linguagem — às vezes é como se a coisa fosse formada de palavras; às vezes a palavra é tratada como coisa. Em "À la rêveuse matière", de *Nouveau recueil*, tudo e todos são "produits textuels de sa [da matéria] prodigieuse imagination"; toda a natureza, inclusive os homens, "n'est qu'une écriture".[3]

A título de exemplo, não apenas de uma noção, mas da prática da aproximação entre coisa e palavra, veja-se o trecho inicial do poema "Les mûres", de *Le parti pris des choses*: "Aux buissons typographiques constitués par le poème sur une route qui ne mène hors des choses ni à l'esprit, certains fruits sont formés d'une agglomération de sphères qu'une goutte d'encre remplit"[4]. A corporificação aí da coisa-título como elemento do material de escrita aponta justamente para essa poética que opera numa busca da materialidade da linguagem. Assim, àquela série de procedimentos para tratar o objeto temático somam-se ainda, de diversas formas, uma recusa da poesia, tomada de posição esta que se pode ler também como recusa do já estabelecido e necessidade de busca de novas formas de leitura das coisas. Em "L'oeillet", de *La rage de l'expression*, Ponge fala do "défi des choses au langage", e para responder a esse desafio o trabalho do poeta consiste em trabalhar de tal forma as palavras que, diante de um conjunto delas, se reconheça uma determinada

[3] "À sonhadora matéria": "produtos textuais de sua prodigiosa imaginação"; "nada mais é que uma escritura". Este texto foi incluído In: PONGE, Francis. *13 escritos*. Trad. Júlio Castañon Guimarães. Florianópolis: Noa Noa, 1980. No caso de textos que tenham tradução em português, recorro a essas traduções sempre que possível.

[4] "As amoras": "Nas sarças tipográficas constituídas pelo poema, em um caminho que não conduz nem para fora das coisas nem à mente, certos frutos são formados por uma algomeração de esferas que uma gota de tinta preenche". Ttrad. de Carlos Loria e Adalberto Müller Júnior, em *Dimensão*, Revista Internacional de Poesia, nº 27, Uberaba,1998.

coisa. Nesse arranjo entre coisas e objetos[5], Ponge diz: "Je ne me prétends pas poète", com o que se permite exatamente buscar novos arranjos.[6]

Com esse conjunto de elementos, a poesia de Ponge aparece em linhas gerais marcada pelo caráter de objetividade (pelo menos no sentido de não afastamento para níveis que abandonem o esforço de compreensão da coisa desenvolvido pelo poema), pela reduzida extensão dos textos, pelo emprego quase sistemático da prosa, pela contenção e exclusão da ênfase, pela clareza. Já terá sido observado que vários de seus textos se poderiam comparar a verbetes de um dicionário (não sendo descabida a comparação para um autor que em seus textos cita frequentemente de forma literal dicionários). Os textos se desenvolvem com a concisão e o rigor de um projeto que se atualiza como um mecanismo (mecanismo e elaborações próximas são, aliás, elementos frequentes em seu processo descritivo). Em "La Pluie", de *Le parti pris des choses* se lê: "Le tout vit avec intensité comme un mécanisme compliqué, aussi précis que hasardeux, comme une horlogerie dont le ressort est la pesanteur d'une masse donnée de vapeur en précipitation"[7]. No mesmo livro, o poema "Le morceau de viande" diz: "Chaque morceau de viande est une sorte d'usine"[8]. Se a comparação enfatiza a atuação

[5] Leda Tenório da Mota se refere a Ponge como "arranjador das relações entre as palavras e os objetos" (em "Ponge entre nós enfim", *Dimensão*, nº 27, 1998).

[6] "L'oeillet" (O cravo) foi traduzido por Ignacio Antonio Neis e Michel Peterson. *Revista USP*, jun.-jul.-ago. 1998, nº 38: "desafio das coisas à linguagem"; "Não pretendo ser poeta".

[7] "A chuva": "O todo vive com intensidade, como um mecanismo complicado, tão preciso quanto casual, como uma relojoaria cuja mola é o peso de uma dada massa de vapor em precipitação". Ttrad. de Júlio Castañon Guimarães, em *Revista USP*, nº 1, São Paulo, março-maio 1989.

[8] "O pedaço de carne": "Cada pedaço de carne é uma espécie de fábrica". Trad. Júlio Castañon Guimarães, em *13 escritos*).

organizada como componente que caracteriza a coisa, oferece também um dado para a percepção do poema como um espaço de processos objetivos.

Se o tema dos poemas se confunde com sua matéria linguística e se há ainda uma constante passagem para o nível da metalinguagem, os poemas se poderiam ler como objetos textuais (o que Ponge rejeitou), textos tão minuciosamente trabalhados quanto precisamente acabados. Todavia, é por chegar a esse nível de construção que a poesia de Ponge, na medida em que acentua a exposição de sua materialidade linguística, passa a expor também, já não tanto a construção acabada, mas em processo. Assim, ao longo de sua obra, surgem textos que se intitulam "Notas" ou "Fragmentos", com em *Proêmes* as "Notes d'un poème" e os "Fragments de masques". Ao mesmo tempo, ocorrem os textos mais longos, com frequência divididos em várias partes, constituindo-se como sequências de textos em que são feitas aproximações da coisa. O texto coeso da impressão inicial fornecida pelos poemas de *Le parti pris des choses* passa a dar lugar a uma série de anotações fragmentadas.

Vale aqui observar, a propósito da referência aos textos de *Proêmes*, que não é nada simples a questão da cronologia dos textos de Francis Ponge. Vários dos textos de *Proêmes* têm data anterior à da publicação de *Le parti pris des choses*. Quando, então, se aponta para a maior frequência de textos distintos do modelo apresentado em *Le parti pris des choses*, é preciso também ter em mente que muitos desses textos, às vezes de natureza distinta, se produziram ao longo de muitos anos, nem sempre uns após os outros, mas concomitantemente. Um texto como *Le savon* tem os primeiros trechos datados de 1942, enquanto outros já são de 1965. Esse aspecto certamente contribui para romper a visão da obra acabada e compartimentada já em sua produção. Pode ser percebido pela observação das edições correntes, já que a grande maioria dos textos é datada. Todavia, a publicação da obra completa na coleção Pléiade oferece dados que não apenas explicitam essa situação, mas ainda a detalham de forma minuciosa[9]. Sob a direção de Bernard Beugnot, o volume publicado apresenta em seções intituladas "Dans l'atelier" (e que se seguem a cada um dos vários livros de Ponge) um surpreendente conjunto de documentos relativos aos textos, ao mesmo tempo que recoloca os textos na sequência tanto de sua produção quanto na de sua publicação original, o que muitas vezes implica a reconstituição de livros desfeitos para compor outros (como é o caso de *Liasse*, de 1948, cujos textos serão posteriormente inseridos em *Lyres* e em *Pièces*, do *Grand recueil*, e no *Nouveau recueil*). Na seção "Notices e notes", acrescentam-se informações relativas à história de cada texto e comentários interpetativos dessa história. A propósito do material textual pongiano, Bernard Beugnot e Bernard Veck observam que "a abundância dos arquivos de Ponge torna totalmente utópico" o objetivo de um editor de mostrar todos os elementos desses arquivos, "mesmo que aí haja uma inesgotável mina para edições singulares".[10]

Se não cabe aqui sumariar de modo mais detalhado o trabalho dessa edição, importa enfatizar, de um lado, o papel que ela passa a ocupar na leitura do texto pongiano e, de outro, o papel que a obra de Ponge tal como se constitui

[9] Francis PONGE, *Oeuvres complètes*. I. Édition publiée sous la direction de Bernard Beugnot, avec, pour ce volume, la collaboration de Michel Collot, Gérard Farasse, Jean-Marie Gleize, Jacinthe Martel, Robert Melançon et Bernard Beck. Paris: Gallimard, 1999. 1210 p. Col. Biblithèque de la Pléiade.

[10] Bernard Beugnot e Bernard Veck, "Le 'scriptorium' de Francis Ponge", p. xxxi (prefácio do volume da obra de Ponge na coleção Pléiade).

desempenha em relação a esse tipo de edição. De fato, com suas muitas centenas de páginas que apresentam as alterações e os rearranjos dos textos de Ponge, essa edição vem se inserir num percurso estabelecido pelo próprio poeta. De modo similar ao que se dá com Fernando Pessoa, cuja intrincada herança textual talvez não chegue nunca a um ponto sequer de acordo amigável, de modo que a leitura do texto pessoano cada vez mais será uma leitura que incorporará variantes e percursos genéticos quase sem fim. E mais do que isto. Será a leitura de uma obra que se perfazerá com o trabalho de seus editores críticos. Ponge certamente não apresenta tantos problemas similares, como a distribuição dos textos entre heterônimos, a dificuldade de leitura dos manuscritos, e assim por diante. No entanto, na medida em que sua poética se afastou do texto definitivo e, enfatizando a materialidade textual, passou a se constituir como um processo textual, incorporou algumas questões que dizem respeito de perto a matérias como a crítica textual e a crítica genética.

Assim, a edição de Beugnot, com seu aparato, é não apenas o resultado de um trabalho de pesquisa ou uma apresentação dos meandros textuais da obra de Ponge, mas também um dado fundamental de uma questão. Para melhor percepção dessa questão vale pelo menos sumariar como os textos de Ponge se propõem crescentemente no sentido da exposição de sua materialidade.

Le savon, cuja publicação inicial data de 1967, serve como exemplo de procedimentos que Ponge adota a partir de certo momento em vários de seus textos. Trata-se de uma sucessão de textos sobre *Le savon*, em que se procura não só descrever o sabão, mas apreendê-lo em seu papel entre as coisas utilizadas pelo homem, do que decorre o desenvolvimento intermitente de considerações sobre o próprio desenvolvimento do texto. Aí a coisa sabão, com sua condição de dissolução, vai se transformar num texto que está incessantemente em processo. Compõe-se, por exemplo, tanto de trechos narrativos quanto de trechos em diálogo, incluindo comentários sobre essas transformações. O texto inclui seu próprio diário, pois os diversos trechos trazem indicação de local e data, e mesmo observações sobre o fato de que o autor se transferiu de um lugar para outro. E logo de início chama atenção para o caráter de trabalho em andamento: "Non, je n'ai pas écrit ceci, je l'écris, je suis en train de l'écrire".[11]

Todavia, um pouco antes de *Le savon*, que é de 1967, Ponge publicara *Pour un Malherbe*, em 1965, livro que seria um ensaio sobre Malherbe e que se torna o relato da tentativa de elaborar o livro, incluindo todas as reescritas e anotações. Mas ainda aqui o que se tem é uma reunião dos textos que se foram formando em torno de um projeto, ordenados, transcritos, em suma, editados pelo próprio autor, de modo a se ter um livro, ainda que um livro fragmentário.

Em 1971, na coleção Les Sentiers de la Création do editor suíço Albert Skira, Ponge apresenta seu texto "Le pré", que antes havia sido incluído, em 1967, no volume *Nouveau recueil*. No livro editado por Skira, e intitulado *La fabrique du pré*, encontram-se: um texto de Ponge intitulado "Les sentiers de la création" (os caminhos da criação), em que sob a forma de fragmentos datados, como num diário, se comenta, a partir do título da coleção, o trabalho que será apresentado; uma transcrição em fac-símile dos rascunhos do texto "Le pré" (acompanhada por uma iconografia,

[11] "Não, eu não escrevi isto, eu o escrevo, eu estou escrevendo".

geralmente reproduções de obras de arte, para a qual funcionam como legendas trechos dos rascunhos); a "versão definitiva" de "Le pré"; e uma transcrição tipográfica dos fac-símiles (apresentada como visando a uma maior facilidade de leitura dos fac-símiles). Aqui, entre várias particularidades, se deve ressaltar que em torno de um texto anteriormente apresentado como acabado, se apresentam as etapas de sua constituição.

Em 1977, o processo avança. Em *Comment une figue de paroles et pourquoi*, é apresentada uma transcrição dos rascunhos do texto "La figue sèche", também anteriormente publicado (incluem-se alguns fac-símiles apenas a título de exemplo). No prefácio ao livro, Ponge diz que se convenceu do interesse que algumas pessoas têm por esse tipo de edição e que decidiu expor os materiais "sans la moindre retenue" (sem o menor comedimento). "La figue sèche" já fora publicada em revista e em livro, com alterações entre um e outro aparecimento. O texto tem aproximadamente quatro páginas, e o conjunto dos rascunhos ocupa cerca de duzentas páginas.

Em 1984, sai *Pratiques d'écriture ou l'inachèvement perpétuel*, em que Ponge reuniu um conjunto de rascunhos e esboços de épocas diversas, como diz numa "Note pour l'éditeur". Nesse mesma nota, ainda observa: "Plusieurs expériences du même genre (il s'agit désormais, en effet, d'un nouveau genre littéraire) m'assurent que leur publication intéressera, parmi leurs lecteurs, pour le moins ceux d'entre eux déjà familiers de mon oeuvre"[12]. Aqui não se trata de rascunhos de um texto que chegou a ter uma versão acaba-

[12] "Várias experiências do mesmo tipo (trata-se doravante, de fato, de um novo gênero literário) me asseguram que sua publicação interessará, entre seus leitores, pelo menos àqueles dentre eles já familiarizados com minhas obras".

da (ou algumas versões acabadas), mas de textos de várias épocas que não chegaram a ser desenvolvidos mais detidamente. Mas o que mais importa é o fato de o próprio autor, desde o livro mencionado anteriormente, ir cada vez mais acentuando não só sua disposição de publicar esse material mas também a própria noção de que isto era muito mais que uma curiosidade, era efetivamente uma prática criativa, um gênero.

Em outubro de 1980, Ponge enviou a Bernard Beugnot uma carta que acompanhava um dossiê de manuscritos, constituindo estes, segundo dizia a carta, "o conjunto das notas redigidas por mim para chegar eventualmente a um texto 'definitivo' que poderia ser intitulado 'La table'". Esse dossiê foi publicado no ano seguinte[13]. Em 1991, o mesmo dossiê é reeditado por Jean Thibaudeau[14]. Essa reedição implica novos critérios de edição e a complementação de alguns documentos. Acima de tudo, porém, importa a constatação seguinte de Jean Thibaudeau: "O manuscrito de *La table* não é, assim, nem um 'canteiro' (de obra abandonada), nem a 'fábrica' aberta com vista a uma obra a ser completada um dia, mas antes a partitura de um texto impossível"[15]. Certamente aqui se deve entender o texto impossível no sentido de texto acabado, mas não no sentido de texto *tout court*. Em relação a "La figue" e seu dossiê de manuscritos, era possível a Jean-Pierre Richard falar da "fixidade de uma única mensagem, mesmo que seja a da infixidade e do múltiplo. Fragmentário, o texto pongiano permanece un poema. Muitas palavras, sim, mas finalmente para um único

[13] A publicação se fez aos cuidados de Bernard Beugnot no nº 17 ½ de *Etudes Françaises*, abril de 1981, pelas Presses de l'Université de Montréal.
[14] Francis PONGE, *La table*. Présentée por Jean Thibaudeau. Paris: Gallimard, 1991.
[15] Jean THIBAUDEAU, "Notes". In: *La table*, p. 88-89.

figo"[16]. No horizonte desse comentário ainda está o poema acabado que sucedeu a todos os manuscritos. Mas no caso de *La table*, tal como publicado por Jean Thibaudeau, esse poema, esse texto é o conjunto de manuscritos, fato que radicaliza ainda mais mesmo a explicação de Bernard Beugnot e Bernard Veck de que "longe de ser apenas a antecâmara da obra, o scriptorium se faz parte integrante dela"[17]. Com o fato de *La table* não ter no título nem "fábrica", nem "como", nem "por que", observa Michel Collot, "fica claro que doravante um conjunto de rascunhos basta para constituir um livro"[18].

Desse modo, a leitura dos textos de Ponge se associa inevitavelmente à leitura que a crítica genética faz de seus objetos. Mas enquanto esta de certo modo lança um olhar para o que foi feito, Ponge, ao expor seus manuscritos, lança dados para diante — como observou Michel Collot, "Esse gesto, que se poderia crer essencialmente retrospectivo, representa a contribuição maior do último Ponge para a renovação das formas e da teoria literárias"[19]. É assim ainda esse gesto que aproxima o texto criativo do texto crítico tal como em vários momentos da produção pongiana isto se verificou.

É bem verdade que todos esses manuscritos dados a público por Ponge oferecem ainda outro problema no plano de sua edição. Cada publicação seguiu um critério, ou melhor, foi feita de um modo, já que nem sempre há a explicitação de critérios de edição. Em alguns casos, houve uma simplificação na transcrição dos manuscritos, enquanto em outros

[16] Jean-Pierre RICHARD, "Fabrique de la figue". In: *Pages paysages* (microlectures II). Paris: Seuil, 1984, p. 227.
[17] Bernard BEUGNOT e Bernard VECK, *Le 'scriptorium' de Francis Ponge*, p. xxxii.
[18] Michel COLLOT, *Francis Ponge, entre mots et choses*. Paris: Champ Vallon, 1991, p. 112.
[19] MICHEL COLLOT, id., p. 94.

simplesmente não houve preocupação em tentar representar todos os elementos do manuscrito, como rasuras, indicações gráficas, distribuição dos textos nas páginas, etc. Mesmo no caso das edições mais bem cuidadas, como a de *La table*, o próprio responsável pela edição relaciona elementos que foram desprezados. A apresentação de alguns fac-símiles dá uma ideia do material que está sendo lido, mas a quase totalidade fica simplificada pela transcrição. No entanto, a tentativa de uma apresentação exaustiva, com uma série de codificações de transcrição, pode resultar numa edição de difícil leitura, valendo observar ainda que a suposição de que então o melhor é o fac-símile também não se justifica. O fac-símile nem sempre dará conta de que há fragmentos provenientes de datas distintas numa mesma folha, por exemplo, assim como para o leitor não especialista a decifração da caligrafia ou a interligação entre fragmentos espacialmente separados se torna problemática. Em suma, qualquer forma de edição implica escolha, ato crítico. A complexidade das edições genéticas tem sido objeto de muitas discussões — Jean-Louis Lebrave situa a questão da edição genética como "ponto nodal em que se cruzam todas as problemáticas da crítica genética"[20]. Ao mesmo tempo, observa que diante de um manuscrito a situação da edição genética constitui um paradoxo, pelo jogo que se estabelece entre o movimento do manuscrito e a tentativa de expor esse movimento, o que implica a adoção de um protocolo e uma visão crítica.

A edição de Bernard Beugnot não se apresenta sob nenhum rótulo, mas revela a intenção de expor o resultado exaustivo do trabalho com os arquivos pongianos. Em seus critérios de edição, são expostas tanto suas ambições quanto

---

[20] Jean-Louis. LEBRAVE, "L'édition génétique". In: Louis Hay (org.). *Les manuscrits des écrivains*. Paris: CNRS / Hachette, 1993, p. 206.

suas limitações. Desse modo, por mais produtiva que seja, continua a ser uma indagação sobre como ler esses arquivos — o texto pongiano. Jacques Neefs se referiu aos manuscritos como um espaço em que se exerce o desejo de obra[21], o que aponta para seu caráter de processo. Ao mesmo tempo, os manuscritos, em sua materialidade, "são o volume dessa invenção"[22]. Talvez o maior ou menor proveito na leitura dos manuscritos não seja dependente apenas de questões exclusivamente técnico-críticas, mas esteja diretamente ligada ao "volume de invenção" e sua capacidade inesgotável de suscitar leituras. Como esse Ponge da materialidade do texto, em que a matéria é sonhadora, para lembrar título de um de seus poemas, e em que a matéria, para lembrar título de um trabalho[23] de Michel Collot, se torna matéria-emoção.

[21] Jacques NEEFS, "Objets intellectuels". In: Louis HAY, op. cit., p. 104.
[22] Jacque NEEFS, id., p. 102.
[23] Michel COLLOT, *Matière-emotion*. Paris: PUF, 1998.

COMENTÁRIO SOBRE PONGE

As aproximações etimológicas nem sempre correspondem a aproximações entre as coisas referidas pelas palavras, mas a lembrança de que "inventário" e "invenção" têm a mesma raiz parece justificar-se em relação a Francis Ponge. E isto não constitui nenhum achado especial, mas é até bastante admissível, tanto que há pelo menos um estudo sobre Ponge intitulado "Inventário e invenção"[1]. Empregado numa acepção ampla, o termo "inventário" tem diretamente a ver com vários outros que, empregados de modo não estritamente técnico, podem também ser aproximados, ora mais ora menos — são termos como arquivo, enciclopédia, dicionário, coleção, listagem, mapeamento, catalogação, bibliografia. Implicam todos uma forma de organização de um acúmulo de materiais ou informações. Numa visão bastante corrente algumas dessas atividades podem ser vistas como a reunião do refugo. Assim, no arquivo estariam os

[1] Trata-se de "Inventaire et invention dans Pratiques d'écriture ou l'inachèvement perpétuel", incluído. In: Ponge, résolument Org. Jean-Marie Gleize. Paris : ENS Éditions, 2004). Vale lembrar uma breve observação de Ponge em carta a Castor Seibel, na qual ele considera que o paralelo feito por Seibel entre os auto-retratos de Chardin e seus próprios (de Ponge) "altro-autoportraits" lhe parece muito adequado (cf. PONGE, Francis. *Treize lettres à Castor Seibel.* Paris: L'Échoppe, 1995).

materiais que já foram usados ou, pior, que, desprezados, nem chegaram a ser usados. E por isso há tantos empenhos para demonstrar que um museu pode ser algo mais que apenas um depósito. Dessas formas de agrupamento de coisas, como o museu, ou de ordenação ainda que virtual, como uma bibliografia, fazem parte ainda alguns tipos de edição, como as edições críticas, em que rejeitadas para as notas de pé de página ou para o fim do volume as variantes se apresentam como aquilo que sobrou da obra, como o que aí não teve vez, como o que não funcionou em sua elaboração. Na verdade, se essa é a conformação desse tipo de edição, não é essa a leitura que dela se deveria fazer, e muito se tem empenhado para a modificação dessa leitura passiva. Um outro tipo de abordagem do material, o que vem sendo feito pela crítica genética, incorpora já em seus próprios pressupostos uma outra leitura, em que todo o material vinculado a uma determinada obra é examinado em seu papel dentro do desenvolvimento da escrita.

Estes lembretes iniciais são feitos aqui porque a obra de Ponge tem a ver, em sua elaboração, com alguns desses procedimentos. De fato, em várias instâncias ela se constitui — e aqui se está empregando o termo apenas precariamente — por meio de inventário, por meio do recurso a outros inventários, por meio da discussão de uma coisa e de outra, e ainda por meio do arquivamento de todo esse trabalho.

Nessa série de associações, a primeira e mais evidente é a que se verifica no livro *O partido das coisas*. Aí como que se tem uma espécie de enciclopédia de coisas. Uma seleção dos títulos dos textos indica isso: "As amoras", "O engradado", "A vela", "O cigarro", "A laranja", "A ostra", "O pão", "O fogo", "O molusco", "A borboleta", "O musgo", "O pedaço de carne", "O ginasta", "A jovem mãe", "O seixo".

Mas qual a noção de coisa que essa enciclopédia adota para fazer seu inventário? Afinal não são a mesma coisa "O musgo" e "A vela", ou "O engradado" e "O ginasta". Antes de tudo as coisas não interessam apenas por elas. Falando de um pintor de coisas, Chardin, diz Ponge:

> O homem, como todos os indivíduos do reino animal, é de algum modo *demais, excessivo* na natureza: uma espécie de andarilho, que, durante sua vida, busca o lugar de seu repouso enfim: de sua morte. Eis por que dá tanta importância ao espaço, que é o lugar de sua andança, de sua divagação, de seu ziguezague. Eis por que *o menor arranjo das coisas* no menor fragmento de espaço o fascina.[2]

Essa referência a "arranjo das coisas" é naturalmente uma referência direta aos trabalhos de Chardin. Arranjo tem a ver com o "modo mais banal de tratar o mais comum dos temas"[3]. Os quadros de Chardin, autor de naturezas-mortas e cenas domésticas, vale lembrar, constituem como que retratos em acúmulo de coisas, tanto que no próprio texto de Ponge, em certo momento, a referência ao pintor se faz pela enumeração de coisas presentes nos quadros: "Esses pêssegos, essas nozes, essa cesta de vime, essas uvas, esses timbales, essa garrafa com sua rolha de cortiça, esse vasilhame de cobre, esse almofariz de madeira, esses arenques defumados".[4]

São famosos os quadros de Chardin intitulados "atributos das ciências", atributos das artes", "atributos da música", em que se acumulam coisas ligadas a essas atividades. Assim, de modo semelhante, Diderot, com frequência, em seus textos sobre o pintor, se refere aos quadros por meio da enumeração

---

[2] PONGE, Francis. "De la nature morte et de Chardin". In: *L'atelier contemporain*. Paris: Gallimard, 1977, p. 235. [Itálico meu].
[3] Id.
[4] Id., p. 232.

da multiplicidade das coisas retratadas. Na ênfase que põe no realismo do pintor, como "rigoroso imitador da natureza", dizendo mesmo que a natureza confiou seu segredo a ele, Chardin, e a Buffon (e a aproximação dos dois nomes tem a intenção de pôr ênfase na imitação da natureza por parte de Chardin), Diderot chama a atenção para a fatura dos trabalhos, de uma maneira que associa coisa e tinta: "Ó Chardin, não é o branco, o vermelho, o negro que você mói em sua paleta: é a substância mesma dos objetos, é o ar e a luz que você pega na ponta de seu pincel e que você prende à tela"[5]. Tem-se aí então como que uma tinta-coisa.

Sartre, atentando para o trabalho de descrição na poesia de Ponge, também lembra Buffon, ao dizer que Ponge mostra o ginasta como o representante de uma espécie animal e que o descreve como Buffon[6]. Mostra ainda que a apresentação da "jovem mãe" e do "ginasta", nos dois poemas com esses títulos, se faz pela decomposição dos corpos; e que, no caso do poema da "jovem mãe", "nas últimas linhas tudo se reúne. Mas é para fazer um grande corpo cego, não uma pessoa". E a partir daí chega à sua noção de coisa na poesia de Ponge:

> Eis então uma mãe de família e um trapezista petrificados. Trata-se de *coisas*. Para obter esse resultado foi suficiente considerá-los sem esse *parti pris* do humano que carrega com signos os rostos e os gestos dos homens. (...) Agora, compreendemos que um objeto qualquer surgirá como uma coisa desde que se tenha tido o cuidado de despojá-lo das significações muito humanas com que inicialmente o revestimos.[7]

---

[5] DIDEROT. *Oeuvres esthétiques*. Textes établies, avec introductions, bibliographies, notes et relevés de variantes par Paul Vernière. Paris: Garnier, 1959, p. 484.
[6] Cf. SARTRE, Jean-Paul. "L'homme et les choses". In: *Situations I*. Paris, Gallimard: 1947, p. 255.
[7] SARTRE, Jean-Paul. *L'homme et les choses*, p. 255-256.

E como essa poesia aborda essas coisas? Afinal, o aspecto descritivo é ou enganador ou apenas o início da coisa. Frequentemente, por uma série de imagens, os poemas abordam as coisas em seu funcionamento, ou seja, o que há de descrição acaba por recorrer a essas imagens em sucessão que vão construindo o funcionamento. Esse processo, porém, não se dá apenas em relação às coisas que constituem os objetos dos poemas, mas em relação às próprias palavras e mesmo ao conjunto do texto. Nesse sentido diz Sartre:

> À medida que nos revelam um aspecto novo do objeto nomeado, parece que as palavras nos escapam, que não são mais inteiramente os instrumentos dóceis e banais da vida quotidiana e que nos revelam *aspectos novos delas mesmas*. De modo que a leitura do *Partido das coisas* parece com frequência como uma oscilação inquieta entre o objeto e a palavra, como se não se soubesse muito bem, para completar, se é a palavra que é o objeto ou o objeto que é a palavra.[8]

É sempre inteiramente possível recusar essa oposição entre objeto e palavra — e no próprio Ponge se podem encontrar várias possibilidades de recusa, como, pelo menos, num texto bem posterior com um título definidor: "O objeto é a poética" (expressão retomada de Braque). Nesse texto, onde fala da relação no acusativo entre nós e os objetos, ele fala, porém, tanto de "objetos subjetivos" quanto da necessidade que temos de "escolher objetos verdadeiros, que objetem indefinidamente a nossos desejos"[9]. Enfim, por mais que se possa recusar essa oposição entre objeto e palavra, ela se presta para que se perceba como nos textos de Ponge há

---

[8] Id., p. 245. [Itálico meu].
[9] PONGE, Francis. "L'objet, c'est la poétique". In: *L'atelier contemporain*. Paris: Gallimard, 1977, p. 224.

por fim uma passagem de uma enciclopédia das coisas a um dicionário, obviamente, das palavras. E para essa passagem talvez conte muito a noção da "palavra-coisa", também já apontada pelo texto de Sartre, que se refere à materialidade da palavra que persegue Ponge. No poema "As amoras", diz o primeiro parágrafo:

> Nas sarças tipográficas constituídas pelo poema numa estrada que não conduz para fora das coisas nem ao espírito, certos frutos são formados por uma aglomeração de esferas que uma gota de tinta preenche.[10]

A interação entre os elementos vegetais que são objeto do poema e os elementos tipográficos que possibilitam o poema, assim como por exemplo a descrição do ginasta a partir das associações entre as letras da palavra ginasta e aspectos físicos do ginasta ("Como seu G indica, o ginasta usa barba de bode"[11]) fazem com que o esmiuçar daquele funcionamento já referido seja encaminhado para uma investigação das próprias palavras. No mesmo sentido se poderia compreender, pelo menos parcialmente, o uso das maiúsculas em vários textos como casos de especial clareza e precisão no uso da língua, sendo que esse uso tem a ver também com as referências às inscrições latinas em monumentos. Nesse contexto, entram em jogo as referências constantes aos dicionários, ou melhor, especificamente ao dicionário de *Littré*.

Sobre inscrições e, dentro dessa área, sobre radicais e, portanto, sobre dicionários, Ponge falou repetidas vezes. O interesse pelas inscrições tem a ver, mais do que com um exemplo, com a clareza, a síntese, a suma, donde a atenção

[10] PONGE, Francis. *O partido das coisas*. Trad. A. Müller Jr., C. Loria, , I. A. Neis, J. Castañon Guimarães e M. Peterson. São Paulo: Iluminuras, 2000.
[11] Id.

às raízes. Essa relação aparece, por exemplo, nesta passagem de *Pour un Malherbe:*

> Para chegar a textos que possam se sustentar sob forma de inscrições, é preciso (e naturalmente o amor pela língua latina é absolutamente concomitante a isso), é preciso, digo, prestar muita atenção. Que as palavras sejam vigiadas. E quase preferidas às ideias (certamente). Que sejam empregadas em seu sentido mais certo, mais imutável, o que não corre o risco de lhes faltar um dia; assim, de preferência às palavras, para falar em termos próprios, *suas raízes*, que me parecem um pouco como o *tronco* das palavras, como o nó de seu ser, seu núcleo, sua parte mais essencial e mais dura, mais sólida.[12]

Assim, ao longo de seus textos se encontram inúmeras referências ao *Littré*: "Relendo o que escrevi até aqui acho várias palavras para buscar no Littré"; "O que diz Littré sobre o pássaro?" e assim por diante. Se poderia dizer que há aí uma passagem da descrição à definição, para usar uma formulação de Michel Collot — uma passagem da descrição das coleções de coisas, enciclopédica, para uma definição das palavras, de dicionário. O recurso ao dicionário funciona em Ponge como "garantia de conformidade rigorosa ao passado da língua", ao mesmo tempo que lhe fornece "materiais para a invenção lexical e para a inovação semântica", conforme diz Collot, salientando assim o papel ambíguo do dicionário. Como se pode exemplificar com as duas citações feitas há pouco, extraídas de *La rage de l'expression*, o recurso ao dicionário se dá em pleno processo de escrita, mas não numa primeira etapa de anotações e esboços. Ele ocorre como "controle ou verificação", ainda segundo Collot, "em geral depois de uma primeira escrita"[13]. Embora pare-

---

[12] PONGE, Francis. *Pour um Malherbe.* Paris: Gallimard, 1965, p. 187.
[13] COLLOT, Michel. *Francis Ponge: entre mots et choses.* Seyssel: Champ Vallon, 1991, p. 155.

ça bastante complicada a tentativa de detectar a ordem dos estados de escrita dos manuscritos de Ponge, a verificação de que o recurso ao dicionário em geral se dá depois de iniciado o processo de escrita talvez seja pelo menos um sinal de que esse recurso pode estar especialmente integrado ao processo, de modo mais específico à expansão dos textos, seja como reescrita, seja como reflexão sobre os textos.

O dicionário para Ponge não constitui apenas um repositório onde buscar os vocábulos necessários, apropriados. Ele funciona como elemento produtor da escrita, seja no sentido de vigia ou de fornecedor do tronco das palavras, seja no sentido de base para explorações e criações próprias do escritor. Vale a pena observar que começa aí um caminho de mão dupla, já que o dicionário não impõe "controles" a partir de princípios, mas sobretudo registra usos, os dos autores da língua. Assim, o que poderia parecer estratificado na ordenação do dicionário (não apenas ordenação alfabética, o primeiro indício de outras ordenações por ele propostas — ortográficas, sintáticas, etc.) entra de novo no circuito por meio da escrita que pode reescrever o que o dicionário fornece. Além disso, um dicionário como o *Littré*, provavelmente o mais referido por Ponge, é considerado em muitas de suas exposições sobre etimologia no mínimo impreciso, para não dizer equivocado. Num estudo intitulado justamente *Os dicionários de poetas,* Nicole Celeyrette-Pietri diz que é "o *Littré* que abre mais amplamente os caminhos das perambulações verbais, acolhendo as observações ou as fantasias etimológicas. Tão pouco seguras, contestáveis e contestadas, elas refletem aos olhos de Ponge uma verdade do imaginário que ele prefere à dos doutos".[14] Nesse processo

[14] CELEYRETTE-PIETRI, Nicole. *Les dictionnaires de poètes.* Lille: Presses Universitaires de Lille, 1985, p. 12.

o que ocorre é que há como que um deslocamento de um plano a outro — do plano da verificação objetiva do uso da língua para o plano do imaginário do texto. E assim o Littré, pelo que já se referiu sobre suas inexatidões, vai ao encontro das necessidades do poeta. Pode-se continuar até mesmo a encarar o processo no plano do trabalho com a linguagem, que é o que de certo modo faz Collot ao dizer que "a pesquisa etimológica é assim para Ponge um dos caminhos privilegiados da remotivação do signo linguístico"[15]. Mas aí ainda se encara a relação como algo delimitada, quando ela pode ser de fato bem mais abrangente ou mesmo ampla. E essa amplitude torna o dicionário presente em várias instâncias da escrita. Assim, Nicole Celeyrette-Pietri fala — dando como exemplos Ponge e também Guillevic — do hábito "de perambular sonhadoramente ou sistematicamente no *Larousse* e no *Littré*, e de às vezes tratar o dicionário comum da língua como um catálogo de ecos: ecos semânticos dos sinônimos e dos derivados, ecos aliterativos que atuam sobre os começos"[16]. Um exemplo palpável do aproveitamento desses ecos se vê nas listas que surgem em vários momentos da escrita, quando as associações entre os elementos das listas podem se dar pelos três modos mencionados — sinonímia, derivação, aliteração.

A referência a procedimentos que têm a ver com a reescrita no texto leva diretamente ao setor dos arquivos da obra de Ponge. De modo bastante generalizador e portanto igualmente apenas aproximativo, diz-se que sua obra tem um primeiro momento em que os textos, além de serem na maioria de menor extensão, são acabados. Num segundo

[15] COLLOT, Michel. Op. cit., p.
[16] Id., p. 11.

momento, os textos se compõem pela própria exposição de seu processo de escrita. Dentro desse segundo momento, é possível ainda distinguir os textos que expõem esse processo na redação propriamente dita, às vezes como um diário comentado da escrita, às vezes simplesmente com o acúmulo dos manuscritos transcritos em seu conjunto, quando o texto é apenas o conjunto da sucessão de manuscritos. Na primeira dessas subdivisões se inclui, por exemplo *La rage de l'expression,* enquanto no segundo estaria *La table.* Seria possível ainda separar um outro tipo, o de livros compostos com textos de épocas muito diferentes que foram se acumulando nos arquivos, textos às vezes acabados, às vezes incompletos, como é o caso de *Pratiques d'écriture ou l'inachèvement perpétuel.* A propósito de toda essa situação Martel, justamente no estudo sobre "inventário e invenção" já mencionado, fala da "fronteira especialmente porosa entre arquivo e texto", havendo casos em que, segundo ele, o poeta teria preferido os arquivos ao texto. Nesse plano, de fato, texto e arquivo podem chegar a se tornar inseparáveis, o que exige, portanto, para a leitura do texto, uma leitura dos arquivos. Em última instância, muitos dos "textos" (entre aspas necessariamente) pongianos são uma questão de edição, ou seja, no caso, uma exploração dos arquivos, tanto que alguns desses textos já têm mais de uma edição, havendo naturalmente divergências entre os editores.

Ao estabelecer uma distinção entre trabalhos filológicos em que se tem os originais (a filologia do original presente) e aqueles em que não se tem (a filologia do original ausente), Ivo Castro aventa uma terceira situação, a de uma filologia do escritor presente. Neste caso o escritor assumiria a função não apenas de preservação de sua documentação, mas de sua exploração, quando então estaria transformando o arquivo em escrita. O exemplo oferecido provém de Fernando Pessoa. Ivo Castro cita o *Guardador de rebanhos*, de Alberto Caeiro, em que houve um ato de escrita do texto, um ato do relato da gênese do texto e um ato de arquivamento de todos os rascunhos e planos. Pergunta o filólogo: "Não teremos aqui um autor a usar o espólio como modificador do sentido do texto?" Mas vai adiante e levanta uma, para ele, suposição: "O único risco que vejo nesta filologia do escritor presente virá daqueles autores que, gostando tanto da possibilidade de serem eles a organizar os espólios e a cristalizar os textos, se deixem levar pelo caminho de já não escreverem obras literárias, mas antes os respectivos *dossiers* genéticos"[17]. Ora, esse risco foi assumido por uma obra como a de Ponge. É necessário observar, no entanto, que evidentemente não se trata, no caso, de "não escrever obras literárias", mas sim de escrever (e ler) obras literárias em cuja produção estão integradas questões e mesmo práticas de coleção, classificação, ordenação como as que aqui vieram sendo referidas. Da enciclopédia de coisas, passando pelo trato com os dicionários, entra-se num arquivo de textos — e de textos em todas as suas etapas. E aí não se tem uma mera circunstância, mas um projeto literário que se desenvolve e se expõe ao longo da obra de Ponge, quando editar se confunde então com escrever. Ponge chegou mesmo a deixar ou a transferir essa função para outros editores, às vezes parcialmente, mas às vezes integralmente. Não se trata de o escritor ser o filólogo de sua própria produção, mas de transformar em escrita procedimentos que têm a ver com a edição. Se o trabalho do filólogo atua externamente sobre o texto, o que o texto pongiano oferece é um arquivo que é produto da própria elaboração textual.

[17] CASTRO, Ivo. A fascinação dos espólios. *Leituras*. Revista da Biblioteca Nacional. Lisboa, outono 1999, nº 5, p. 166.

Seria possível lembrar aqui situações similares presentes em outras produções artísticas contemporâneas, como trabalhos plásticos, por exemplo, que se dão por acúmulo de materiais ou que implicam intervenções do espectador.

Num dos textos do período final de Ponge há uma bela síntese de algumas dessas questões. Trata-se de *L'Écrit Beaubourg*, de 1977, texto produzido por encomenda para a inauguração do centro Beaubourg em Paris. Não é de estranhar a afinidade, pois afinal se trata de um novo museu de arte moderna, com novos projetos tanto de coleção quanto de exposição; e além disso se trata ainda de um conjunto em que convivem espaços dedicados ao cinema e à música contemporânea, bibliotecas e arquivos; e sobretudo se trata de uma obra arquitetônica que explora a exposição de seus componentes. Nesse modo sumário de referir o centro já se encontram vários dos elementos recorrentes nos procedimentos de Ponge. E não são naturalmente casuais as várias referências em *L'Ecrit Beaubourg* a canteiro de obras, tanto o do centro quanto o da produção pongiana. De modo ainda mais específico, há várias menções à escrivaninha em que se acumulam os elementos do texto. E há ainda citações de outros autores, inclusive do dicionário de Littré, dados ligados às circunstâncias de escrita, como horários, retomadas de fragmentos anteriores, e assim por diante.

Ponge começa seu *Écrit Beaubourg* com duas palavras: "monumento e instituição, eis uma grande coisa útil; eis uma grande ideia alojada". As duas palavras iniciais têm a ver tanto com seu trabalho literário, por via de suas relações com a tradição, corporificadas na inscrição, quanto com a constituição do novo museu, associação que a seguir refere "uma grande ideia alojada", ou seja, a concretização que se dá naquele prédio determinado, que não é então apenas um espaço, mas um espaço-ideia (e aí leva em conta sem dúvida a nova proposta daquele espaço). É com essas noções que lida o texto, que ainda em seu começo diz que "aqui se trata de uma inauguração literária". A afirmação pode referir-se tanto ao texto, um texto para a inauguração, ou mesmo um texto que está se inaugurando, quanto à inauguração do Beaubourg, para a qual se está produzindo aquele texto. Logo em seguida, lê-se:

> O fato é que, a partir da solicitação de que fomos objeto — nós, a língua francesa como eu a pratico, e eu portanto, tal como sou conhecido — e sobretudo a partir do instante bastante decisivo de nosso encontro físico com o canteiro de obras Beaubourg —, surgiu em nós a intuição, logo confirmada por nossas leituras sobre o histórico do empreendimento, que poderíamos, minha prosa e eu, sem de modo algum infringir os princípios e métodos de nossa conduta, interessarmonos por tal (no sentido forte), ou seja, fazer disso, vida e obra confundidas, nosso próximo dever.[18]

Assim, o texto para a inauguração é produzido pelo autor e também pela própria língua francesa, assim como é o autor e é também a língua francesa que se encontram fisicamente com a produção, o canteiro de obras, do Beaubourg. A ênfase no texto como produto da língua, portanto de uma história e de um trabalho, é ainda reforçada pela aproximação com o canteiro de obras, como espaço de produção. Provavelmente é no sentido dessas inter-relações que ele fala de inauguração literária, opondo-se, como diz o próprio texto, a qualquer ideia de um monumento acabado e preferindo a noção de movimento — e para essa oposição recorre a um

[18] PONGE, Francis. *L'Écrit Beaubourg*. Paris: Centre Georges Pompidou, 1977, p. 12.

neologismo (*moviment*), de modo a inserir a noção na própria linguagem, então em movimento, em inauguração. O projeto Beaubourg vai ao encontro do projeto pongiano. E é assim dentro da noção de *moviment* que Ponge se refere a "ousar só ousar mostrar a manutenção, à medida que se dá a construção, de seus *andaimes*, em toda sua complexidade" ou ainda a esses espaços de "exposição, justaposição, oposição, coleção e redistribuição" — tal um *Escrito Ponge*.

A ESPREITA

Sebastião Uchoa Leite tem uma obra que integra a atividade crítica, a de tradução e a poesia. Seus ensaios estão reunidos nos livros *Crítica clandestina* (1986) — cujos textos se dedicam majoritariamente a questões literárias e no qual se encontra, por exemplo, um importante estudo como "Máquina sem mistério: a poesia de João Cabral de Melo Neto" — e *Jogos e enganos* (1995), em que predominam alguns textos dedicados a outras linguagens, como a história em quadrinhos e o cinema. Em sua atividade de tradutor, Sebastião Uchoa Leite é o responsável pela excepcional tradução de obras como *Alice* de Lewis Carroll e a poesia de François Villon.

Nessa tripla atuação, a poesia, porém, ocupa sem dúvida posição central. O trabalho poético de Sebatião Uchoa Leite foi reunido no volume *Obra em dobras* (1989), que acolheu o que até então era sua obra completa, os livros *Dez sonetos sem matéria* (1960), *Dez exercícios numa mesa sobre o tempo e o espaço* (até então inédito), *Signos / gnosis e outros* (também inédito), *Antilogia* (1979), *Isso não é aquilo* (1982) e *Cortes/toques* (inédito). A esse volume seguiram-se os livros *A uma incógnita* (1991) e *A ficção vida* (1993).

O livro de poesia mais recente de Sebastião Uchoa Leite, *A espreita* (São Paulo: Perspectiva, 2000), insere-se, portanto, num rico contexto bibliográfico, acima exposto sumariamente. Certamente há elos ou pelo menos aproximações entre os vários setores desse contexto, mas é claro que as interligações mais óbvias para a *A espreita* se verificam com a própria obra poética. Todavia, se há interligações, há também distinções bem claras. A primeira, e provavelmente maior delas, talvez seja a que se dá entre os dois grandes momentos em que sua produção poética pode ser dividida. Há o conjunto composto pelos livros anteriores a *Antilogia* e a sequência que se inicia com este livro. Essa distinção, aliás, foi mencionada pelo próprio poeta em recente entrevista (revista *Cult* de abril deste ano). Se essa divisão não constitui uma ruptura radical, ver os elementos que predominam em um e outro momento pode constituir uma boa forma de começar a perceber não só a divisão propriamente dita, mas o percurso mesmo da produção poética de Sebastião Uchoa Leite.

Os livros do primeiro momento estão claramente ligados a uma dicção de caráter mais elevado, sendo marcados por um caráter reflexivo; se exploram formas fixas, são também caracterizados pela concisão, pela presença de elementos concretos, por um discurso despojado, concentrado. No segundo momento, intervém uma carga de humor corrosivo, o desenvolvimento reflexivo se muda em apreensão sintética, lapidar, as formas são as que nascem com a construção de cada poema.

Todavia, se estas são diferenças num plano amplo, no mesmo plano podem ser verificadas linhas de continuidade. A mais flagrante é a ironia, não somente como ponto de vista, mas, mais estruturalmente, como elemento construtor de uma poética. Ao lado desse grande traço comum, não será inútil detectar, por exemplo, que "espreita", que aparece no título deste último volume, aparecia num poema, "Outro espelho", do livro *A uma incógnita*. Essa pequena ocorrência pode ser considerada como sinal de uma série de interligações que vão desenhando a organização de uma obra. Assim, entre aproximações e distinções, entre grandes traços e pequenas ocorrências, pode-se lembrar o que Sebastião Uchoa Leite estabelece a propósito de Villon (no ensaio "O paradoxo da tradução poética", incluído em *Jogos e enganos*), quando fala de seu "pequeno jogo", ou seja, do aspecto linguístico e semântico, e seu "grande jogo", as correntes temáticas, as grandes dominantes no plano das concepções. Valeria a pena lembrar alguns aspectos do "pequeno jogo" na poesia de Sebastião, que talvez não seja enfocado com a mesma frequência que seu "grande jogo". (Seu "grande jogo" se insere na "tradição da negatividade", radicalizada neste *A espreita*, como analisou Luiz Costa Lima, ao resenhar o livro na *Folha de S. Paulo,* em 9 de abril de 2000).

De início, os próprios títulos de seus livros podem ser indiciadores de um procedimento. Um procedimento constante de deslocamento, de rupturas, de estranhamento entre elementos aparentemente próximos. Já diante de *Dez sonetos sem matéria*, pode-se indagar sobre qual o referente de "matéria" — uma indagação que circula entre o soneto voltado para excursos reflexivos e o que vem a ser o objeto de fato do soneto. No livro seguinte, *Dez exercícios numa mesa sobre o tempo e espaço*, o que salta à vista é o choque de proporção que se estabelece entre o circuito reduzido de uma mesa e a amplitude da questão (e sua reflexão) que sobre ela se coloca. Em *Signos / gnosis*, há de início o claro jogo anagramático que põe em tensão duas noções distintas.

Passando para o momento seguinte de sua produção, em *Antilogia* há quase um mero jogo de palavras. Na medida em que se trata de poesia, o campo semântico inclui naturalmente o termo "antologia", constituindo "antilogia" um estranhamento. Um estranhamento apenas inicial, até o leitor se dar conta de que o título apropriadamente não se refere a uma reunião de poemas, mas a um procedimento de raciocínio, que por sua vez é exatamente o procedimento que permite tal título. Em *Isso não é aquilo*, o título se põe em diálogo contrapositivo com o título de um poema de Carlos Drummond de Andrade, "Isso é aquilo", do livro *Lição de coisas*. A negação do título de Sebastião Uchoa Leite talvez possa ser lida de início em relação ao próprio título de Drummond, mas se aplica enfaticamente ao próprio livro que intitula, na medida em que o abarca fisicamente — cada elemento do título intitula uma seção do livro; o título se distribui pelo livro. No título seguinte, *Cortes / toques*, talvez seja menos enfático o procedimento que ocorre nos outros; no entanto, o primeiro termo desse título, "cortes", define um elemento importante nos poemas de Sebastião Uchoa Leite, um procedimento em nível da fatura, ligado à elaboração de seus versos, tanto no sentido de como os versos e estrofes se separam, quanto no sentido de como certos desenvolvimentos temáticos são redimensionados pela brusca interferência de elementos irônicos. No livro seguinte, *A uma incógnita*, pode-se ler o título como uma forma dedicatória, que causaria estranheza por se tratar de dedicatória sem conhecimento de quem a recebe; no entanto, se se tomar "incógnita" como elemento de um cálculo, a estranheza cresce na medida em que a dedicatória se faz ao motor de um raciocínio — e pode-se ver isto ecoar no verso de um dos poemas do livro, "Noética sem ideias" (do poema "A se stesso"). Em *A Ficção Vida*, a estranheza se dá na associação mesmo desses dois termos, que se poderia ter como excludentes; na associação dos dois, isoladamente ou em conjunto, com um livro de poemas. As três partes do livro — "Incertezas", "Informes" e "Anotações" — apontam para os elementos da vida que invadem o espaço do poema, enquanto a ficção estabelece a crítica de uma compreensão simplista dessa invasão do poema, sem dúvida elaboração ficcional que lê incertezas, informes e anotações emitidos pela vida.

Por fim, o novo título, *A espreita*, aparentemente não proporia situações como as dos títulos anteriores. Todavia, haveria uma expectativa, a de que se tratasse da locução "à espreita". A respeito disso, em sua introdução ao livro, João Alexandre Barbosa comentou: "é possível dizer que não é um poeta *à espreita*, mas uma poesia *de espreita*, isto é, uma poesia que existe, ainda existe, por entre as frestas da história de desastres e ruínas que é a da poesia depois de Celan, de Trakl (...)". A espreita é um fato, mais que uma atitude.

Na apresentação de *A Ficção vida*, Duda Machado expõe algumas características do "processo de composição" da poesia de Sebastião Uchoa Leite que têm a ver, às vezes mais, às vezes menos, com o "pequeno jogo" de que aqui se procura ocupar. São estas as características: "recusa crítica do eu lírico" (com o desmantelamento de discursos líricos e elevados), a crítica à metáfora e recusa da melodia. Essas características persistem em *A espreita*. Se a estas naturalmente se podem acrescentar outras, em diferentes níveis da composição dos poemas, fiquemos, porém, com a última referida por Duda Machado, a recusa da melodia. É claro que se trata aí da melodia melodiosa, cantante. De qualquer modo, se há essa recusa, há também uma relação com a música.

Em *A uma incógnita*, encontram-se pelo menos três poemas relacionados, de um modo ou de outro, com música: "Variações Goldberg", "Discos e ruídos" e "Thelonius Monk". No primeiro, que toma como título o da peça de Bach, logo de início há uma referência a alma, mas longe de alguma incursão espiritual, o poema a aproxima da materialidade dos novos meios de reprodução sonora, o *laser*. No segundo poema, são mencionados dois compositores, César Franck e Schubert, bem como o título de uma obra deste, "Der Tod und das Mädchen"; ao lado de uma sucessão de inversões e rebaixamentos, há a repetição, no corpo do poema, do "ruídos" do título, quando todo impulso transcendente é posto em colisão com a mera materialidade precária da forma de reprodução sonora. Já no poema "Thelonius Monk" há uma evidente adesão ao músico homenageado, definido em termos que buscam a exatidão, a "precisão", como ocorre no próprio poema, a ponto de o poema recorrer à caracterização por meio da geometria que aí é aplicada à música: "Secções cônicas melódicas / Geometria (desarmônica)". No caso de *A espreita*, encontram-se dois poemas ligados a música, que se poderia dizer que compõem um diptico, pois estão em sequência e o título do segundo dá continuidade ao do primeiro: "Sobre o 'Falstaff' de Verdi" e "E de Arrigo Boito". Aí nada de referência à música propriamente dita, mas a imagem do compositor e o texto do libretista se prestam para eleger a burla como tema dos poemas.

A referência à questão da música nesses poemas desses dois livros permite lembrar a recorrência de vários elementos ao longo da produção de Sebastião Uchoa Leite, o que pode ser lido como um dado importante da sua pequena máquina (pequeno jogo) de derrisão. No poema "Thelonius Monk", a referência a "toques" permite que se lembre o título de outro livro, *Cortes / toques*, onde então se pode ler o segundo termo do título com o acréscimo de significado proveniente do poema dedicado ao pianista. Em outro poema de *A uma incógnita*, "Máquina", nos dois primeiros versos (Máquina de signos / Gnosis de si mesmo) ocorre justamente, de um verso para outro, o título de outro livro, *Signos / gnosis*. É ainda a referência à questão da música que permite lembrar outro elemento constante da poesia de Sebastião Uchoa Leite: a presença da alta cultura, mesmo que apenas para servir de ponto de apoio para destilar venenos, o que, no entanto, seria uma simplificação; na verdade, há toda uma rede de citações e alusões que fazem parte não apenas do percurso do pensamento tramado às vezes em breves poemas, mas de todo o universo intelectual do poeta. Além de Verdi e Boito, em *A espreita*, ocorrem (para ficar apenas no caso mais explícito de nomes mencionados) Celan, Adorno, Wittgenstein, Trakl, Vallejo, Elizabeth Bishop, Dylan Thomas, Shakespeare, Baudelaire, Kilkerry, William Blake, Gottfried Benn, Augusto dos Anjos. Servirão muitos desses nomes para o mesmo que a música; no caso dos seis últimos autores citados, o que se tem na verdade é uma invocação aos seus vermes. Com isto o poema "Vermes", que encerra *A espreita,* lembra o poema final de *A uma incógnita* : "Digam ao verme / Que eu guardei a forma / E a essência felina / Dos meus humores decompostos".

Por outro lado, estes dados, a música e a alta cultura, estabelecem por contraposição uma certa peculiaridade, na medida em que essa área culta se associa ao rebaixamento, ao humor, à irrupção da vida cotidiana. Este último espaço se relaciona de imediato, no plano do pequeno jogo, com os poemas que seriam concisos, de linguagem simples e direta, quase meras anotações, ainda que quase sempre ácidas.

Em suma, uma dimensão prosaica, em todos os sentidos, é a face mais visível dessa poesia. Mas a coisa não é muito bem assim. Essa aparência se produz a partir de minuciosas elaborações, que sustentam as elaborações do grande jogo (culto). Quando Adolfo Montejo Navas (em texto incluído em *A espreita*) fala em mudança de tom entre as duas partes do livro, pode-se entender por tom algo que se produz substancialmente no plano da expressão nos elementos concretos do poema — sua estrutura sintática, sua organização fônica, etc. (e não apenas uma mudança de temática ou de ponto de vista). Os vários elementos recorrentes na obra poética de Sebastião Uchoa Leite (como uns poucos acima referidos) demonstram a ampla organização em que essa obra se produz (e que não será naturalmente a mesma dos primeiros livros, organizados rigidamente a partir de princípios externos).

Os poemas de *A espreita* são compostos, salvo uma só exceção, por uma única estrofe. A maioria deles se apresenta em versos extremamente breves — há numerosos versos de uma única palavra; aliás em praticamente todos os poemas há pelo menos um verso de uma única palavra. Esses dados já caracterizam um aspecto rítmico. A sequência sintática é de hábito fraturada por claras descontinuidades ou por indecidibilidades. Veja-se este trecho do primeiro poema do livro, "Eros cruel": "Semicerrados / Olhos os / Cabelos lábios / Semi-abertos". Além do *enjambement*, há um isolamento sintático no caso de "cabelos". No poema "Esqueleto", ao verso inicial, composto de uma enumeração, sucede, no segundo verso, uma frase verbal, a que se sucede nos versos seguintes outra enumeração, que, por mais extensa, deixa abandonada, quase esquecida, a sintaxe proposta pelo segundo verso: "Temporal vírus asteróide / Tudo faz parte disso / Nossos esqueletos molhados / Skeletón / Radical combinatório / Chave-mestra / O corpo / De onde fluem / Essas águas secretas".

No plano da microcomposição, ressalta a rede de aliterações, verdadeiras armações a sustentar a organização dos poemas. No poema "Duas sombras reflexas", os últimos versos se sucedem num atropelo de "v" como que realizando a especulação de que fala um dos versos: "No vidro em viés / Outros veículos / Especulados / Deslizavam ao inverso / Noutro vértice / De sombra". No poema "Dentro / fora: Rio de Janeiro", uma sucessão de "p" acentua o andamento de três versos: "A rua pétrea / De pedestres / Com pressa". Mas a organização nesse plano pode ser mais complexa. No poema "Agulha", o segundo e quarto versos são compostos cada um por uma única palavra e além disso constituem uma rima preciosa: "Para" e "Para" (preposição e verbo). O poema apresenta ainda outra rima, entre o verso cinco e o 11º. — "Olha a agulha mais fina" e "Que se afina", rima que por sua vez rima conceitualmente com o tema do poema. O poema ainda apresenta situações como a destes dois versos: "Vida se esva- / Indo". A quebra do verbo "esvaindo" cria o verbo "indo", que acentua o sentido de "esvair"; o "v" se reduplica em "vida" e em "esva-", a nasalidade de "indo" ecoa a nasalidade de "fina" e "afina". E estes na verdade são apenas alguns dos elementos, nesse nível, que armam o poema. Por fim, no poema "Método", o último verso diz: "Mas o ar do respirar", quando a coisa referida ocorre na forma das palavras empregadas. A própria noção da evidência desses procedimentos chega a ser explicitada nessa poesia, como no poema "Outra visão do paraíso", cujos três versos iniciais dizem: "Anda / Nada / Pobre périplo anagramático". Qualquer possível impulso de grandiosidade é reduzido à constituição das palavras, que é o que dá margem ao poema.

Esses aspectos de um livro como *A espreita* ressaltam que se está diante de um livro inserido num processo poético marcado por um método. Este vem a ser o de procurar a poesia contra seu desgaste, contra sua ilusão. Daí o vigor de sua ironia radical. A poesia de Sebastião Uchoa Leite claramente dialoga com a poesia modernista, mas sem retomá-la de forma simplista; dialoga com o construtivismo concreto, sem se valer de moldes; dialoga com os nomes da alta cultura, sem se render ao fascínio fácil. As gerações novíssimas têm muito o que ler nessa poesia de um dos melhores poetas brasileiros de hoje. Muitas vezes construindo poemas a partir de elementos em princípio não rentáveis para a poesia, como de resto ocorre em boa parte do conjunto dessa obra, *A espreita* é um livro em que desponta aqui e ali (graças mesmo aos elementos objetivos de sua elaboração e em meio a seu universo prosaico) o enigma (mas sem devaneios, sem "aranhas metafísicas"), e este é objeto de uma espreita num mundo absolutamente contemporâneo. O enigma muitas vezes se traveste de jogo, *puzzle*, incógnita, mas sempre, "mélange adultère de tout", cruamente, anima uma poesia que em suas várias dimensões acicata o leitor, com engenho.

RESENHA DE UMA TRADUÇÃO DE FRANÇOIS VILLON

EM UMA CONFERÊNCIA DE 1937 SOBRE "VILLON E VERLAINE", Valéry adverte mais de uma vez sobre os problemas das aproximações entre vida e obra. A certa altura diz: "Acrescento que o sistema Villon e Verlaine, essa relação aparente e sedutora de dois seres excepcionais com que vou entretê-los, embora capaz de sustentar-se e fortificar-se bastante por certos traços biográficos, enfraquece-se ou desloca-se em sentido contrário se quisermos aproximar as obras como se faz com os homens". Apesar da ressalva, as aproximações entre vida e obra dos dois escritores estão presentes na conferência, o que ressalta de observações como "A vida de François Villon é, como sua obra, bastante tenebrosa em todos os sentidos dessa palavra. Existe muita obscuridade em ambas e no próprio personagem". Em outro trecho, Valéry diz que o que ele faz nessa conferência é exatamente o que ele em geral critica muito: "Acho — este é um de meus paradoxos — que o conhecimento da biografia dos poetas é um conhecimento inútil, se não prejudicial, ao uso que se faz de suas obras e que consiste no prazer ou nos ensinamentos e problemas da arte que delas retiramos".

Na verdade, as aproximações mencionadas acima se impõem, não só a Valéry, mas a todo leitor, no caso, de Villon.

E o caso Villon é bastante especial. Sua biografia efetiva ou as lendas que passaram a compô-la exercem grande fascínio. No entanto, o Villon que hoje se tem disponível para leitura é evidentemente resultado de um enorme trabalho de erudição, de pesquisa histórica, de filologia, de crítica textual. Seria uma simplificação, portanto, supor que a leitura de Villon dispensaria o contexto histórico, até mesmo porque boa parte de sua produção está evidentemente relacionada com incidentes de sua biografia. Assim, a traição que Valéry faz a seus princípios é em certa medida inevitável. Lembremos ainda que esse contexto histórico requisitado será também o das formas poéticas. Michel Butor, no estudo "Prosódia de Villon", aborda de modo minucioso e exclusivo as relações entre os sistemas rímico e estrófico de Villon, mostrando que "Villon é certamente o mais 'gótico' de todos os poetas de seu tempo; ele acentua mais que qualquer outro a solidez de sua arquitetura estrófica". Esse aspecto "construtivo" da obra permite a Michel Butor observar que "de todas essas análises, ressalta uma imagem do poeta bem diferente daquela que corre nossos cabarés. Trata-se de uma obra erudita ao extremo, o que não a impede, tanto quanto a de Rabelais, de ser paródica e burlesca, carnavalesca, e não nos permite de modo algum recusar seu valor autobiográfico".

François Villon nasceu em Paris em 1431. Depois de estudar na Universidade de Paris, esteve envolvido em vários casos de roubo e num episódio em que feriu mortalmente um padre. Preso várias vezes, chegou a ser condenado à morte, mas teve a pena comutada em banimento da cidade de Paris. A partir de 1463 não se tem mais notícias dele, não se sabendo o ano de sua morte. A primeira edição de sua obra saiu em 1489. E dessa obra, vários poemas, seja dos mais líricos seja dos mais sarcásticos, estão entre os mais conhecidos da literatura ocidental. Além de numerosos trechos do "Testamento", podem ser mencionadas algumas baladas, como a "Balada das Damas do Tempo Ido" ("Dizei-me onde, em qual país, / Anda Flora, a bela romana"), a "Balada para Rezar a Nossa Senhora" ("Senhora dos céus, terrena regente, / Imperatriz dos charcos infernais"), a "Balada da Gorda Margot" ("Se amo e sirvo a dama de bom grado, / Pensareis que sou vil e cabeçudo?"), a "Balada do Concurso de Blois" ("Morro de sede quase ao pé da fonte, / Quente qual fogo, mas batendo os dentes") ou a "Balada dos Enforcados" ("Irmãos humanos que ainda viveis, / Não sejais corações endurecidos"). Todavia, não tão conhecida quanto as outras, a balada que fala das línguas invejosas talvez seja das mais exemplares da poética de Villon.

As questões postas pela lírica de Villon — a relação da obra com dados incertos da biografia, a mescla entre forma erudita, os temas da tradição, os episódios infames, a linguagem rebaixada, o personagem de contornos imprecisos que surge a partir dos poemas — são não somente o que a vivificam e a tornam duradoura, mas também o que a tornam desafiadora e intrigante tanto para seu próprio tempo quanto para o nosso. No caso de sua tradução, todos esses elementos são realçados. E o foram no caso do excepcional trabalho de tradução realizado por Sebastião Uchoa Leite e agora reeditado (*Poesia*, de François Villon. Organização e tradução de Sebastião Uchoa Leite. São Paulo: Edusp, 2000). Há uma evidente afinidade (via ironia, sarcasmo, rispidez, aridez, e o que mais) entre a obra poética do tradutor e a de Villon. Todavia, esse complexo trabalho de tradução naturalmente não se produziria apenas graças a essa afinidade. A esclarecedora introdução e as minuciosas notas do tradutor revelam a carga de conhecimento especializado que empresa de tal porte exige. A massa de informações operacionalizadas e a perícia de tradução resultaram num trabalho que se insere no percurso das raras obras traduzidas que podem adquirir vitalidade na literatura com que passam a conviver. A toda essa situação, porém, preside uma noção de tradução. Ela pode ser depreendida não somente a partir do resultado mas também, em certa medida, da introdução ao trabalho. Todavia, o tradutor, posteriormente à primeira edição de seu trabalho, publicou um estudo intitulado "O Paradoxo da tradução poética. Notas sobre o pequeno e o grande jogo na poesia de François Villon" (incluído em seu livro *Jogos e enganos*). Enquanto na introdução à tradução, cuida-se de apresentar a obra de Villon, nesse estudo posterior o tradutor se detém especificamente sobre questões da tradução. Se não se estende preponderantemente sobre questões teóricas relativas a uma noção de tradução, discute o texto de Villon tendo em vista o trabalho de tradução a ser executado para dar conta desse texto. Sebastião Uchoa Leite desenvolve uma microanálise de várias passagens do texto de Villon, descendo a numerosas minúcias que exemplificam as dificuldades oferecidas, o trabalho desenvolvido e as soluções propostas. Naturalmente do conjunto de dados apresentados e de seu comentário depreende-se, se não uma teoria, uma posição crítica consistente em relação à tradução.

No que toca à concepção de tradução, dado importante é a informação, nesta reedição, de que o tradutor introduziu modificações neste novo texto da tradução. Essas modificações não são de grande monta, no sentido de que não alteram grandes extensões de textos, nem trazem mudanças substanciais decorrentes de alteração da concepção de tradução. Trata-se, porém, de modificações em consonância justamente com a noção de tradução exposta pelo estudo e que se depreendem do trabalho realizado. As modificações, que em alguns casos podem se resumir apenas a acréscimo ou eliminação de uma vírgula, são, no entanto, em número considerável. Ocorrem na maioria dos poemas. Chegam a se constituir em substituição de palavras, em inversão na ordem de frases. Naturalmente o objetivo das modificações foi o de melhorar o texto traduzido, o que se efetiva com a busca de uma palavra que capte melhor o sentido da palavra original, com a eliminação de artigos que tornem o verso metricamente mais cerrado, e assim por diante. Na primeira estrofe do "Legado", o verso "Que ouvir conselhos é prudente" passa a "Que pensar bem é mais prudente"; na segunda estrofe, o verso "Veio-me a vontade de romper" passa a "Veio-me o anseio de romper"; na terceira estrofe, o verso "Decidi. E a coisa foi feita" passa a "Decidi. E a ação foi feita". Na "Balada da Boa Doutrina", o verso "Vestidos, pregas femininas" passa a "E muitas outras vestes finas"; na estrofe CLIX do "Testamento", os versos "Que tisna os mortos (é concorde"; / Evitai o perigo que morde", passam a "Mancha os mortos, há quem discorde? / Evitai esse mal que morde".

O próprio texto de Villon, como todo texto, passou originalmente por tais modificações, que em sua produção serão certamente suposições, mas que no trabalho de edição de sua obra ao longo dos séculos surgem como decorrência do estudo dessa obra. As oscilações entre diferentes lições do texto têm equivalente (e continuidade) nas traduções que se sucedem, sobretudo se essas traduções são norteadas por princípios que encaram a tradução não apenas como uma transposição possível de elementos de determinado texto, mas como leitura criativa. Em seu estudo "O paradoxo da tradução poética", Sebastião Uchoa Leite, depois de afirmar a tradução como crítica e, portanto, como interpretação, sendo então a tradução uma forma de leitura do texto, "a leitura mais atenta a suas peculiaridades menos transparentes", afirma que "No caso da tradução enquanto interpretação, cada tradução é uma variação de um mesmo objeto". Essa variação tem, é claro, afinidades com as variantes que um texto apresenta ao longo de sua vida (seja durante seu processo de produção, seja durante sua vida pública, via cópias ou edições).

Assim, na vida do texto, a tradução tem participação como criação de texto, no sentido em que Henri Meschonnic, em sua poética da tradução, fala da tradução-texto, ou seja, que traduzir um poema é um escrever um poema, numa relação intertextual. A obra de Villon pode ser encarada como um processo — que Butor aponta como a subversão de aplicar uma forma erudita à linguagem popular (e não como uma deformação popular de uma linguagem erudita) — de exploração das possibilidades líricas, exploração que atravessa os séculos, moderna, problematizadora e renovadoramente (inclusive por meio das traduções, como a de Sebastião Uchoa Leite, que em sua árdua tarefa alcançam seu objetivo — o de se inserir nesse processo).

CD: CABRAL FALANDO

UM DISCO COM A LEITURA DE POEMAS PELO PRÓPRIO AUTOR é antes de tudo um testemunho, no sentido documental. A propósito do lançamento do disco seu e de Carlos Drummond de Andrade, dentro de uma coleção de discos semelhantes lançados pelo selo Festa, Manuel Bandeira em crônica de 27 de novembro de 1955 ("Poesia em disco"), observou: "Inútil é encarecer o valor de tais gravações, sobretudo para o futuro. Imagine-se o que não seria ouvirmos hoje a voz de Gonçalves Dias, a de Castro Alves; ouvir Casimiro de Abreu dizer o 'Amor e Medo'; Fagundes Varela, o 'Cântico do Calvário'!" A seguir, Bandeira refere ter ouvido Bilac, observando que ele "dizia admiravelmente (ouvi-o em 'Dentro da noite' e na tradução de 'O Corvo' por Machado de Assis)". Assim, a leitura como a que se encontra no cd *João Cabral de Melo Neto por ele mesmo* é importante documento, tanto pela seleção que o autor fez dos poemas para ler, como pelas possíveis marcas peculiares que o autor imprimiu à leitura — ênfase em determinadas palavras, pausas maiores ou menores, e assim por diante — e que podem constituir pelo menos indícios para algum tipo de compreensão ou de interpretação dos textos. Nesse sentido,

Manuel Bandeira, na mesma crônica, observa: "A voz do poeta, seu jogo de inflexões, seu acento de emoção nesta ou naquela palavra podem esclarecer muita coisa que no poema nos parece obscuro, hermético. De minha parte, posso dizer que só compreendi em maior profundidade os poemas de Eliot e de Dylan Thomas depois de os ouvir recitados por eles próprios".

Quase como um parêntese, é ainda de se notar que a leitura pelo próprio autor pode até mesmo ser testemunho não em relação à obra, mas em relação à própria pessoa do autor; isto se dá quando, por exemplo, se percebe que a voz que lê tem algumas características que permitem identificá-la como a de um homem maduro, enquanto outra gravação, feita anos depois, revelará a voz de um homem já envelhecido. Mas são até mesmo algumas dessas marcas humanas que irão contribuir para certos níveis de aproveitamento da leitura.

No caso de João Cabral, há pelo menos um outro registro em disco de poemas de sua autoria lidos por ele mesmo. Também pela gravadora Festa foi lançado um disco em que de um lado estão os poemas de João Cabral lidos por ele e na outra face poemas de Murilo Mendes também lidos pelo autor. Na capa do disco, os dois eram apresentados por um texto de Tristão de Ataíde. Embora sem data, pode-se supor (a partir da data da crônica de Manuel Bandeira mencionada) que o disco date aproximadamente de finais da década de 1950. O disco fazia parte de uma série que reunia em cada disco dois poetas lendo seus poemas — Manuel Bandeira e Carlos Drummond de Andrade, Vinicius de Morais e Paulo Mendes Campos, Menotti del Picchia e Emilio Moura, entre outras duplas. Seria o caso de pensar sobre os critérios da associação de cada dupla. Ou melhor, sobre o que poderia unir ou desunir e em que planos a aproximação ou o distanciamento se dariam. O fato é que essa preocupação aparecia nos próprios discos. O texto já referido de Tristão de Ataíde, apresentando João Cabral e Murilo Mendes, reconhecia diferenças, mas tratava de aproximar os dois poetas (ainda que por meio de generalizações muito amplas). Já o texto de Edgard Cavalheiro estampado na capa do disco de Emílio Moura e Menotti del Picchia logo no início ressalta as diferenças entre os dois poetas, "diametralmente opostos". Mas também é fato que esses comentários se circunscrevem ao plano das obras literárias; seria possível pensar as aproximações e distanciamentos no plano mesmo das leituras. Talvez a comparação das peculiaridades de leitura pudesse ajudar a perceber o que a audição seria capaz de extrair de cada leitura em termos do papel que acaso desempenhassem na compreensão dos textos. No caso de João Cabral e Murilo, seria possível pensar em como são bem distintas suas leituras e em como essas distinções podem ter a ver não apenas com as peculiaridades pessoais, mas com as características da poesia de cada um e com a noção que cada um tem de sua própria poesia.

A gravação do disco de João Cabral recentemente (1999) relançado em cd é posterior à do disco em conjunto com Murilo Mendes. Foi feita nos dias 16 e 17 de fevereiro de 1969, em Barcelona. No disco mais antigo, o número de poemas era bem mais reduzido — apenas 8. No cd, o número de poemas é 18, cobrindo quase todos os livros (a exceção ficava por conta de *Uma faca só lâmina*) até então publicados por João Cabral (o último deles era *A educação pela pedra*, de 1966). A ausência de *Uma faca só lâmina* talvez se possa compreender pela dificuldade de isolar trechos, supondo-se que fragmentos do poema pudessem não ser suficientemente bem percebidos em seu sentido. A suposição encontra apoio no fato de, na sua *Antologia poética*, o poema se apresentar na íntegra, e não por meio de trechos. Já no caso de outros poemas longos, como "Morte e vida severina" e "O rio", o poeta lê trechos dos mesmos.

Há uma situação nessas escolhas que é bastante esclarecedora em termos do entendimento que se deve procurar ter da estruturação do poema. Tal se dá em outro poema longo, "Os três mal-amados". Aí, em vez de ler um fragmento com a sucessão das falas dos personagens, o poeta optou por ler as falas de um único personagem. Com isto salientou o fato de que o poema se compõe de segmentos com duas orientações de leitura — uma, em que os segmentos de cada personagem têm suficiente autonomia, e outra em que ganham novo significado justamente na alternância dos segmentos dos diferentes personagens. Em fases posteriores, essa possibilidade se apresentará de modo mais elaborado e complexo, sendo a base da estruturação mesma dos poemas.

Na leitura de João Cabral, logo à primeira audição percebem-se várias vacilações do leitor — palavras mal emitidas, oscilações entre uma palavra e outra, como se o leitor tivesse perdido o ponto do texto em que estava; tropeços na emissão da palavra; e assim por diante. Mas se o ouvinte tiver os poemas na memória ou se acompanhar a audição com o texto à sua frente, poderá perceber situações que vão além desses pequenos percalços. Assim, em "Os três mal-amados" ocorrem situações em que o texto sofre de fato pequenas alterações. No trecho em que se lê "O amor comeu na estante todos os meus livros de poesia. Comeu em meus livros...", ouve-se "O amor comeu na estante todos os meus livros poesia. O amor comeu em meus livros...". Aí o poeta-leitor repete no início da segunda frase "o amor" que aparece no início da primeira. No trecho em que se lê "o aquecedor de água de fogo-morto mas que parecia uma usina", ouve-se "o aquecedor de fogo-morto mas que parecia uma usina", quando o poeta-leitor omite a palavra "água". Um pouco adiante, onde se lê "Bebeu as lágrimas dos olhos que, ninguém o sabia, estavam cheios de água", ouve-se "Bebeu as lágrimas dos olhos que, ninguém o sabia, estavam cheios de lágrimas", quando o poeta-leitor substitui "água" pela repetição de "lágrimas". Os exemplos são vários. Mesmo que se levantasse a hipótese de aí o poeta estar introduzindo variantes, melhor seria considerá-las como erros tipográficos, ou melhor, como lapsos de escrita, ou melhor ainda, como lapsos de fala. Na verdade, estão aí tropeços de um leitor não profissional, mas são tropeços que também podem ensinar alguma coisa — uma leitura que não se representa como tal e que não foge de certas asperezas.

Voltando a Manuel Bandeira, mas em outra crônica em que também tratou de poetas que leem seus poemas. Em crônica de 5 de janeiro de 1958, intitulada "Discos", Bandeira acrescenta comentários um pouco diferentes: "Não importa que os nosso poetas se tenham mostrado fraquíssimos *diseurs*. Aliás era de esperar. Eles nunca dizem os seus versos, de sorte que quando são postos diante de microfone ficam cheios de dedos, quero dizer de dentes, articulam mal, não conseguem dar ao discurso poético as inflexões exatas." Voltando agora aos tropeços da leitura de João Cabral, que num certo sentido então poderia ser considerado um fraquíssimo *diseur*, etc. A (má) leitura de João Cabral, pela ausência de ênfase elevada, na verdade poderia ser vista como afim com o subtítulo da "Antiode": "contra a poesia dita profunda". Uma indagação talvez não despropositada: seria possível na audição dessa leitura tentar perceber indicações relacionadas com o sistema métrico da poesia cabralina? Referindo-se ao fato de usar na maioria das vezes o verso de oito sílabas, Cabral observa:

> No Brasil, em geral, quando se usa o verso de oito sílabas, se usa sempre com a cesura na mesma sílaba, de forma que a coisa fica cantante. Se você usar o verso de oito sílabas sem uma obrigação de uma cesura interna, você então dá uma aparência de que está escrevendo em verso livre e ao mesmo tempo você se cria uma dificuldade a vencer, que é uma coisa de que eu preciso.[1]

Como se ler esse verso que parece outra coisa que não a que de fato é? Mas talvez isso já seja pedir muito dessa leitura. Talvez os tropeços da leitura criem alguns empecilhos, mas por outro lado são elementos que compõem o tom corrente, justamente a não impostação que essa poesia pede, e por onde se pode começar a aprender alguma coisa sobre ela.

---

[1] Em entrevista publicada na revista *34 letras*, nº 3, Rio de Janeiro, março de 1989.

UM CD: VOZ, MANUSCRITO

A GRAVAÇÃO DE TEXTOS LITERÁRIOS NÃO SE CONFIGURA, EM geral, como um acréscimo à obra do autor, ou seja, não chega a constituir um novo texto. É considerada apenas como mais uma forma de veiculação do texto, que permanece o mesmo, inalterado. No caso específico de gravação feita pelo próprio autor, podem ser levadas em conta algumas peculiaridades. Há a curiosidade pela voz, de modo um pouco semelhante ao interesse que se pode ter pela fotografia de um um autor ou por seu autógrafo. Pode-se, indo um pouco além, ter a expectativa de que a leitura feita pelo próprio autor forneça, pela sua interpretação, orientações para uma percepção mais apurada do texto (e até mesmo mais autorizada, já que do autor), assim como o manuscrito autógrafo tem autoridade (só modificada por outros gestos autorais).

As gravações que João Cabral de Melo Neto fez de seu poemas, numa leitura sem ênfases, quase monótona, é claramente congenial à visão que o autor tem da poesia. Francis Ponge, ao ler seus poemas, tem postura idêntica, e sua visão de poesia não se distancia da de João Cabral. Mas há poetas que se deixam tomar por uma tradição de leitura dominada por um clichê oratório, carregado de ênfases emotivas — e isto se pode ver em poetas de orientações as mais diversas.

Do precário registro de leitura feita por Apolinaire, emerge, em meio a ruídos e à corrosão do tempo, uma voz arrebatada, o mesmo tipo de interpretação que se ouve na leitura que faz um poeta tão diverso como Valéry.

Há situações em que a leitura ultrapassa o mero registro sonoro, carregado ou não de interpretação. Tal se dá quando a leitura de fato modifica o texto, ou estabelece uma forma de compreensão de elementos compositivos do texto. Um exemplo se encontra na leitura que Haroldo de Campos faz de trechos de *Galáxias*. A forma desse texto permite um sem-número de leituras — pela ausência de pontuação, pelas rupturas sintáticas, pelas construções nominais, pelas composições vocabulares, e assim por diante. O ritmo que Haroldo de Campos imprime em sua leitura, um ritmo inevitavelmente significativo, supõe opções interpretativas e oferece ao leitor / ouvinte uma marca autoral.

Na leitura das *Galáxias*, pode-se até mesmo em alguns momentos flagrar minúsculas discrepâncias entre o texto escrito e o falado. Por exemplo, no fragmento "cheiro de urina", a certa altura se lê no texto: "vem bárbara fernandes". Na gravação se ouve: "vem bárbara bárbara fernandes". Já no fragmento "como quem escreve", o trecho que se lê no livro como "quem descer descer descer katábasis" é ouvido na gravação como "quem descer descer katábasis". Com muita probabilidade essas diferenças se devem a percalços da leitura. Mas de qualquer modo pode-se tomar a gravação como uma outra versão do texto, com variantes em relação ao texto impresso.

No caso de se tomar a leitura, a oralização em confronto com o texto impresso, é possível ainda perceber elementos que inicialmente parecem próprios apenas da leitura, mas que na verdade têm equivalentes no texto impresso. Por exemplo, as divisões de versos e as separações de estrofes podem corresponder a pausas nas leituras, mas não sempre necessariamente. Tanto é possível não haver pausas nessas situações como obviamente é possível haver em outros pontos. No entanto, numa poesia como a de e. e. cummings, que se caracteriza pela fragmentação das palavras, não só no verso, mas ao longo de diferentes estrofes, com intercessão de outras palavras entre esses fragmentos, a possibilidade de pausa se torna tão complexa quanto o arranjo das palavras. Assim, é interessante observar na leitura feita pelo próprio autor uma discrepância entre as pausas e ausências de pausas e as divisões dos textos — em momentos em que há uma pausa visual, ele deixa de fazê-la em sua leitura, e vice-versa. De certa forma, a oralização vai em sentido contrário à fragmentação visual (isso fica muito claro na leitura de um poema como "i say no world", de *50 poems*), o que se pode entender como uma orientação para a leitura da dimensão visual ou até mesmo como uma outra versão.

O CD de Augusto de Campos, *Poesia é risco / Risco é poesia*, não se compõe apenas da leitura de poemas pelo autor, com todas as nuances que isto possa comportar. É isto e mais. Em quase todos os casos os poemas lidos são outra lição em relação aos poemas publicados. Em perspectiva semelhante, são traduções entre códigos diferentes. Em suma, a leitura dos poemas não pode ser vista apenas no sentido da apreciação desta ou daquela solução mais bem realizada, pois apresenta uma série de questões que têm de ser levadas em conta para uma percepção mais ampla não só do CD, mas da poesia tal como pensada por Augusto de Campos.

Tomando alguns casos para orientar esta leitura / audição, veja-se / ouça-se logo o poema "pós-tudo". Da audição, considere-se apenas a reprodução oral do texto e já aí se tem fato que chama a atenção. Em relação ao texto impresso, há a introdução do verbo "mudaria", o que acrescenta uma variante extremamente produtiva. Vejam-se em seguida os poemas de Rimbaud que Augusto de Campos traduziu: este se limita praticamente à leitura das traduções (o que não quer dizer que nessa leitura não haja interpetações, que ficam quase sempre, porém, no nível da inflexão vocal). O gesto inventor já fora operado na realização da tradução — qualquer outro que se sobrepusesse talvez pecasse pelo excesso. Daí estas serem as leituras mais "limpas", menos "inventivas" — a invenção já está na tradução.

Antes de passar para outros textos, pode-se lembrar aquela que talvez seja a questão inicial para quem vai ouvir o disco. Em que medida poemas tão essencialmente visuais como os de Augusto de Campos podem ser objeto de leitura sonora? Em artigo recente[1], Flora Süssekind chamou atenção para o fato de que na visualização da forma nos poemas de Augusto de Campos não há apenas a dimensão da espacialização — o fator tempo, antes mesmo deste CD ou dos trabalhos com computação gráfica, já está presente em trabalhos antigos. Na verdade, já no *Poetamenos*, de 1953, em que se aspirava a uma melodia de timbres weberniana e que se apresentava como "texto previsto para 2 vozes-cores, masculina e feminina", a dimensão temporal do horizonte musical estava presente. A constatação se atualiza quando se lembra que o próprio Augusto de Campos, ao comentar *Poetamenos*, em depoimento incluído em *Poésure et peintrie* (Marseille: Musées de Marseille, 1993), lembrava-se todas as associações plásticas ligadas aos poemas, lembrava também sua apresentação pública em 1956 em São Paulo pelo grupo musical Ars Nova e vinte anos depois a oraliza-

[1] "Augusto de Campos e o tempo", *Jornal do Brasil*, 28 de setembro de 1996.

ção de Caetano Veloso, numa gravação em quatro canais. Incidentalmente, lembre-se a recente (1994) composição de Gilberto Mendes "Uma vez uma vala", para quatro vozes, com texto de Augusto de Campos (a partitura se encontra em *Uma odisseia musical*, de Gilberto Mendes. São Paulo: Edusp / Giordano, 1994).

O poema que dá título ao CD, "poesia é risco", comporta a tradução sonora de um elemento visual. Certamente o poema joga com a duplicidade de sentido de "risco", perigo e traço, visualizando a primeira acepção nas letras dispostas verticalmente e cortadas por um traço longitudinal. Na oralização, a simples leitura dos vocábulos constituintes do poema o falsearia por não reproduzir a disposição vertical cortada pelo traço, pelo risco. Na leitura que Augusto de Campos faz no CD, introduz-se um elemento sonoro que funciona como tradução dessa dimensão visual: a longa ênfase nas fricativas, os "s" de "poesia" e "risco", atuam como o som produzido pelo traço, pelo ato de riscar, de arriscar, do objeto riscante, de risco, a poesia.

No poema "tvgrama 1 (tombeau de mallarmé)", há no texto impresso a repetição diversas vezes da letra "t" entre cada palavra do poema e entre cada linha de texto. Na versão sonora, são lidas as palavras, e a letra repetida se transmuda no som de uma batida permanente. Procedimento similar ocorre no poema "cançãonoturnadabaleia", tanto na versão impressa quanto na versão sonora. A letra "m" que se repete entre as palavras e as linhas de texto do poema é traduzida, na versão sonora, por um efeito sonoro que perdura durante toda a leitura do poema, lembrando talvez, por associação, o som do mar, sendo que a partir de certo ponto do poema incorpora-se outro som, como um vago canto que emerge do primeiro efeito sonoro.

Na maioria dos casos, a oralização dos poemas inclui, em sua constituição, a ambientação sonora de Cid Campos, cujo trabalho está longe do mero fundo musical. Trata-se ora de intervenções de efeitos acústicos, ora da composição de peças que se integram aos textos. Assim, num poema como "sos", a noção de circularidade, visível na versão impressa, é alcançada, na oralização, não apenas pela repetição do texto em vozes sobrepostas, mas também pela ambientação sonora. Situação semelhante é a do "poemabomba". E no caso de "cidade/city/cité" a noção de acúmulo caótico das grandes cidades se obtém no texto impresso pela longa tira de palavras que seguem sem espaço, amputadas da repetição da terminação "cidade/city/cité". Na oralização, o efeito é ampliado pela superposição de vozes que repetem (de forma não sincronizada, aumentando o efeito de caos) a sequência de palavras, a que se acrescenta ainda a ambientação sonora, um acúmulo de ruídos desordenados.

Não seria apenas curiosidade lembrar que, no depoimento já referido, incluído em *Poésure et peintrie*, Augusto de Campos comenta que ao criar "cidade/city/cité", em 1963, tinha em mente a introdução do acaso em seu trabalho, a liberdade de John Cage aliada à preocupação com estrutura da poesia concreta. As realizações apresentadas no CD enfatizam em várias direções essa união de estruturação com liberdade. Para cada um dos poemas em sua forma impressa há a possibilidade de várias leituras; com a versão oralizada, somam-se outras tantas leituras — e todas podem interagir. Mas cada texto passa a existir em mais de uma versão, em versões que complementarmente constituem um novo texto. Mesmo com novas tecnologias, mas como manuscritos diversos de um mesmo texto, manuscritos que, com suas rasuras, emendas, acréscimos, substituções, compõem a mobilidade permanente desse texto. Não apenas desmentido a qualquer suposta rigidez, as formas que os poemas de Augusto de Campos assumem correspondem também a concepções em que os textos não são corpos definitivamente estabelecidos, mas elementos de uma cadeia de produção permanente: novos textos, novas traduções, novas críticas.

ANOTAÇÕES PARA LEITURA DE "GOULDWEBERN"

O POEMA "GOULDWEBERN" FAZ PARTE DA SEÇÃO "PROFI-logramas" do livro *Não* (2003), de Augusto de Campos. O poema, como adiante se procura mostrar, é constituído por diversas e diferentes camadas, por assim dizer, relacionando-se, além do mais, com diversas e diferentes áreas da produção de Augusto de Campos, tanto poética quanto ensaística. Assim, na primeira relação — aquela com os outros poemas da seção "profilogramas" —, o poema também se relaciona com outros livros do autor, pois há profilogramas que fazem parte de outros livros. O poema se relaciona ainda com poemas em que se emprega letra assemelhada (no poema "oco", do mesmo livro); com poemas que empregam fotografia (na série dos *Equivocábulos*); com poemas ligados a música ("viventes e vampiros", em *Despoesia*); ou, mais especificamente, com poemas sobre música serial ("dodeschoenberg", em *Não*) e, justamente, sobre o próprio Webern ("hom'cage to webern", em *Vivavaia*). Relaciona-se também com a ensaística de Augusto dedicada à música.

Trata-se de um poema já à primeira vista de difícil leitura, não apenas no nível da interpretação, mas mesmo no que diz respeito à identificação daquilo que está exposto na página, diante dos olhos do leitor. As ligações acima referidas, no entanto, podem funcionar como uma espécie de primeiro desbastamento da dificuldade, pois afinal não se trata de um texto inteiramente isolado; ele está inserido no contexto daquelas relações já referidas. Mas ainda inicialmente também vale ressaltar que "profilograma" — já que *profil* (que em inglês e francês tem a mesma forma) é "perfil" — pode ser entendido tanto a partir da ideia de contorno do rosto de uma pessoa vista de lado (e é essa referência que se tem em um profilograma como "pound / maiakovski", com os perfis superpostos dos dois poetas) quanto o de descrição rápida de uma pessoa (como no caso deste "gouldwebern" e dos outros profilogramas que o acompanham no livro *Não*). A noção de descrição pode servir de indício, mas naturalmente não resume o poema. Neste, há um texto, para o qual se empregou um tipo de letra inusual e que exige uma atenção detida, como que para um reconhecimento letra a letra e para uma decifração do que as letras formam. O texto está sobreposto a uma fotografia, ou mesmo a uma imagem proveniente de um filme ou vídeo. Já temos aí, então, na verdade três camadas, a do texto, a tipográfica, ou seja, a do desenho das letras, e a da imagem. Desde que se consiga uma primeira leitura do texto, isso permite que se acrescente mais uma camada, a musical, pois há menção a um compositor, Webern, a uma peça, Variações para piano, e a sua execução. Esse elemento na verdade já está claro no título, em que o nome do compositor se soma ao do pianista, Gould, Glenn Gould. O elemento também está presente na imagem, mas talvez ela de início seja de identificação menos fácil que a leitura do texto.

Glenn Gould (1932-1982), o idiossincrático e genial pianista canadense, não só gravou as Variações para piano op. 27 de Anton Webern[1], como deixou suas observações sobre Webern:

> É um homem que estava preocupado antes de tudo com a pureza das formas, com a geometria, e que ao mesmo tempo sentia sua música com uma formidável intensidade; os silêncios, as longas pausas de que estão cheias suas obras, não deixam de fazer pensar nos buracos que encontramos nas esculturas de Henry Moore ou nas frases de Harold Pinter. Têm uma prodigiosa carga emocional. Mas é alguém que só encontrou seu verdadeiro caminho muito tarde em sua existência, elaborando uma técnica miniaturista muito pura e muito bela, que fez dele o Samuel Beckett ou o Piet Mondrian da música.[2]

Se a primeira parte do comentário é uma boa síntese, no que toca às comparações a seguir estas envolvem coisas tão distintas que não passam de um esforço de encontrar pontos de contato. A propósito dos textos de Gould, Edward Said chega a dizer que se trata de material "frequentemente exagerado na escrita e mirrado de ideias"[3]. Assim, no caso das comparações acima, ao pensar nos buracos encontrados nas esculturas de Moore, por exemplo, talvez não tenha pensado nos volumes dessas esculturas. Trata-se, enfim, de tentativas de aproximações com vista a dar ideia de alguma coisa, a obra do compositor, sem fazê-lo de modo técnico, mas de modo a possibilitar uma percepção dessa obra no contexto de sua significação, que é com o que se relaciona o poema de Augusto de Campos. Um pouco adiante, no mesmo depoimento, o pianista sublinha alguns outros aspec-

---

[1] *Glenn Gould Edition, vol. 7, Sony Classical.*

[2] GOULD, Glenn. *Non, je ne suis pas du tout un excentrique.* Un montage de Bruno Monsaingeon. Paris: Fayard, 1986, p. 211.

[3] SAID, Edward W. "A performance como situação extrema". In: *Elaborações musicais*. Trad. Hamilton dos Santos. Rio de Janeiro: Imago, 1992, p. 60.

tos que também interessam a essa percepção em contexto: "Vejo na arte de Webern uma abordagem que elimina tudo o que não é absolutamente essencial, que exige uma economia suprema dos meios, e que no entanto produz uma das polifonias mais ricas e mais belas que existem, cujo discurso musical é extraordinariamente direto, e que no entanto contém uma das músicas mais tocantes e mais expressivas jamais escritas".[4]

Webern também tem grande importância para a poética de Augusto de Campos. A começar pela sua série de poemas intitulada *poetamenos* (1953). O conjunto é antecedido por um breve texto em que o autor expõe o projeto que sustenta os poemas: "aspirando à esperança de uma *klangfarbenmelodie* (melodia de timbres) com palavras como em Webern". Adiante, o texto como que reforça a disposição: "reverberação: — leitura oral — vozes reais agindo em (aproximadamente) timbre para o poema como os instrumentos na *klangfarbenmelodie* de Webern"[5]. Esses comentários podem ser vistos como de ordem técnica, referentes à estruturação dos poemas. Assim, a associação com os poemas de caráter construtivo se dá com uma música que tem o mesmo caráter. No caso dos poemas de Augusto de Campos, esse caráter foi muitas vezes relacionado com uma ausência do sujeito, ou seja, com uma ausência de emoção, com uma frieza de cálculo. A impropriedade dessa relação, em especial no caso do *Poetamenos*, não vem de imediato ao caso aqui, mas serve para lembrar alguns pontos do comentário de Gould — pureza das formas, geometria, silêncios. Esses pontos também estão presentes num texto de Augusto de Campos sobre Webern, de modo que por meio de seu trabalho crítico se

[4] GOULD, Glenn. *Non, je ne suis pas du tout un excentrique*, p. 224.
[5] Faço as citações sem a disposição gráfica que o texto tem no original.

pode ter um caminho para sua concepção poética e para o que nesta o aproxima da música de Webern. No entanto, nos comentários de Gould há ainda um outro elemento que não se encontra nos comentários que Augusto de Campos faz diretamente sobre o compositor. Trata-se da referência a "uma das músicas mais tocantes e mais expressivas jamais escritas". Essa ênfase num aspecto que se pode considerar como emocional e que nessa música à primeira vista provavelmente não seja perceptível está dentro, por sua vez, do campo de algumas relações. Uma boa indicação para então começar a percepção desse aspecto se encontra nesta observação de Pierre Boulez: "Suas [de Webern] primeiras composições revelam uma grande ligação com a tradição pós-romântica, especialmente com Mahler, pelo qual, por toda a vida, manterá grande fidelidade na lembrança"[6]. A menção a essa ligação, por meio apenas dessa breve referência, permite encaminhar a aproximação da pureza das formas, da geometria e a dimensão emotiva, que muitas vezes se considera como presente em ponto extremado na música de Mahler. Permite ainda encaminhar essa aproximação na leitura do poema de Augusto de Campos. Mas se a observação de Boulez chama a atenção para uma ligação de origem, o próprio Gould aponta para as ligações da posteridade de Mahler: "Mas há apenas vinte anos nem o mais otimista dos admiradores de Mahler poderia ter previsto a adesão a sua causa de militantes progressistas como Boulez, Berio e Stockhausen, uma mudança de posições que, além de nos iluminar sobre a perspectiva a longo termo do cânone mahleriano, diz muito sobre o clima do nosso tempo"[7]. A apre-

[6] BOULEZ, Pierre. *Relevés d'apprenti*. Paris: Seuil, 1966, p. 367.
[7] GOULD, Glenn. *L'ala del turbine intelligente*. Scritti sulla musica. A cura di Tim Page. Trad. Anna Bassan Levi. Milano: Adelphi, p. 152.

sentação aqui desses comentários de certo modo isolados tem apenas a intenção de salientar a aproximação entre uma música cuja dimensão emocional é mais facilmente perceptível e outra em que, ao contrário, mesmo os conhecedores salientam primeiramente o aspecto formal e em que para os não conhecedores o aspecto emocional não é tão facilmente perceptível.

O poema de Augusto de Campos pode suscitar algumas indagações ligadas às dificuldades iniciais já referidas. Diante da dificuldade de identificação da imagem, pode-se perguntar para que usá-la ou por que usá-la desse modo; diante da dificuldade de identificação das letras, também se pode perguntar qual o motivo ou intenção da escolha. De qualquer modo, também será possível indagar qual a relação entre a imagem e as letras — para ficar apenas no plano gráfico, sem fazer referência, portanto, ao texto. De início, parece que há uma contraposição entre a imagem e as letras — a primeira é de difícil percepção, dá a impressão de algo difuso, quase uma mancha escura. Já as letras se impõem, pois são impecavelmente delimitadas e, além disso, por serem brancas, constituem uma sucessão de pequenos blocos que se contrapõem incisivamente ao fundo escuro. Mas se são nesse aspecto nítidas, a identificação de cada uma delas não é imediata, pois têm desenho inusual; além disso, as palavras se fragmentam de uma linha para outra, não só sem a indicação do hífen, mas também sem coincidir com a divisão silábica, o que contribui para tornar menos fluente pelo menos uma primeira leitura. Essas dificuldades provavelmente podem ser consideradas na linha das que se encontram em diversos poemas e que irão culminar no poema "sem saída", estampado na quarta capa do livro *Não* — o poema é composto por um acúmulo de letras (a mesma letra de "gouldwebern") de várias cores sobre fundo preto, às vezes sendo possível identificar sílabas ou palavras, mesmo com a superposição de letras, e embora com a orientação das cores que identificam segmentos de textos, mas no todo se tendo como que uma impossibilidade de leitura de um texto — que, de resto, nos fragmentos de leituras que se vai obtendo, fala justamente, como está num deles, de beco sem saída.[8]

A relação entre a imagem e as letras pode ser considerada justamente como um jogo de contraposição entre o obscuro e o nítido. Se a relação entre a imagem e o texto pode ser considerada como de ilustração, quando a primeira ilustraria o segundo, alguns trechos deste apontariam para uma predominância da primeira relação, a de contraposição. Se logo de início o poema expõe a situação — "tocando webern" —, inclusive anotando (com os devidos parênteses próprios a um texto informativo) o título da peça executada, segue-se pelo menos uma palavra bastante estranha ao contexto — "gorgolejo". Diz o dicionário: ato de gorgolejar, ou seja, produzir ruído semelhante ao do gargarejo. No entanto, esse ruído que aparentemente de modo inopinado se introduz no poema, esse ruído de natureza tão corpórea vem acompanhado não só de uma qualificação como da indicação de sua procedência. Trata-se de um "gorgolejo insano", o que o contrapõe radicalmente às puras geometrias anunciadas pelo nome Webern. Todavia, essa atividade corpórea desprovida de controle racional tem uma procedência, como se disse, pois "mana do cerne do seu ser", o que lhe retira a condição exclusivamente corpórea, sua banalidade mesmo, para situá-la em outra dimensão, menos previsível e visível que a corpórea, mais difícil de ser perce-

[8] Na versão digital, há outras possibilidades de leitura, inclusive pela leitura isolada de cada fragmento, que é formado pelas letras de uma mesma cor.

bida, mais profunda, mais difícil. Talvez se pudesse ver aí o jogo já instaurado pela contraposição entre a imagem a que se sobrepõem as letras, entre a nitidez destas e a obscuridade do fundo, do suporte dessas letras. O texto a seguir fala do ruído como se ele constituísse uma "canção sem canto". Seria sem canto porque é um ruído? E seria canção porque tem essa função de canção? Mas essa canção ainda é "inumana", qualificação que fecha o primeiro bloco de texto. Seria inumana talvez porque seja concretamente o gorgolejo insano, e é a tal ponto esse gorgolejo que chega ao inumano. Ou será que talvez provenha desse cerne do ser de modo a transcender as circunstâncias em que se dá? Há, todavia, a qualificação "ternamente", que introduz de modo explícito o elemento emocional. Desse modo, o bloco que de chofre declara "tocando webern" se encerra com "ternamente inumana". Assim, a elaboração de um ponto a outro passa não só pelo andamento do texto, o que é óbvio, mas também por um ir e vir entre a imagem e as letras.

As dificuldades de leitura e o que de inusitado surge no primeiro bloco vêm de certo modo sumariar-se no segundo bloco, "toca para o piano anton koan", onde o primeiro elemento inusual é o tocar *para* o piano, assim como há estranheza em "toca anton koan". O koan, de modo sumário, é, na tradição do zen budismo, um relato ou diálogo ou afirmação que contém aspectos inacessíveis ao conhecimento racional mas acessíveis à intuição. Seria possível ver nessa referência alguma alusão, primeiro, à brevidade das peças de Webern; depois às formas viáveis de percepção dessas peças. Seria possível ainda ver na referência uma forma de compreensão da atitude de Gould, um koan, um koan de Anton, ou mesmo que ali se trata de uma peça de um certo Anton (Webern) que é um koan.

Uma das "excentricidades" de Gould era a de cantarolar, murmurar enquanto tocava. Em várias de suas gravações é possível ouvir o murmúrio, que nem as melhores técnicas de gravação eliminam. A isso ainda se somavam o hábito, enquanto tocava, de reger quando tinha uma das mãos ou ambas livres, e de sempre usar uma cadeira velha que também fazia ruídos. É à característica de cantarolar que se refere o "gorgolejo" do poema, um gorgolejo que além de compor o "enredo" do poema talvez tenha a ver com outros aspectos. Justamente quando se menciona o "koan", tem-se pela primeira vez no poema uma palavra terminada em "an" que, sem ser dividida, fica em posição final no verso. Essa pequena observação ocorre a propósito do fato de que até o verso em que está a palavra "koan" há sete versos (de um total de 14) que terminam em "an", além de pelos menos dois outros "an" internos (c*an*ção e c*an*to). Todos esses "an" em posição de rima são resultado de partição de palavras, às vezes em acordo com a divisão silábica (tocan-do), às vezes não (pian-o). Como os versos estão centralizados, essa situação permitiria ver a divisão do texto como sendo aleatória; de fato, essa disposição aleatória poderia ressaltar a dimensão expositiva do texto, que assim se disporia independentemente de padrões poemáticos, podendo por isso ser disposto inclusive de forma aleatória. No entanto, a partição não silábica de certas palavras deixa clara a intenção da produção de rimas, o que então, na verdade, ressalta a organização poemática do texto, na qual essa rima repetida, repetitiva, monotonamente, tem papel iconicamente estruturador. Parece oportuno lembrar aqui uma outra situação de repetição, a da letra "m" no poema "cançãonoturnadabaleia" (do livro *Despoesia*), que pode ser lida, para além de sua função visual na organização do poema, como indicação de uma sonoridade que participa do poema (e na oralização feita em gravação do própria Augusto de Campos o fato é acentuado pela utilização de uma peça musical de Giacinto Scelsi)[9]. A repetição do "an", que estrutura a disposição dos versos e pontua repetitivamente os versos, não tem como não ser lida em relação com o "gorgolejo" de que fala o poema — esse "an an an an an an..." que se estende ao longo do poema tem a ver diretamente com o gorgolejo gouldiano. E o poema proporia essa atuação do pianista como a proposição de um koan.

Gould, a partir de um certo momento em sua carreira, deixou de se apresentar em público, passando apenas a gravar. Mas mesmo desse período há numerosos registros filmados durante as gravações; assim, tem-se registro de sua atuação em outra condição que não a dos concertos. Edward Said, ao tratar da performance[10] na música clássica ("as execuções essencialmente recriativas e interpretativas da composição musical, por parte de pianistas, violinistas, cantores, e assim por diante"[11]), observa que, "desligada da composição", a performance vem a ser uma forma especial de domínio sobre a música, de posse, "por um rigoroso e altamente especializado treinamento de interpretação, na maioria das vezes não fundamentado na composição".[12] Traça um histórico desse afastamento entre a composição

[9] Cf. SÜSSEKIND, Flora. "Coro a um – notas sobre a 'cançãonoturnadabaleia'". In: STERZI, Eduardo (org.). *Do céu do futuro*. São Paulo: Marco, 2006.

[10] Esse anglicismo talvez não seja a melhor opção para dar conta em português da situação de que trata o texto de Said, mas é aqui mantido por ter sido o que se adotou na tradução brasileira do livro.

[11] SAID, Edward W. "A performance como situação extrema". In: *Elaborações musicais*. Trad. Hamilton dos Santos. Rio de Janeiro: Imago, 1992, p. 28-29.

[12] Ibid., p. 32.

e a performance, para então apontar: "com o seu consideravelmente avançado e quase metacrítico senso do que era realmente o trabalho do intérprete, Glenn Gould ilustrou os principais traços deste novo ambiente, como já se desenvolvera por meados do século XX"[13]. No caso de intérpretes cuja performance é delineada não só por uma especial excelência mas por traços idiossincráticos, Said chega a ver neles (referindo-se a Gould e Toscanini) artistas que "elucidam e dramatizam o destino da música e do fazer musical enquanto concentrados na situação da performance"[14]. Por tomarem Gould como um exemplo especial da situação de performance, os comentários de Said têm interesse para a leitura do poema de Augusto de Campos, na medida em que neste está presente justamente essa situação de performance, com a sua dose de autonomia. De fato, o poema mais do que com a música, tem a ver com uma determinada interpretação dessa música, ou seja, com uma performance. Nesse sentido, Said, além de expor as qualidades próprias da execução do pianista, lembra outros aspectos peculiares, como nesta passagem: "O que sobressai não é tanto um estilo uniforme, mas uma continuidade clara e imediatamente perceptível entre o seu 'toque' e uma modalidade pessoal de discurso retórico, a qual, durante os anos em que Gould se apresentou em público, foi sublinhada e realçada por uma vasta coleção de maneirismos — sussurros, gestos de regentes, cadeira baixa, desleixo, etc."[15]

Todos esses fragmentos de observações de Said são apresentados aqui apenas com o intuito de darem uma ideia da noção de performance que se encontra em Gould e de como

[13] Ibid., p. 34.
[14] Ibid., p. 52.
[15] Ibid., p. 57.

um elemento "excêntrico" tem a ver com a retórica dessa performance. E Augusto de Campos lida com ambas as coisas, a performance e o elemento retórico, fazendo delas material de seu poema. A performance está presente no poema pelo menos de duas maneiras mais evidentes: a menção ao gorgolejo e sua incorporação visual pela rima, assim como pela própria imagem do pianista em atuação, que se pode ver de início apenas como suporte para o poema, externo a este, mas que a esta altura, por diversas associações referidas, como a relação entre claro e obscuro, já se pode ler como integrante do poema.

No terceiro bloco, volta-se de modo claro à relação com a obra crítica de Augusto de Campos. Essa relação é aqui mais efetiva, e não resultante apenas de uma interpretação, porque basta confrontar o texto do poema com um trecho de um artigo para ver que não só a ideia é a mesma, como também a formulação pode ser considerada a mesma, levando-se em conta, é claro, a maior síntese do poema. Referindo-se à gravação de Glenn Gould das Variações para piano op. 27, diz Augusto: "É a execução mais rápida (4:58) dentre as várias que possuo — o 2º Movimento (andamento: *sehr schnell*) é executado em 0:33 —, mas se afigura a mais lenta, provavelmente pelo incrível controle da dinâmica, dos tempos musicais e das pausas com que Gould interpreta a obra"[16]. No poema, tem-se apenas a afirmação de que aquela execução rápida dá, paradoxalmente, a impressão de ser lenta, impressão que no texto crítico vem acompanhada de uma explicação que tem a ver com uma técnica, o "controle" (talvez, aí, o cerne da performance). Se o texto crítico

[16] CAMPOS, Augusto de. "Ouvir Webern e Morrer". In: *Música de invenção*. São Paulo: Perspectiva, 1998, p. 99.

tem uma explicação técnica, o poema tem uma imagem sintética, mas diferentes possibilidades de leitura, no verso "um minutoan", uma junção de palavras em que a segunda está fragmentada, tendo continuidade no verso seguinte, "oeo". Pode-se ler "minuto" e "ano" (um minuto que é um ano), o que apontaria para o aspecto da diferença entre a efetiva duração da performance e sua percepção. Pode-ser ler uma formulação equivalente a "koan", ou seja, esse tempo que é uma proposição da performance — proposição com um elemento de certo modo inacessível, mas enfim acessível à percepção (no aparente paradoxo de o que toca mais rápido parecer o mais lento).

Nessa sequência final, a partir de "minutoan", as palavras se sucedem sem separação, o que pelo menos tem uma consequência e cria algum efeito. A consequência é a necessidade de leitura mais detida a fim de identificar as palavras, criando-se assim um efeito de lentidão paralelo àquele sobre o qual fala o poema. Essa junção das palavras e sua partição independente da constituição silábica, como já referido, acarretam ainda não somente a rima de "minutoan" com as várias outras terminações em "an" de versos anteriores, mas também, no penúltimo verso, um conjunto de letras, "oeo", que não constitui nenhuma palavra (nos outros versos de pequena extensão como este o que há são fragmentos de palavras devidamente separados por espaços) nem deixa entrever de imediato a leitura de várias palavras, como no último verso. De fato, em "oeo" é como se nem o conjunto formado tivesse sentido, nem as letras isoladamente tivessem sentido próprio (lidas eventualmente como artigos e conjunção). Se há uma perda semântica, pode-se perceber para o verso uma função visual. Em sua simetria ele resume a diagramação do poema em torno de um eixo central, antecipando por outro lado o verso-síntese final.

Voltando ao texto crítico de Augusto, vejamos sua continuação, um outro breve trecho que também tem interesse para a leitura do poema. Diz o texto que a gravação de Gould "é, por outro lado, uma das leituras mais emotivas, pontuada, como em outros casos, pelo característico murmúrio-cantilena do incomparável pianista". O que aqui é exposto como "característico" se torna tema do poema, mas também se transforma em elemento da organização do poema. E mesmo a leitura das "mais emotivas" está presente, por exemplo, no "ternamente", enfatizado pela associação com "inumano", no que se pode considerar um oxímoro. Assim, aqui a irrupção da emoção se dá de modo enfatizado, mas como que por uma contraposição. No entanto, há uma outra passagem do poema que permite indagar, não exatamente pela emoção, mas por uma possível presença de um sujeito. Trata-se justamente do último verso em que o verbo "parece" leva pelo menos à suposição de que, se parece, é porque alguém tem uma opinião, ou ainda, se parece, parece a alguém. A esse propósito, vejam-se, por exemplo, os comentários de Gonzalo Aguilar a propósito de uma "poética da angústia" na obra de Augusto de Campos, quando refere que uma hipótese de leitura nesse sentido "abre uma dimensão de sua poesia que não pode ser captada caso o autor continue sendo circunscrito às renovações técnicas do concretismo"[17]. Refere ainda que "a persistência do concretismo como tema polêmico ocultou este retorno do que foi reprimido na fase ortodoxa do movimento"[18], ou

---

[17] AGUILAR, Gonzalo. *Poesia concreta brasileira: As vanguardas na encruzilhada modernista.* São Paulo: Edusp, 2005, p. 274-275.
[18] Id., p. 275.

seja, a subjetividade e a angústia. No livro de que faz parte "gouldwebern" não é difícil encontrar em vários poemas a dimensão referida, como em "tour", "fim de jogo", "oco" ou "morituro". Entre alguns desses poemas há similaridades de configuração, enquanto entre outros há grandes diferenças. Tendo em vista esse aspecto, seria o caso de indagar como essas diferentes configurações se relacionam com a dimensão subjetiva dos poemas. Parece assim que essa dimensão, para ser percebida, não deveria ser buscada contra as renovações técnicas (como as leituras destas teriam sido buscadas contra a subjetividade, conforme referido acima), pois seria por meio de várias dessas renovações que os poemas elaborariam uma subjetividade, uma subjetividade que nada teria a ver com uma poesia confessional.

A propósito das diferentes configurações, Luiz Costa Lima observa justamente em relação ao livro *Não* que "cada poema (...) tende a procurar uma outra estratégia expressiva"[19]. De fato, há uma enorme diversidade de procedimentos, quase como se cada poema resultasse de uma configuração única. Interessa ainda o fato de Costa Lima ter empregado a expressão "estratégia expressiva", em que se pode entender a primeira parte como associada à elaboração e à configuração do poema, e a segunda ao âmbito do que aqui se vem referindo como presença da subjetividade. Apenas para exemplificar como, mesmo no conjunto desses poemas em certo sentido marcados pela diferença, é possível perceber alguns elementos constantes da poética de Augusto de Campos, a observação de alguns outros poemas de *Não*, como "rapidalentamente" e "dodeschoenberg", oferece as-

[19] LIMA, Luiz Costa. "Duas aproximações ao não como sim". In: SÜSSEKIND, Flora e GUIMARÃES, Júlio Castañon (orgs.). *Sobre Augusto de Campos*. Rio de Janeiro: 7 Letras; Fundação Casa de Rui Barbosa, 2004, p. 126.

pectos bem claros nesse sentido. O primeiro, pelo procedimento empregado nas três primeiras linhas ("rapid / alenta / mente"), bastante próximo do final de "gouldwebern", constitui uma reflexão sobre o tempo, de que se ocupam vários poemas da obra de Augusto de Campos. No segundo, uma espécie de jogo tipográfico, não só pela disposição das letras, mas também pelo tipo empregado, se deixaria pensar em uma pura organização de probabilidades, encerra a indagação "quem sou". E são também essas questões, tempo e sujeito, que um poema como "gouldwebern" faz emergir da imagem algo obscura que constitui seu fundo.

ALGUNS LANCES DE ESCRITA

A POESIA DE AUGUSTO DE CAMPOS É RECONHECIDA SOBRE-tudo pela sua dimensão visual, nela se ressaltando tanto a exploração das possibilidades tipográficas, quanto a utilização de elementos exclusivamente visuais, como no caso seja dos popcretos seja dos profilogramas. A esse aspecto dominante associa-se o que se poderia referir como um caráter de objetividade. Em recente entrevista, Francisco Alvim, indagado sobre como via o concretismo no período em que estava começando a escrever, comentou o seguinte: "Os concretos trouxeram uma discussão importante, a questão da subjetividade. Eles procuravam uma completude das coisas através da linguagem. Eles tendiam muito, e o Faustino também, a negar a subjetividade, a negar a individualidade. E aquilo me feria. Parecia que eles excluíam o 'eu'"[1].

De certo modo, esse foi um dos aspectos discutidos pelo neoconcretismo ao desenvolver sua autonomia. Dizia o Manifesto Neoconcreto: "A expressão neoconcreta indica uma tomada de posição em face da arte não figurativa 'geométrica' (neoplasticismo, construtivismo, suprematismo, escola

[1] *Jornal do Brasil*, Caderno Ideias, 10 de julho de 2004.

de Ulm) e particularmente em face da arte concreta levada a uma perigosa exacerbação racionalista"[2]. Segundo Ronaldo Brito, o manifesto expressa uma necessidade de "tomada de posição crítica ante o desvio mecanicista da arte concreta"[3].

Ao aspecto dominante da poesia de Augusto associa-se também pelo menos uma redução ou um recuo das dimensões verbal e sonora. No entanto, a isso que se pode considerar como uma imagem generalizante, podem associar-se vários aspectos que, na verdade, apontariam para a simplificação que se dá nessa imagem e ao mesmo tempo salientariam a complexidade dessa obra. Essas generalizações partem, sem dúvida, apenas de alguns momentos dessa obra. Assim como não estão excluídos — muito pelo contrário — nem o verbal nem o sonoro, também não está ausente dessa poesia a problematização do sujeito.

Em termos tipográficos, nos poemas que mais se prestam a fundamentar aquela generalização, verifica-se o uso de fontes — que ficaram como uma das características de uma etapa do movimento concreto — como a fonte futura. Na poesia de Augusto, há, porém o uso de uma fonte que deveria causar especial estranheza à leitura. No poema "viventes e vampiros" (1982), do livro *Despoesia* (1994), emprega-se uma fonte de tipo manuscrito. No centro do poema, reproduz-se um trecho da partitura do madrigal "Io pur respiro", de Carlo Gesualdo. Publicado inicialmente na revista *Código* (nº 8, 1983), o poema vinha acompanhado de uma nota: "O trecho de partitura pertence ao madrigal *Io pur respiro* (Livro VI) dos *Madrigali a cinqui voci* (1611) de Gesual-

[2] "Manifesto neoconcreto". In: BRITO, Ronaldo. *Neoconcretismo*. Vértice e ruptura do projeto construtivo brasileiro. São Paulo: Cosac & Naify, 1999, p. 10.
[3] BRITO, Ronaldo. Id., p. 8.

do, Príncipe de Venosa". Ausente do livro, essa informação aparece no encarte do cd *Poesia é risco*, onde na faixa referente ao poema se ouve trecho do madrigal. Mais do que uma mera referência, a indicação da presença do madrigal no poema talvez passe a compor sua leitura num nível que atente para a expressividade da forma musical. Não seria descabido aqui tentar associar a escolha da fonte manuscrita a essa expressividade — do "respiro" do madrigal de Gesualdo ao "último suspiro" dos "viventes e vampiros" no poema. Um manuscrito, afinal, é a expressão direta de quem escreve, embora seja importante atentar para o fato de que se trata de uma fonte tipográfica que imita um manuscrito. Anne-Marie Christin observa que

> a invenção da tipografia tinha introduzido de fato uma grande alteração nas práticas do alfabeto latino: tinha "desligado" a letra, libertando-a dos hábitos gestuais que a encadeavam no manuscrito a cada uma de suas vizinhas. Isolada em sua base de chumbo, a letra existia novamente como signo. Mas ela tinha ganhado também um estatuto inédito de objeto, e com ele um valor icônico que a tornava, de modo imprevisto e paradoxal, muito próxima do ideograma.[4]

Em boa parte da poesia, não só de Augusto, mas também dos outros autores ligados ao concretismo, verifica-se justamente uma exploração desse valor icônico. No caso da fonte tipográfica manuscrita também se tem, naturalmente, o corte do encadeamento e as consequências apontadas por Christin. No entanto, preserva-se como que uma imaginação do encadeamento, de modo que talvez o leitor não se dê

[4] CHRISTIN, Anne-Marie. De l'espace typographique à l'écriture du blanc: le *Coup de dés* de Stéphane Mallarmé". In: ZALI, Anne (org.). *L'aventure des écritures. La page*. Paris: Bibliothèque Nationale de France, 1999, p. 196.

tanto conta do isolamento das letras. Tem-se assim uma escrita tipográfica que manteria um vínculo com o manuscrito (ou pelo menos com sua imagem).

No poema "todos os sons" (1979), também de *Despoesia*, encontram-se vários tipos de letras, entre as quais a mesma fonte manuscrita de "viventes e vampiros". Aí, a multiplicidade de fontes insere-se na multiplicidade de elementos enumerados, reforçados inicialmente pela repetição antes de cada um dos quatro primeiros elementos de "todos os". A seguir, tem-se a enumeração apenas dos elementos díspares isoladamente, até por fim voltar a repetição de "todos os" também por quatro vezes, encerrando o poema, mas desta vez o elemento elencado é um único que se repete, "sons". Talvez fosse possível encontrar pelo menos algumas associações que orientassem na leitura da escolha das fontes, ocorrendo como primeira associação o fato de muitas delas, se não todas, terem sido utilizadas em diversos poemas do autor. No caso específico que aqui nos interessa, a fonte manuscrita, ela é usada na palavra "mães", para o que se poderia, talvez com imaginação, supor alguma justificação de associação. Todavia, o que de fato tem interesse aqui não é esse tipo de aproximação, mas a relação com a organização do poema.

Em "memos" (1976), poema da série *stelegramas*, incluída no livro *Viva vaia* (1979), já aparecia essa fonte manuscrita. Também nesse poema, como depois em "todos os sons", são empregadas numerosas fontes. Aqui, porém, a organização é bastante diferente. O poema compõe-se de três blocos verticais de palavras, um ao lado do outro. Cada bloco tem 14 linhas, sendo cada linha composta por quatro letras. À primeira vista cada linha formaria uma palavra. Em muitos casos, leem-se palavras, como "para", "amar", "flor", "temo", etc. Em muitos casos, talvez na maioria, acaba-se por perceber que não se leem palavras, como em "rest", "ment", "impa", "adom". Algumas vezes percebe-se que o que se tem são fragmentos de palavras, sendo possível então se dar conta de que se está diante de um texto cujas palavras estão cortadas, sendo os fragmentos destas unidos por uma espécie de combinatória. Isto porque o critério de distribuição das letras é quantitativo — quatro letras para cada linha, sem espaços. Desse modo, muitas das linhas compõem-se da união do fragmento de uma palavra com o fragmento de outra. Assim, em "rest" o "r" pertence à palavra anterior, "parar", e "est" compõe "este" com o "e" que inicia a linha seguinte "eins", onde o "ins" continua, nas linhas seguintes, em "tant" e no "e" de "eluz", formando "instante", palavra que está distribuída em três linhas e, portanto, composta por três tipos de letra. A letra de tipo manuscrito aparece no poema três vezes. Nesse caso, não é possível pensar em alguma associação entre o tipo de letra e esta ou aquela palavra, porque, como se viu, as palavras podem ocupar mais de uma linha e os tipos de letra não se repetem de linha para linha, de modo que para uma mesma palavra, repetidas vezes, se emprega mais de um tipo de letra.

De modo extremado, esse poema se vale daquela característica da tipografia apontada por Christin, o isolamento das letras, a tal ponto que desfaz a associação de letras em palavras, assim como elimina o espaço entre palavras, que deixa de existir, passando a existir o único espaço tipográfico entre as letras. Assim, num dos casos de uso da fonte manuscrita, na linha "eame", o "e" integra o "qu" da linha anterior, o "a" é um artigo e o "me" faz parte de "memória" que se fragmenta pelas duas linhas seguintes.

Na organização de "memos" observa-se ainda a exploração de outra possibilidade da escrita tipográfica, tal como ressaltado por Christin: "Outro aspecto da alteração introduzida no alfabeto pela invenção da tipografia consistia precisamente em ter concedido igual importância na transcrição do texto à letra e a seu suporte, através desses signos planos e vazios — esses 'vazios', esses 'brancos'"[5]. É justamente essa "igual importância" que organiza a matéria verbal tal como se dá no poema, fazendo ainda com que a leitura dessa matéria verbal não se dê de forma corrente, já que subvertida sua organização da divisão habitual em palavras, superpondo-se ainda à nova organização alguns outros conjuntos de constantes — como as colunas de mesmo número de linhas, as linhas de quatro letras, as diferentes fontes tipográficas distribuídas por linhas e não por palavras.

No caso tanto de "memos" quanto de "todos os sons" o uso da fonte manuscrita talvez não tenha um emprego que a distinga das várias outras fontes utilizadas, ou melhor, ela tem o mesmo papel que as outras. Nesses poemas, essa variedade de fontes tem função icônica em relação à multiplicidade de elementos em jogo nos dois poemas e em relação à complexidade desses elementos, de modo especial em "memos". Já a ênfase na fonte manuscrita, em "viventes e vampiros", por ser a única utilizada, permite uma contraposição mais imediata ao uso das fontes mais características do concretismo histórico. De qualquer modo, o uso das fontes variadas não deixa, de forma mais generalizada, de constituir uma contraposição, mesmo que se lembre o uso, já em 1965, de uma fonte como a que se empregou no poe-

[5] Id., p. 198.

ma "luxo", mas este era um uso específico, constitutivo de um determinado poema.

Christin, ao comentar uma alteração em versões do *Coup de dés* de Mallarmé, chama a atenção para o que — aparentemente um detalhe sutil — tem implicações bem mais amplas:

> O *Coup de dés* é um texto concebido conscientemente, e logo de início, para ser impresso. Dá testemunho disso de maneira significativa o fato de que o poeta tenha eliminado de sua prova uma variante em itálico com conotação manuscrita que *Cosmopolis* tinha escolhido para compor uma das fórmulas chave do poema: "Si c'était le nombre ce serait", restabelecendo em seu lugar a versão padronizada a que tinha recorrido sempre. Não era um locutor mas um leitor que o poeta desejava colocar no centro de sua "encenação espiritual".[6]

Importa observar a importância que se dá aí ao uso ou não de itálico num determinado trecho, importância que fica ressaltada quando se considera o trecho com itálico como uma variante em relação ao mesmo trecho sem itálico. Além disso, o itálico é associado a manuscrito e este, por sua vez, a locução. Assim, o uso de alguma letra tipográfica que de algum modo lembre manuscrito remeteria à dimensão da individualidade. Louis Hay observa que "O elemento primeiro da escrita, o traçado de suas letras, veicula sozinho informações múltiplas. Estas podem ser voluntárias, como o emprego de caracteres diferentes para distinguir o escrito privado e o texto destinado (ou passível de o ser) ao público"[7]. No próprio manuscrito pode haver opção por mais de

[6] Id., p. 196.
[7] HAY, Louis. "L'écrit et l'imprimé". In: HAY, Louis et alii. *De la lettre au livre*. Paris: CNRS, 1989, p. 8.

um tipo de letra, sendo conhecidos casos de autores que em seus manuscritos usam uma letra para o que está em processo de elaboração ou para o que tem caráter mais pessoal e outra para o que consideram acabado ou para o que tem caráter mais formal. Um exemplo se encontra nos manuscritos de Murilo Mendes, que, a par de uma letra cursiva, usava uma letra de forma ao passar a limpo seus textos ou em cartas formais. Assim, na escolha tipográfica pode ocorrer situação similar. No caso de "viventes e vampiros", a escolha da fonte manuscrita então introduziria, se não a clareza de uma escolha como mencionado, pelo menos, por assim dizer, uma sugestão icônica.

No plano de uma escrita que se aproximaria mais da pessoalidade, lembre-se, ainda em *Despoesia*, o uso de outro recurso gráfico que se distingue da dimensão tipográfica propriamente dita. Trata-se do uso do datiloscrito, que ocorre em três poemas — "chuva", "roland" (1980) e "dp"(1987). Seria possível, de modo bastante simplificado, ler o uso do datiloscrito como um meio caminho entre o tipográfico e o manuscrito — um recurso mecânico manuseado diretamente por quem escreve. Na verdade, pode-se considerar o datiloscrito como manuscrito, pois como define Grésillon, manuscrito é "todo documento escrito a mão; por extensão, aí se incluem às vezes documentos datilografados ou impressos"[8]. (A consideração de documentos impressos como manuscritos se dá quando se inserem no processo de produção, de modo mais explícito quando são reescritos ou recebem acréscimos manuscritos, como emendas, anotações, etc.)

[8] GRESILLON, Almuth. *Élements de critique génétique*. Paris: PUF, 1994, p. 244.

Dois dos poemas acima referidos têm dimensões claramente biográficas. O título de um deles é o nome de um dos filhos do poeta. Além disso, o texto datiloscrito é trecho da tese de mestrado em física de Roland (dado, como os seguintes, exposto em nota ao poema). Esse texto se sobrepõe a um retrato desenhado, o do próprio Roland, feito por um artista de rua de Copacabana, em 1979. Essas especificações naturalmente trazem o poema de forma mais acentuada para o plano biográfico, com o que mais naturalmente se associa a dimensão do datiloscrito. Outro poema explicita o título, "dp", na quarta linha, "décio pignatari". Após elencar as produções do companheiro concretista, o poema termina em tom francamente afetivo "e com ternura / a minha mão / de irmão / mano".

No livro mais recente de Augusto, *Não* (2003), encontra-se ainda um poema apresentado de forma datiloscrita, o que dá título ao livro e que teve uma versão em 1990 em edição do autor como poema-xerox (que talvez se possa considerar como um meio caminho em relação à impressão). A esse poema Augusto se refere como "meu último datiloscrito"[9]. Essa referência pode querer dizer que o autor não empregará mais esse tipo de — por assim dizer — registro ou elaboração de seus textos, com o que indica que passou a utilizar outros meios, como os digitais, conforme indicado em várias passagens — como em "desde que os computadores desarrumaram meus livros"[10]. Pode-se também entender a explicitação do uso do datiloscrito, isto é, sua reprodução em livro, como modo de enfatizar um procedimento. Na verdade, seria possível ler esses poemas publicados em da-

[9] CAMPOS, Augusto de. "NÃOfácio". In: *Não*. São Paulo: Perspectiva, 2003, p. 11.
[10] Id.

tiloscrito como fac-símiles de documentos do processo de produção. Supondo que se trata de poemas considerados acabados — na realidade, o produto é uma obra efetivamente construtiva —, esses datiloscritos publicados em fac-símile constituiriam um procedimento similar à utilização da fonte manuscrita. Afinal, o datiloscrito poderia ser reproduzido tipograficamente; seu fac-símile chamaria a atenção para o caráter individual de uma escrita, que resultaria de uma expressão pessoal. Resulta, porém, pelo menos ou também de uma elaboração gráfica.

Esse caráter individual fica ainda mais claro quando se expõem as etapas da produção de um texto, com todas as intervenções próprias do andamento de uma escrita. Nessas etapas, talvez o gesto que mais caracterize o andamento de uma escrita seja a rasura, que Pierre-Marc de Biasi define como "instrumento da transformação dos textos"[11]. Com isto se quer dizer que é por meio da rasura que a produção do texto tem andamento. Sobre o papel da rasura, um relato de Pierre-Marc de Biasi a propõe em sua dimensão constitutiva do texto:

> Num dia de seminário, no square Rapp, Barthes, incentivador de espírito, tinha apresentado essa fórmula ao mesmo tempo enigmática e de uma clareza desconcertante: "A literatura [littérature] é a rasura [rature]". Barthes confiava no simbolismo fortuito das palavras. Ora, trata-se de um fato: a rasura está literalmente ligada à coisa literária ("litté-rature") e a língua francesa não permite em momento algum esquecer que em matéria de literatura, a grande arte não consiste para o escritor em queimar as etapas da redação, em avançar de cabeça baixa

[11] BIASI, Pierre-Marc de. "Mille et une ratures". In: GERMAIN, Marie Odile e THIBAULT, Danièle. *Brouillons d'ecrivains*. Paris: Bibliothèque Nationale de France, 2001, p. 145.

para um acabamento prematuro do texto, mas ao contrário em retardar o irreversível, em apreender no caminho todas as oportunidades de um retorno sobre si mesmo da escrita.[12]

Naturalmente só se conhecem as rasuras que participaram da elaboração de um texto quando se dispõem dos rascunhos ou pelo menos de mais de uma versão em que as variantes permitem supor as rasuras. Mas a rasura pode ser tomada também como elemento já não do processo, mas do próprio texto. Assim, no poema "preoposições", de *Não*, todas as palavras, menos a última, são atravessadas horizontalmente por um traço, como palavras sobre as quais se faz um risco, indicando isto habitualmente eliminação da palavra riscada. Assim, o poema se compõe com a rasura de todas as palavras, afirmando, pela ausência de rasura, a última, que é justamente "contra", ou seja, toma-se um processo de eliminação para, por sua ausência, afirmar uma negação. A rasura, como parte da fase redacional, insere-se, portanto no conjunto de prescrições que constituem o prototexto, segundo Daniel Ferrer, prescrevendo "a não reprodução da palavra rasurada na versão seguinte"[13]. Assim, o poema se constitui como simulacro de um rascunho, de um processo de redação. Já no poema "risco", apresentado no cd-livro *Poesia é risco*, tem-se a frase "poesia é risco" literalmente riscada por um traço. Aí se poderia ler a palavra "risco" tanto como "perigo" quanto como "traço", sendo que o traço que corta as palavras adquire desse modo a dimensão de ícone do primeiro significado. Nesses exemplos,

[12] Id.

[13] FERRER, Daniel. "A crítica genética do século XI será transdisciplinar, transartística ou não existirá". Trad. Verónica Galíndez Jorge. In: ZULAR, Roberto (org.). *Criação em processo. Ensaios de crítica genética*. São Paulo: Iluminuras, 2002, p. 207.

a indicação de eliminação, a rasura, se integra à constituição do texto, de modo até mesmo icônico.

Se nesses casos é trazida para a composição de poemas um elemento próprio da fase redacional, ainda que se apresente de forma inteiramente tipográfica, isto permite relacioná-los em especial com "viventes e vampiros", em que a sugestão dessa fase se faz por meio da fonte manuscrita. Nesse âmbito ainda, encontram-se outros exemplos em que o manuscrito surge de modo já não por meio de recurso tipográfico. No livro *Não*, pode-se considerar que há dois casos de emprego de letra efetivamente manuscrita. A primeira grande diferença aqui, porém, é que, como referido, não se trata mais de uma letra manuscrita tipográfica. A outra diferença importante é que os dois casos se verificam em intraduções, quando poemas de outros autores são incorporados à obra do poeta-tradutor, num verdadeiro intercâmbio de sujeitos. A intradução "asa de akhmátova" (1999) aparece no livro como fac-símile de um manuscrito bastante simples e legível, sem rasuras. Numa tentativa de leitura desse procedimento, neste caso, seria possível de início levar em conta que se trata de um texto em primeira pessoa. Não é desse modo, porém, que se dá a associação, pois seria possível também lembrar outros poemas em que comparece a primeira pessoa e que, no entanto, nem por isso assumem a forma manuscrita. Aqui já seria o caso de indagar de quem é a letra do manuscrito-poema, embora qualquer tentativa de resposta certamente só se possa dar no plano da ficção. Assim, mesmo que o autor da letra faça parte da construção do poema, uma das dimensões envolvidas quando se está diante de um manuscrito é a da separação entre público e privado. Nesse sentido, Louis Hay afirma que

> esse cisma dos tempos modernos terá uma outra consequência, a mais secreta, mas talvez a mais importante. Separando o espaço social dos *escritos*, o de sua difusão mecanizada e comercializada, e o espaço privado da *escrita*, o do face-a-face do autor com a folha virgem, a imprensa terá, sem querer, erguido as imposições que pesavam sobre o manuscrito medieval. A pena se torna livre daí em diante para registrar todos os tumultos da criação e para traçar, à maneira de um sismógrafo, as palavras e os signos em que procuramos hoje ler os percursos de uma gênese.[14]

Expõe-se aí uma separação entre impresso e manuscrito, em que o primeiro é público e o segundo é privado. Desprovido da função pública que sempre tivera, o manuscrito se torna mais livre, na medida em que, em primeiro lugar, não tem mais a obrigação de ser legível, pois já não é o veículo de transmissão do texto. Mas como algumas situações já puderam demonstrar, a separação nem sempre é tão estanque, pois tanto elementos impressos podem ser considerados manuscritos e participar dos rascunhos de um texto (tomando-se rascunho no "sentido estrito de documentos relativos à função redacional de textualização"[15]), quanto o impresso pode valer-se de elementos próprios do manuscrito, ou até mesmo este vir a ser o próprio impresso, como nestes poemas de *Não*.

O outro poema manuscrito desse livro é a intradução "borboleta de kliébnikov II" (1994). Aí o texto surge em várias caligrafias, em várias cores, com aspecto mesmo de grafito, havendo ainda outros elementos, sobretudo manchas de cores variadas. Seria possível considerar o retângulo

[14] HAY, Louis. "L'écrit et l'imprimé". In: HAY, Louis et alii. *De la lettre au livre*. Paris: CNRS, 1989, p. 8.
[15] BIASI, Pierre-Marc de. Brouillon, processus d'écriture et phases gnénétiques. In: GERMAIN, Marie Odile e THIBAULT, Danièle. *Brouillons d'écrivains*. Paris: Bibliothèque Nationale de France, 2001, p. 122.

formado por esses elementos como um quadro e não seria difícil encontrar exemplos similares na pintura, ou seja, de obras de artes plásticas compostas essencialmente por textos manuscritos ou com grande participação destes, dentro das mais variadas tendências — ao acaso, podem-se lembrar Miró, Cy Twombly, Mira Schendel. Por outro lado, verifica-se que esse poema tem uma outra versão (que justifica o "II" da versão de 1994), intitulada "borboleta-pó de khliébnikov", de 1985 e incluída em *Despoesia*. No título das duas versões há ainda a diferença de na segunda versão não haver a palavra "pó". Na primeira versão pode-se associar um fragmento do poema, "as letras do meu pó", exatamente ao tipo de letra escolhida, fragmentada em pequenos pontos. No caso desses dois poemas, tem-se um exemplo de duas versões visualmente muito distintas para o mesmo texto, o que só reforça a significação que podem ter as variantes gráficas (tomando-se aqui o termo "variante" com bastante liberdade). Deve-se salientar que as duas versões, como no caso das outras intraduções, incorporam-se à obra de Augusto não pela transformação verbal da tradução (no sentido estrito), mas pela recriação visual, por meio da qual os textos resultam de uma outra voz, ou novo pincel.

No caso da versão publicada em *Não*, tem-se um produto visual que se poderia aproximar de um rascunho. Daniel Ferrer diz que "todo documento de gênese desfruta de um estatuto pragmático duplo: é ao mesmo tempo texto e conjunto de indicações visando a realização de um texto — ou mais exatamente, é um conjunto de indicações, de prescrições, um protocolo de escritura que faz, secundariamente (e provisoriamente), função de texto"[16]. Falta ao poema de

---

[16] FERRER, p. 206

Augusto o elemento da indicação, o que retira dele a condição efetiva de rascunho. Não se trata aí da reprodução de um rascunho, mas da elaboração de um texto por meio do recurso a elementos visuais, entre os quais se incluem alguns característicos de rascunhos manuscritos. Ao estudar uma gravura de Picasso que se constitui como rascunho de dois poemas, Ferrer observa que

> as rasuras e todas as características iconográficas do rascunho, que aparecem aqui sob uma forma quase que estilizada, estão igualmente em caráter de "menção" e não de "uso". (...) Podemos então dizer que a gravura de Picasso não é nem um verdadeiro rascunho (nem fac-símile do rascunho), nem a reprodução ou edição de um texto. Então, de que se trata? É a reinterpretação plástica, a estilização do componente gráfico de um rascunho. A dimensão pragmática do manuscrito (...) é aniquilada pelo processo de reprodução. Mas não é a dimensão semântica que passa para o primeiro plano, mas a dimensão visual.[17]

No caso no poema de Augusto, seria possível considerá-lo um falso rascunho, como Ferrer se refere ao trabalho de Picasso. Várias das caracterizações expostas por Ferrer prestar-se-iam a esse poema, embora no tocante à reprodução se pudessem lembrar os muitos textos de Francis Ponge publicados sem que tenham adquirido uma forma que os identifique como acabados. De qualquer modo, segundo as considerações de Ferrer, reprodução, em relação à gravura, tem extensão bem mais limitada do que no caso de livro, de modo que, em livro, aniquila-se de modo mais radical a "dimensão pragmática do manuscrito", ou seja, a situação do manuscrito como protocolo de intenções, por assim dizer.

[17] Id., p. 208.

Ressalte-se ainda que, se no caso da gravura mais plenamente se justifica que em primeiro plano esteja a dimensão visual, no caso do poema de Augusto a situação não será muito diferente, sobretudo se se levar em conta que o que caracteriza o fato de haver versões são exclusivamente as diferenças gráficas (que, estas, repercutem no nível semântico das versões). Tomando-se as duas versões do poema como um pequeno *corpus*, pode-se em relação a ele levar em conta ainda esta outra observação de Ferrer: "No interior de um mesmo corpus, a passagem de cada estado genético a outro ocasiona a passagem de um sistema semiótico a um outro, que não é idêntico, e uma forma de tradução, ainda mais complexa do que se imaginava, de um para o outro"[18]. Não se trata de fato, em termo dos poemas, de alteração de um mero revestimento gráfico, mas de uma nova configuração, que se pode compreender como tradução e passagem de um sistema a outro — no caso, em primeiro lugar de uma organização tipográfica para uma manuscrita.

No âmbito das diferenças entre várias edições de poemas, é preciso lembrar algumas outras situações. Na edição mais recente de *Viva vaia* (2001), ocorre em pelo menos cinco poemas uma mudança digna de nota em relação às edições anteriores. Os poemas são "olho por olho" (1964), "ss" (1964), "o anti-ruído" (1964), "psiu!" (1966) e "luxo" (1965). Eles recebem de volta nessa edição, como diz o texto de orelha do próprio autor, "a impressão cromática". Anteriormente reproduzidos em preto e branco, passam nessa edição a ter reprodução a cores. O texto de orelha do autor ressalta dois dados ligados a esse fato. Em primeiro lugar, salienta que "mesmo em preto e branco, 'olho por olho' teve

[18] Id., p. 204.

sobrevida internacional". Em segundo lugar, salienta o que a versão em cores possibilita ler numa passagem, num trecho, ou melhor, num dos recortes que compõem esse poema: "Aqui, graças ao restauro digital, reaparece com todas as cores e com maior legibilidade para os sinais de tráfego que denunciavam o golpe militar: a esquerda proibida e a direita liberada em 1964". Também em relação a "luxo", há na orelha um rápido comentário que salienta o que é introduzido com o acréscimo da cor: "este um pouco mais kitsch, com o dourado que já ganhara na *Caixa preta*".

Poemas bem anteriores já utilizavam cor, como no caso dos poemas de *Poetamenos* (1953). De um deles, "lygia fingers", existem reproduções de uma versão manuscrita e uma versão datiloscrita[19]. Em relação à versão publicada, há maiores diferenças na versão manuscrita, provavelmente a mais remota, mas também há diferenças na versão datiloscrita, também havendo, portanto, diferenças entre o manuscrito e o datiloscrito. Entre elas estão diferenças de texto propriamente dito, mas também de organização espacial. Além disso, há diferenças exatamente na cor, diferenças estas ora associadas ora não às outras. As diferenças, incluindo as espaciais e de cor, podem ser consideradas variantes em relação à versão finalmente publicada. No caso desses documentos desse pequeníssimo dossiê de "lygia fingers" disponível, observa-se que a cor faz parte essencial do processo de elaboração do poema, o que na verdade é uma verificação de obviedade gritante, pois, mesmo sem o manuscrito, as características do poema deixam supor isto. O

[19] Foram reproduzidas em BANDEIRA, João e BARROS, Lenora de. *Grupo noigandres*. São Paulo: Cosac & Naify, 2002, p. 32., e em SCHWARTZ, Jorge (org.). *Da antropofagia a Brasília*. São Paulo: Cosac & Naify, MAB-FAAP, 2002, p. 207.

que interessa efetivamente é que, por comparação, se pode ler, na reedição em cor dos poemas acima mencionados, a introdução da cor como uma reescrita dos poemas, com repercussões em sua significação, conforme já é pelo menos apontado pelo próprio autor em seus breves comentários.

As alterações de edição para edição — que significativamente, no caso de Augusto de Campos, se dão no plano visual e que, ao transformarem as edições em etapas de um processo, dão a esses elementos impressos o estatuto de manuscrito — somam-se aos "falsos manuscritos". Esse conjunto compõe assim uma figuração de manuscrito que se pode entender não apenas em sua materialidade, mas sobretudo como "objetos intelectuais", para usar o título de um trabalho de Jacques Neefs. No andamento dessa produção, pode-se perceber que a operacionalização da figura do manuscrito faz com que este se constitua como "volume da invenção", para usar outra expressão de Neefs[20]. Referindo-se a obras — como alguns poemas de Augusto — que são publicadas em sua forma manuscrita ou mesmo de rascunho, porque assim concebidas e desse modo constituindo um novo tipo de livro, Neefs se refere a elas como "resistentes por assim dizer à imprensa. Os 'manuscritos' modernos são com frequência o lugar de um jogo complexo com o vir a ser impresso, podendo a própria fronteira ser absorvida na obra"[21]. Tomando-se aí manuscritos em sentido amplo, reconhece-se nos poemas aqui comentados essa absorção da fronteira, quando, por exemplo, elementos próprios do manuscrito, como a rasura, são aproveitados num texto tipográfico. E também a resistência à imprensa se integra a es-

[20] NEEFS, Jacques. "Objets intellectuels". In: HAY, Louis (org.). *Les manuscrits des écrivains*. Paris: CNRS / Hachette, 1993, p. 102.
[21] Id., p. 104.

sas articulações, como no caso do mesmo texto apresentado ora em versão tipográfica ora em versão manuscrita. Assim, os elementos próprios do manuscrito, em vez de acentuarem alguma expressividade ou de estabeleceram uma maior aproximação com a individualidade, são fatores de elaboração do poema, incluída aí a construção de suas vozes. Além do mais, o que se procurou expor sugere que também são fatores que participam da constituição do próprio sujeito dos poemas.

ESCRITA E VISUALIDADE EM FRANCIS PONGE E AUGUSTO DE CAMPOS

As obras de Francis Ponge e de Augusto de Campos constituem exemplos bem distintos de algumas formas como o texto se relaciona com a visualidade. Mais do que dois exemplos, nessas obras se encontram vários tipos de procedimentos nessa área. Assim, deixando de tomar essas obras como conjuntos unitários, ou deixando de referi-las de modo genérico, cada uma delas na verdade oferece exemplos variados dentro da produção desses poetas. No entanto, nessa variedade é possível estabelecer uma aproximação entre o trabalho de Francis Ponge e o de Augusto de Campos, na medida em que se pode ler em alguns poemas deste último uma realização visual de caráter gráfico, aspecto sobre o qual a obra do primeiro em vários momentos desenvolve uma reflexão.

Na obra de Augusto de Campos encontram-se poemas em que a dimensão visual está no uso de elementos como cor ou forma. Lembrem-se os poemas de *Poetamenos*[1], em que, como se lê no texto explicativo que os antecede, se busca

[1] Reunidos em *Poesia*. São Paulo: Duas Cidades, 1979.

"uma melodia contínua deslocada de um instrumento para outro, mudando constantemente sua cor". Ou seja, aqui com o uso da cor o poema obtém por meio da visualidade um efeito cujo caráter é similar ao da melodia de timbres. Lembrem-se ainda poemas como "ovo novelo", em que os blocos de texto com forma circular realizam visualmente o tema, ou como "quadrado", em que, dentro do mesmo procedimento, os blocos de texto têm a forma quadrada. Nesses casos o elemento visual se integra ao elemento verbal, no sentido em que se organiza o texto na página com determinadas formas visuais.

No entanto, aí ainda não é a escrita que é visual. Uma estudiosa das dimensões visuais da escrita, Anne-Marie Christin, estabelece como pressuposto para seu trabalho que a escrita nasce, não da representação da fala, mas da imagem. Segundo ela, é somente na literatura do final do século XIX, mais precisamente com Mallarmé, que se volta a "utilizar enfim o alfabeto como uma escrita verdadeira, não como um registro da fala"[2]. Esse momento seria constituído pela grande revolução de *Un coup de dés*. A associação entre escrita e imagem, tal como pressuposta pela estudiosa, é mostrada de forma acentuada quando ela trata da utilização do texto em cartazes: "Combinando letra e imagem, o cartaz, como outrora o afresco, extirpa o texto de sua fala para o harmonizar com figuras"[3]. Em outros momentos, insiste-se quase na dissociação entre escrita e fala: "o texto concebido de outro modo que não através de suas condições de fala"[4]. Assim, pode-se conceber uma prática de escrita como prática visual.

---

[2] CHRISTIN, Anne-Marie. *L'image écrite*. Paris: Flammarion, 19xx, p. 119.
[3] Id., p. 153.
[4] Id., p. 145.

A obra de Francis Ponge é essencialmente verbal. O primeiro aspecto que ocorre quando se menciona a poesia de Ponge é a predominância das coisas em seu universo. Sua temática é substancialmente formada por coisas, de modo direto — o sabão, o cigarro, a chuva, o fogo. Em vários momentos, essas coisas são vistas em seu funcionamento — como se fossem máquinas, como se nelas ocorresse um processo de produção. Assim, a chuva, no poema "La pluie", é um "mecanismo complicado, tão preciso quanto casual, como uma relojoaria"[5]. O final da chuva ocorre neste parágrafo: "Quando a mola se distende, certas engrenagens por algum tempo continuam a funcionar, cada vez mais lentamente, depois toda a maquinaria para"[6] — com a interrupção do mecanismo-texto interrompe-se o funcionamento do mecanismo-chuva.

Ainda na mesma perspectiva, no poema "Le morceau de viande" dizem os trechos iniciais: "Cada pedaço de carne é uma espécie de fábrica, moinhos e lagares de sangue. Tubulações, altos-fornos, cubas — vizinhos de martelos-pilões, coxins de graxa. O vapor jorra, fervente"[7]. Assim, as coisas surgem como complexos de produção. E a partir daí não é difícil perceber que é essa situação de produção que também permite a existência do próprio texto. No poema sobre a chuva, fica claro que o poema se desenvolve com o detalhamento da atividade daquele mecanismo. Quando este se encerra, o poema chega ao seu fim: "Então, se o sol reaparece, tudo logo se desfaz, o brilhante aparelho evapora:

---

[5] "A chuva", trad. de Júlio Castañon Guimarães. In: PONGE, Francis. *O partido das coisas*. Org. Ignacio Neis e Michel Peterson. São Paulo: Iluminuras, 2000, p. 47.

[6] Id., p. 47-48.

[7] "O pedaço de carne", trad. Júlio Castañon Guimarães. In: PONGE, Francis. *O partido das coisas*. Org. Ignacio Neis e Michel Peterson. São Paulo: Iluminuras, 2000, p. 107.

choveu". Se as coisas são desse modo vistas em sua aspecto concreto, como já se disse, de complexos de produção, e se desse modo, também como complexos de produção, se constroem os textos, estes também se expõem em seu aspecto concreto. Lembre-se que no texto "À la rêveuse matière", do livro *Nouveau recueil,* fala-se da "matéria, exemplo para a escrita".[8]

E já é no plano da escrita que, no poema "Les mûres", diz o trecho inicial: "Nas sarças tipográficas constituídas pelo poema numa estrada que não conduz para fora das coisas nem ao espírito, certos frutos são formados por uma aglomeração de esferas que uma gota de tinta preenche."[9] Afirma-se aí a adesão às coisas, à materialidade das coisas em oposição a possíveis transcendências ("fora das coisas"). O poema é uma elaboração tipográfica — tipos e tintas. E até o objeto de alguns poemas é percebido tipograficamente, como no poema "Le paysage": "O horizonte, sobrelinhado com acentos vaporosos, parece escrito em pequenos caracteres, com tinta mais ou menos pálida segundo os jogos de luz".[10]

Há casos em que há como que um detalhamento da constituição da escrita tipográfica, quando uma unidade dessa escrita, a letra, constitui o elemento que encaminha a elaboração do texto. No poema "Le gymnaste" (O ginasta), de *Le parti pris des choses*, a partir das letras G e Y se desenvolve uma descrição física do ginasta. Ou como no texto "Scvlptvre"[11] (Escvltvra) em que a substituição do "u" pelo

---

[8] "`A sonhadora matéria", trad. Júlio Castañon Guimarães. In: *Revista USP,* nº 1, março-maio, 1989.

[9] "As amoras", trad. Ignacio Neis e Michel Peterson. In: PONGE, Francis. Op. cit., p. 59.

[10] "A paisagem", trad. Júlio Castañon Guimarães. In: *Revista USP*, nº 1, março-maio, 1989.

[11] *L'atelier contemporain*. Paris: Gallimard, 1977, p. 99-101.

"v" cria, como diz o próprio texto, uma palavra que hoje é impronunciável; no entanto, por causa dessa grafia antiga, então se apresenta como uma inscrição latina na pedra, no monumento. A estranheza física da palavra se presta para o comentário sobre a estranheza da escultura de Germaine Richier. E na condição de inscrição na pedra funciona como modelo a ser contraposto ao caráter informe em que o texto pode incorrer.

É no campo em que a escrita se expõe como matéria que Ponge em várias ocasiões desenvolve seus textos. Para tal, com frequência, recorre a comparações com outras matérias. Assim, no texto "Matière et memoire"[12], em que fala da litografia, a pedra litográfica é comparada a uma página, uma página de um bloco grosso e impossível de folhear e de que sempre só se dispõe da primeira folha. Além disso, diz que, quando "se inscreve em uma pedra litográfica, é como se se inscrevesse em uma memória"[13]. Adiante especifica as características dessa memória: "trata-se de uma página que manifesta para você imediatamente o que você confiou a ela, se ela é igualmente capaz de repeti-lo a seguir por um grande número de vezes"[14]. Naturalmente essa associação entre escrita, pedra e memória torna mais explícitas as referências anteriores à inscrição, à estranheza de uma certa escrita antiga e ao monumento. O texto deve se produzir como se estivesse sendo inscrito pela primeira e definitiva vez na memória da pedra.

Em outro texto, "La fabrique du pré", insiste nessas relações e as explicita mais ainda ao dizer que "os textos em língua morta (por exemplo, para nós, os textos latinos) nos in-

---

[12] Id., p. 43-53.
[13] Id., p. 45.
[14] Id.

teressam na medida em que para nós só existem como *escrita*, já não sabemos como eram pronunciados. Porque sua materialidade é evidente (inscrições, gravações na pedra ou na cera, ou na tábuas de argila — ou tipograficamente nas páginas de nossos livros didáticos)"[15]. Desse modo, o interesse de Ponge pela materialidade da escrita se corporifica num grafismo que ele especifica do seguinte modo: "não um grafismo individual (manuscrito autógrafo), mas um grafismo comum (caligrafia ou tipografia)"[16]. O grafismo comum por oposição ao individual está também na corrente de exploração da tipografia tal como se verifica a partir da renovação de Mallarmé.

Cabe aqui observar que a menção a monumento não tem conotação alguma com algo imutável; o monumento interessa como suporte da inscrição, da escrita, que desperta o interesse de Ponge como elemento básico de sua produção. O monumento talvez também possa ser visto como o correlato da integridade a que aspira o texto, integridade não no sentido moral, mas de constituição. Num livro intitulado *Pratiques d'écriture ou l'inachèvement perpétuel*, num trecho em que comenta uma variante em um poema de Baudelaire, Ponge dá esse exemplo de como Baudelaire "toca (e retoca) a matéria verbal. (...) O sentido muda, tudo muda por uma palavra. (...) Um traço modifica tudo, muda tudo. (...) Este é o trabalho artístico. E como ele diz: a inspiração é trabalhar todos os dias. O sentido não é nada, vem depois"[17]. Logo a seguir, numa outra observação Ponge retorna a esta última frase ("O sentido não é nada, vem depois") e a relativiza. Mas o que importa aqui é como ele ressalta a materialidade

---

[15] *La fabrique du pré*. Genève: Skira, 1990, p. 27.
[16] Id., p. 27.
[17] *Pratiques d'écriture ou l'inachèvement perpétuel*. Paris: Hermann, 1984, p. 100-101.

da prática da escrita. E a partir das observações sobre as variantes em Baudelaire expõe como orientação dessa prática: "é preciso escrever de modo que cada uma das palavras da frase possa ser impressa sucessivamente em itálico sem ridículo (e pomos em itálico a palavra essencial a palavra para a qual a frase é feita) é preciso que todas as palavras tenham essa qualidade, esse potencial da palavra em itálico. Por isso é preciso escrever em caracteres grandes bem pretos e bem separados e supor sucessivamente cada uma das palavras em itálico"[18]. O trabalho de elaboração do texto, tal como exemplificado no caso das variantes de Baudelaire, encontra sua corporificação na dimensão gráfica. Poder usar um realce gráfico sem que ele seja excessivo, equivocado, ridículo, vem a ser o correspondente do texto em que todos os elementos têm função num mecanismo de precisão (para recorrer a imagens do próprio Ponge).

Aqui então se tem a produção do texto como uma prática com a materialidade da escrita. Pelo elogio da variante (usando aqui o título de Cerquiglini) essa prática se justifica no caso de Ponge como inacabamento (como já diz o título de seu livro). Daí a partir de certo ponto ele publicar todo o material envolvido na elaboração de um texto, sendo esse texto não um texto acabado mas justamente o conjunto desse material. Na publicação desse material ficam ainda mais acentuadas as preocupações gráficas dessa poética. E aqui reencontramos os elementos essenciais da construção dos poemas de Augusto de Campos, quando a visualidade é a própria prática com a escrita, com a dimensão material do texto.

Nessa poesia seria possível escolher vários exemplos em que a visualidade está no uso de cores, da disposição do tex-

---

[18] Id., p. 103.

to de modo a representar certas figuras, e assim por diante, conforme já referido. No entanto, há alguns poemas em que se poderia ver a associação com esses elementos visuais de forma mais reduzida ou em que se poderia perceber a visualidade no próprio desempenho da escrita, sem essa associação mais explícita.

O poema "tvgrama I (tombeau de mallarmé)"[19] relaciona-se em vários níveis com alguns textos de Mallarmé. Em primeiro lugar, com o poema "Brise Marine", cujo primeiro verso, na tradução de Augusto de Campos, diz: "A carne é triste, sim, e eu li todos os livros". Em segundo lugar, com o texto "Le livre, instrument spirituel", que faz parte do conjunto "Quant au livre". Aí se lê: "tout, au monde, existe pour aboutir à un livre" (tudo, no mundo, existe para acabar em um livro). Além disso, não se pode deixar de lembrar, a propósito do subtítulo, outra relação com uma série de textos de Mallarmé, os poemas de homenagem intitulados "tombeau" — de Edgar Poe, de Charles Baudelaire e de Verlaine. E quanto ao título, a relação fica clara com alguns conjuntos dentro da obra de Augusto de Campos. Em primeiro lugar, o poema faz parte de um conjunto de dois poemas — "tvgrama 1" e "tvgrama 2"; em segundo lugar, os dois poemas fazem parte de um conjunto composto por alguns outros poemas, os "profilogramas" — pound / maiakovski, "hom'cage to webern", "ezra stein". Nestes casos, trata-se de poemas desprovidos de palavras, totalmente visuais. Se "grama" é um elemento de composição que significa "letra, sinal, marca", como diz o dicionário, nesses profilogramas, em que são usadas fotografias dos homenageados, as imagens se transformam em elemento de uma

[19] *Despoesia*. São Paulo: Perspectiva, 1994.

escrita, num procedimento de certo modo inverso ao de que aqui se vem ocupando.

No caso do poema "tvgrama I", é preciso observar que o poema "Brise marine", como observa um de seus comentadores, Paul Benichou, é um poema da evasão, da viagem para o desconhecido, em virtude da frustração do espírito e da impotência poética[20], de que é emblemático o verso "Sur le vide papier que la blancheur défend" ("Sobre o papel vazio que a brancura interdita"). E neste verso podem ser lidos os percalços da luta pela expressão. O outro texto de Mallarmé, sobre o livro, trata da situação desse suporte para a criação — o que vai desde "meditar, sem traços, se torna evanescente", passando por "o livro, expansão total da letra", para chegar à frase a que recorre o poema de Augusto de Campos.

Nesse contexto, o poema de Augusto de Campos contrapõe ao fracassado ideal, tal como expresso por Mallarmé, o extremo da banalidade da cultura de massa, a televisão. Essa contraposição, porém, não se faz apenas pela mera menção da tv, mas na própria escrita do poema. Valendo-se do fato de que no texto a letra "t" ocorre repetidas vezes, o poema passa a repeti-la entre as palavras, compondo-se mesmo com linhas / versos constituídas apenas pela repetição da letra, a letra inicial de "tv" que assim ao longo do poema antecipa a palavra final do poema. Associando-se a forma da letra "t" ao subtítulo "tombeau" (túmulo), pode-se ver na letra uma cruz. Mas antes disso é a repetição de uma letra isolada, na sua condição de elemento gráfico, que dá a conformação gráfica do poema. Essa letra isolada surge da dissociação da palavra "tv", quando a palavra se mostra composta de elementos gráficos.

---

[20] BENICHOU, Paul. *Selon Mallarmé*. Paris: Gallimard.

No poema "inestante", também de *Despoesia*, mas publicado anteriormente na edição especial em serigrafia *Expoesia* (em que o requinte gráfico enfatizava os aspectos que aqui se procuram mostrar), a escolha da tipologia faz com que coincida a letra "l" com a representação visual de um livro de pé na estante visto pela lombada. Logo no início do poema, após a palavra inicial, "os", também pelo processo de repetição, que acrescenta novo significado ao elemento repetido, surgem alguns blocos que só com o último deles se pode ler como o "l" de livros. Já entre "livros" e a palavra seguinte, "estão", a repetição dos blocos não se confunde mais com a letra "l", pois ela não surge neste caso. O poema prossegue com as palavras inseridas entre os livros representados graficamente. Assim, cada letra ocupa o espaço de um livro no poema / na estante. Repercute aí a frase de Mallarmé já referida sobre "o livro, expansão total da letra" — graficamente, a repetição da letra indica seu suporte, o livro, que se mescla visualmente, no poema, com o texto que o compõe.

Em um terceiro poema, "cançãonoturnadabaleia", o procedimento em certo sentido é o mesmo, mas acrescido de uma dimensão sonora, que se pode ver como dimensão que irá na verdade ressaltar a constituição eminentemente gráfica desses poemas. No caso da "cançãonoturnadabaleia", não seria impossível indagar por algumas ressonâncias da obra de John Cage "Litania da Baleia". Em primeiro lugar, ainda que apenas por uma sugestão, essa peça de Cage pode ajudar a encaminhar a instância sonora na leitura do poema. Além disso, a peça se desenvolve com a dissociação da palavra "whale" (baleia) nas letras que a constituem, e a cada uma é atribuida uma nota. Se isto se dá como elaboração sonora, a dissociação da palavra em suas letras transforma-a também em uma elaboração visual, o que é frequente na obra de Cage.[21]

No poema de Augusto de Campos, a dimensão puramente visual é ressaltada com as referências às cores — branco e negro —, e em seguida com a referência à dimensão construtiva que elas assumem no poema por meio da menção dos nomes de Ródtchenko e Maliévitch. A identificação do tema vai-se fazendo verso a verso pela presença do mar, pela referência ao episódio bíblico de Jonas, pelo surgimento do nome do personagem Ahab do *Moby Dick* de Melville. De modo semelhante aos dois outros poemas, ocorre a repetição de uma letra entre as palavras, letra que também forma "versos" (isto é, há linhas compostas inteiramente com a repetição dessa letra) que se intercalam aos "versos" compostos com texto propriamente dito. De semelhante aos outros dois poemas comentados, tem-se uma letra que ocorre várias vezes em palavras do texto e que inicia a última palavra do poema, o nome da baleia, Moby. No entanto, ao contrário dos outros dois poemas, neste caso a letra repetida, ainda que constituinte fundamental da organização gráfica do poema, talvez não constitua — ou talvez não constitua apenas — uma representação visual como nos outros casos. A primeira sugestão que ocorre com a repetição da letra "m" é a do movimento do mar.

Mas aí há uma situação em que se acrescenta um elemento novo, que parece mais pertinente. E a lembrança da peça de John Cage funciona como insinuação. Uma outra versão do poema auxilia na percepção desse novo elemento. A leitura gravada por Augusto de Campos no cd *Poesia é risco*,

---

21 Augusto de Campos, após a publicação inicial deste texto, informou-me que só veio a conhecer a peça de John Cage depois de já ter criado o poema. Parece-me, no entanto, que mesmo assim é possível a aproximação entre as duas obras — não naturalmente no sentido de influência ou inspiração.

inclui dois elementos sonoros — um que se pode associar ao barulho do mar e outro que é um fragmento do Canto nº 4 dos *Canti del capricornio* de Giacinto Scelsi. Vale observar que Augusto de Campos escreveu algumas vezes sobre Scelsi e que em um dos textos sobre o compositor italiano menciona os *Canti del capricornio*, atentando justamente para sua condição de "canções pré-silábicas"[22]. Nas diferentes obras, opera-se pela fragmentação de certas unidades. A escolha da peça de Scelsi para a leitura do poema é claramente indiciadora da área em que se dá o trabalho de elaboração poética. Assim, o elemento gráfico da letra repetida cria um espaço para a intromissão da dimensão sonora ligada aos elementos iniciados por essa letra — mar, Moby.

Diante das preocupações de natureza gráfica presentes nos textos de Ponge, verifica-se que esses poemas de Augusto de Campos em sua concepção gráfica dão corpo a algumas daquelas preocupações. Em Augusto de Campos é exatamente a visualidade da escrita que vem a constituir os poemas, enquanto em Ponge essa visualidade orienta o trabalho com a escrita. Assim, nas imagens e na concepção mesma de ordenação dos objetos dos poemas de Ponge está presente como orientação a dimensão visual, onde as coisas se concretizam. No caso dos poemas de Augusto de Campos, a escrita vai além e se desenvolve como elaboração gráfica. De modo extremado, na "cançãonoturnadabaleia" se poderia mesmo perceber um canto gráfico, não como representação de uma sonoridade, mas como desempenho da visualidade da escrita.

---

[22] CAMPOS, Augusto. "Scelsi: o celocanto da música". In: *Música de invenção*. São Paulo: Perspectiva, 1998, p. 181.

ALGUNS TRAJETOS: TEXTO E IMAGEM EM ARLINDO DAIBERT

A OBRA DE ARLINDO DAIBERT FOI DESENVOLVIDA EM aproximadamente vinte anos, tendo alcançado um enorme número, surpreendente mesmo, de trabalhos e tendo passado tanto por períodos bastante distintos quanto por procedimentos de grande variedade. Uma tentativa de síntese dos diversos aspectos dessa vasta e múltipla produção seria sempre precária, embora ela se imponha diante da impossibilidade de apresentar todos os seus aspectos singulares e significativos. Em breve comentário, o crítico Roberto Pontual conseguiu com felicidade sumariar momentos cruciais do percurso de Arlindo Daibert. Referindo-se ao início da carreira do artista, diz seu texto: "Nos primeiros trabalhos, de 1973 a 1976, as imagens estruturavam-se como fantasias oníricas, seguindo uma montagem de indicações eróticas e / ou cabalísticas". Em seguida o crítico observa que Arlindo Daibert deslocava "o seu trabalho cada vez mais no sentido de uma investigação conceitual. O desenho transformou-se em instrumento de análise do próprio ato de desenhar e, por extensão, dos atos de criar e de apreciar arte". Por fim, ainda segundo Roberto Pontual, "se o desenho de ideia assumiu desde ali proeminência na sua obra, Arlindo Daibert tem também, recentemente, praticado uma pintura disposta a soltar-se, expandir-se, falar alto pelo gesto e cor, sugerir fantasmas de violência e prazer, distender-se às vezes até a fronteira do apenas alusivo".[1]

Se aí se tem breve referência a grandes áreas do desenvolvimento do trabalho de Arlindo Daibert, ao mesmo tempo se tem possibilidade de lembrar aspectos não mencionados, como a relação com textos literários ou a produção de objetos. A ênfase, ao final, se põe na multiplicidade. Esse aspecto, a multiplicidade, talvez já fosse elemento suficiente para tentar abordar essa obra. No entanto, esse talvez fosse um modo meramente prático de criar um conjunto e lidar com ele no meio de um panorama por sua vez já desconcertantemente multifacetado, a produção artística brasileira das décadas de 70 a 90. Sem dúvida, tomar a multiplicidade como um foco de abordagem poderia ser procedimento proveitoso para uma tentativa de compreensão dessa obra em seu contexto, o que, porém, pediria, para efeito do andamento da apreciação, uma qualificação mínima dessa multiplicidade, de modo que ela pudesse ser consequentemente co-relacionada com a outra multiplicidade que a cerca. E aí se abrem outras tantas vias possíveis de se aproximar da obra de Arlindo Daibert.

Quais seriam os artistas que marcaram o período de formação de Arlindo Daibert, seja no sentido mesmo de terem surgido como modelos, seja no sentido de confluência de intenções? Não se pretende aqui responder a indagações

[1] PONTUAL, Roberto. *Entre dois séculos*. Arte brasileira do século XX na coleção Gilberto Chateaubriand. Rio de Janeiro: JB, 1987, p. 450.

(ainda que fundamentais) desse tipo, mas tão-somente lembrar a necessidade de fazer essas mesmas indagações e talvez insinuar respostas. Assim, os trabalhos iniciais de Arlindo Daibert permitem associações com nomes como Darcílio Lima e Marcelo Grassmann, entre os artistas então em atuação. Em outro nível, porém, seria o caso de lembrar seu fascínio pela mestria artesanal de um Albrecht Dürer ao mesmo tempo que o interesse pela dimensão onírica de um Paul Delvaux. Anos mais tarde, sua produção já permitiria aproximações completamente distintas — em relação aos últimos trabalhos, seria o caso de lembrar nomes como Cy Twombly, Antoni Tàpies, Tom Philips.

Como se dá a disponibilidade do artista para conjugar o desenho a bico de pena, o desenho a grafite, a xilogravura, a pintura, a colagem, a aquarela, os objetos, isoladamente ou em técnicas mistas? Também é uma característica singular o artista que ainda escreve — de modo especial, o artista que reflete criticamente sobre sua atividade, produzindo ainda textos sobre outros artistas, sobre questões que o instigam. Assim como peculiar é o artista que também é um pesquisador, fato que se revela em muitos de seus textos, em várias exposições que organizou e em algumas de suas obras plásticas.[2]

Em seu conjunto, a relação com o texto marca essa obra de forma fundamental — e essa relação talvez seja um modo de perseguir esse conjunto plural. Assim, relacionar todos esses patamares com seu contexto surge como algo bem mais complexo, que sem dúvida traria muito mais nuances para as análises do período em que se desenvolveu o trabalho de Arlindo Daibert.

---

[2] Os textos de DAIBERT, Arlindo estão reunidos em *Caderno de escritos* (Rio de Janeiro: 7 Letras, 1995).

Ainda tendo como horizonte de possibilidade a multiplicidade da atuação do artista, é preciso convir que percorrer essa multiplicidade seria arrolar um sem-número de dados que criam um verdadeiro emaranhado, pois não são sucessivos e lineares, mas se superpõem, desaparecem e retornam, ora simultâneos, ora intermitentes. Seria preciso encontrar não tanto um fio condutor, que se esforçasse por ser ordenador, mas um viés que permitisse encaminhar corelações. A serie dedicada ao *Grande sertão: veredas* sugere uma possibilidade. Em primeiro lugar, a série desenvolveu-se no correr de um longo período de tempo (mesmo que não de forma permanente); em segundo lugar, expõe uma variedade de procedimentos (xilogravura, desenho com vários procedimentos); em terceiro lugar, está associada a um texto crítico (o texto *G.S.:V.*, incluído no livro *Caderno de escritos)*, que revela, junto com os desenhos, o trabalho em várias frentes do artista; por fim, vem culminar as relações do trabalho plástico de Arlindo Daibert com o texto.

Pelo menos como estratégia, a princípio, pode-se tomar esse último dado, as relações do trabalho plástico com o texto, como viés para inter-relacionar os vários componentes da obra de Arlindo Daibert. Pode-se mesmo tomar como hipótese que essa relação foi especialmente complexa e sobremodo significativa no desenvolvimento da obra em termos de ter-lhe insuflado elementos problematizadores. Esses elementos teriam sido aqueles que a levaram a se questionar de modo quase permanente, a ponto de em seu andamento, em lugar de se conformar com a aceitação de um reconhecimento generalizado em função do virtuosismo de seu autor, ter-se enveredado por caminhos nada conformistas (de modo especial, de difícil aceitação pelo mercado das artes).

Em suma, a relação entre artes plásticas e texto não se dá, no caso do trabalho de Arlindo Daibert, apenas como interesse por dados provenientes de outra linguagem que possibilitem a criação de novos dados plásticos. Na verdade, essa relação estaria diretamente ligada a uma perspectiva crítica que assumiu diversas conexões. Assim, a relação entre artes plásticas e texto está associada aos trabalhos que se voltam para a história da arte, aos textos críticos, à pesquisa e assim por diante.

Cabe observar que por "relação entre artes plásticas e texto" está se referindo aqui a um complexo de relações em que "texto" é tomado em um sentido ampliado, como matéria textual. Na verdade essa relação se dá com o livro, com a escrita, com a caligrafia, com textos, com a literatura, em suma. No entanto, cada um desses elementos terá um papel distinto, ou seja, não é que com a presença de qualquer um deles seja desempenhada sempre a mesma função. Cada um deles traz uma carga de significação própria e desempenha uma função peculiar, tanto que se pode verificar que ao longo do desenvolvimento do trabalho de Arlindo Daibert esses diversos elementos surgem associados a determinados momentos, quando então se estabelecem associações próprias com outros elementos então em jogo.

Por escrita se pode denominar um complexo de elementos quase infindáveis. Alguns podem ser lembrados:

> a escrita é, em primeiro lugar, o resultado material de um gesto físico que consiste em traçar, regularmente, signos, seja usando a mão, seja (actualmente) de forma mecânica; é, a seguir, um tipo de comunicação visual, silencioso e estável; é ainda um conjunto de valores complexos que afectam o conteúdo e a forma estética daquilo que foi escrito, situando-se, assim,

perto do "Estilo"; é também, de uma forma mais específica, o depósito de uma revelação religiosa.[3]

A enumeração das formas como a escrita surge no trabalho de Arlindo Daibert mostrará vários níveis de atualização desse complexo de possibilidades. Vale ainda lembrar que "paradoxalmente, não são os vários sentidos metafóricos da palavra 'escrita' que colocam hoje as questões mais agudas, mas o sentido literal: a escrita como inscrição do signo, registo de uma memória, vestígio de qualquer coisa, ou seja, como *scriptio* e não como *litteratura*"[4]. Essa ênfase na dimensão concreta da escrita vai ao encontro de sua associação com obras visuais.

Na fase inicial do trabalho de Arlindo Daibert, a escrita surge de forma manuscrita em desenhos de forte simbologia erótica e mística. São, por exemplo, vários dos trabalhos intitulados *Mandala*[5]. Vale observar que a caligrafia usada é exatamente a do artista, de difícil leitura e que apresenta textos associados às características do desenho — textos às vezes identificados como de obras literárias, às vezes não identificados, podendo ser do próprio artista. Vale ainda observar que a dificuldade de leitura da escrita leva a que ela assuma uma preponderância em relação aos textos que estariam transmitindo. Isso com certeza enfatiza uma série de elementos ligados à escrita (seu caráter iniciatório, má-

---

[3] BARTHES, Roland e MAURIÈS, Patrick. "Escrita". In: *Enciclopedia Einaudi*. vol. 11, Oral/Escrito, Argumentação. Lisboa: Imprensa Nacional, Casa da Moeda, 1987, p. 146.
[4] Id.
[5] Veja-se a reprodução de um desses trabalhos em *Entre dois séculos*, de Roberto Pontual. Um trabalho da mesma linhagem está reproduzido em *um século de história das artes plásticas em Belo Horizonte*. Org. Marília Andrés Ribeiro e Fernando Pedro da Silva. Belo Horizonte: C/Arte: Fundação João Pinheiro, 1997.

gico) e que se ligam ao sentido dos outros elementos do desenho.

A escrita aí se dá como puro dado visual. Mesmo que se chegue a ler o que está escrito, esta leitura será de certo modo imponderável. A escrita é sobretudo fator gráfico. Quando se oblitera o significado da escrita, em favor da predominância do significante, o que ocorre é que a significação passa a ser a da interação compositiva do trabalho. Michel Butor observa que "não somente a origem de todas as escritas conhecidas, no sentido restrito da palavra escrita, é o desenho, mas esse desenho que a escrita é desempenha no espetáculo que nos cerca hoje um papel tão importante que um paisagista é obrigado a pôr palavras dentro de suas pinturas"[6]. Acentuando a relação entre escrita e desenho, Michel Butor lembra que "a escrita é um caso particular do desenho"[7], com o que, em maior escala, grande parte do conhecimento que temos do mundo se dá por intermédio da visualidade, de que faz parte muitas vezes o elemento textual.

Em fase tardia, a escrita surgirá no trabalho de Arlindo Daibert sob a forma impressa. Desaparece assim a carga de simbolismo associado ao manuscrito e se impõem outras relações: a escrita como um dos componentes de um universo visual marcado pela reprodução mecânica e pela inserção numa rede de produção de massa. Ainda aí, já não mais pela dificuldade de leitura da caligrafia, mas pelo caráter em geral fragmentário dos textos, estes se integram ao conjunto sobretudo como elemento visual.

Nem sempre a presença da escrita se dá de forma delimitada; há situações em que se misturam os casos. Basta lem-

---

[6] BUTOR, Michel. "La littérature, l'oreille et l'oeil". In: *Répertoire III*. Paris: Minuit, 1970, p. 399-400.
[7] Id.

brar os trabalhos sob o título *Ipotesi* e *Castillos*, em que um manuscrito algo gestual se superpõe a um fundo composto de páginas impressas[8]. De resto, esse fundo composto de páginas impressas ocorrerá em diversos trabalhos de diferentes fases. Na série de caixas e objetos, elaborada em torno de 1990[9], o uso do livro, de diversas maneiras, é intenso. O objeto *Moradas* é todo composto com páginas de livros sobre suporte de papelão. A caixa *Alice* é forrada com folhas impressas, enquanto na caixa *Babel* um dos compartimentos é preenchido com folhas impressas cortadas em numerosos pequenos retângulos. Um outro trabalho intitulado *Babel* compõe-se de retângulos que formam uma torre, sendo os retângulos, por sua vez, compostos de fragmentos de textos que se superpõem, se misturam caoticamente. O trabalho *La nouvelle Justine* consiste em uma colagem de partes internas do corpo humano em meio a um texto que mistura Laclos e Sade[10]. O trabalho *Totem* é constituído por uma coluna de livros.

Ao comentar alguns de seus trabalhos desse período, Arlindo Daibert salienta a presença da matéria textual. Falando do trabalho *Tirésias*, uma "pintura-escrita sobre lona", descreve-a como uma área divida em dois hemisférios, sendo um preenchido com algarismos e outro com escrita, "um infindável texto caótico (automático, quase). E prossegue: "O que está escrito? tudo: impressões, anotações, lembranças obscenidades, orações, frases sem sentido. O texto é legível (em princípio), mas isso não me interessa. As frases se organizam de maneira irregular, seguindo

[8] Trabalhos publicados na revista *34 Letras*, nº 4, Rio de Janeiro, junho de 1989.
[9] Cf. catálogo da mostra *Objetos*, realizada em 1995 no Anexo do Museu da Inconfidência, em Ouro Preto, e no Centro Cultural UFMG, em Belo Horizonte, com curadoria de Fernando Pedro da Silva e Marília Andrés Ribeiro.
[10] Segundo comentário do artista em material de seu arquivo.

ordens lineares, labirínticas, espiraladas"[11]. Ao descrever o trabalho *Cântico dos cânticos,* refere "fragmentos de fragmentos de frases da versão latina do poema", assim como em relação ao trabalho *Orto do esposo* fala em "labirintos bordados sobre a lona como 'trilhas' de frases ilegíveis e veladuras de cera de abelha".[12]

Vê-se, assim, a matéria textual permeada por algumas oscilações. Em primeiro lugar, o próprio deslocamento que consiste em estar inserida num trabalho plástico. Dentro deste, há uma oscilação entre a possibilidade e a impossibilidade de leitura do texto. Em alguns casos, a grafia se confunde com um traço gestual. É como se algumas vezes ocorresse o que Barthes detecta num artista como Cy Twombly: "Da escrita, Twombly guarda o gesto, não o produto"[13]. Mas esta não é característica predominante em Arlindo Daibert. Se os comentários do próprio artista acentuam alguns desses aspectos, em material preliminar aos trabalhos surgem outros indícios. Vale salientar que esse material — projetos de trabalhos preservados no arquivo do artista — enfatiza também o fato dos trabalhos não serem realizações resultantes de impulsos ou casualidades, mas serem resultado de elaboração cuidadosamente planejada. Os projetos indicam dimensões, cores, materiais, e assim por diante. Em vários deles, há a indicação "selecionar textos", o que aponta evidentemente para o caráter não aleatório da presença deste ou daquele texto, embora ocorra a sua transformação em material com possibilidade de não ser lido.[14]

---

[11] DAIBERT, Arlindo. *Caderno de escritos*. RJ: 7 Letras, 1995, p. 71.
[12] Id.
[13] BARTHES, Roland. *L'obvie et l'obtus*. Paris: Seuil, 1982, p. 147.
[14] Um desses projetos, para o trabalho *Le tombeau du poète*, deixa em suas anotações uma chave clara para o trabalho que a oculta, ao incluir a observação "homenagem a Murilo Mendes".

A presença insistente do objeto livro, de suas páginas e de textos que são preservados nesses suportes adquire uma função plástica, mas não somente. Afinal, o livro vem a ser o depositório do saber, enquanto muitos dos textos selecionados são extraídos de grandes obras da literatura, de grandes obras sapienciais. No entanto, esse material está longe de ser posto como paradigma. De modo também insistente, esse material é submetido a um tratamento que, em situações extremas, simplesmente o oblitera, transformando-o quase que apenas em material plástico. De qualquer modo, as várias formas de intervenção na matéria textual ou os outros elementos com que ela é posta em convivência inserem-na em um circuito de novas significações, desencadeadas pela ironia, pela crítica.

Conexa com essa presença problematizadora da matéria textual pode-se considerar a reflexão que se volta para a própria obra de arte. Há os casos em que essa reflexão se dá na medida em que o trabalho se volta para a própria história da arte, recorrendo a uma seleção de obras, para então sobre elas desenvolver um trabalho que tanto pode se preocupar com questões de constituição das obras, quanto para questões mais abrangentes, como a própria relação com a história ou como a revisão das leituras vigentes.

Exemplos são vários desenhos ainda de fins da década de 70 (como na série *Manière de prononcer*) em que grandes obras de pintura são reproduzidas com poucos e discretos traços de grafite, com seleção de determinados elementos da obra original e intervenções em sua configuração, criando espaços de estranhamento. Desse modo se possibilita uma série de articulações, como entre pintura e desenho, como entre proliferação e redução de recursos.

Ainda nesse setor, observa-se que o trabalho sobre a obra preexistente em muitos casos se opera a partir de uma seleção de detalhes. É oportuno então lembrar que alguns outros conjuntos de trabalhos, de natureza diversa, também se elaboram a partir de detalhes. É o caso da série *Açougue Brasil*, em que desenhos de minúcia virtuosística apresentam detalhes de corpos humanos e animais, mutilados, fragmentados. É ainda o caso da série *Fragmentos de um discurso amoroso*, em que o desenho delicadamente exato cria cenas, por exemplo, a partir de detalhes de corpos em aproximação erótica.

Ainda nesse espectro inclui-se a longa série *Retrato do artista*, desenvolvida a partir de um quadro de Vermeer, *O atelier*[15]. Ao longo de numerosos trabalhos, Arlindo Daibert desenvolveu uma extensa e minuciosa reflexão sobre diferentes aspectos da representação em artes plásticas. Nos trabalhos iniciais do conjunto, o quadro de Vermeer era submetido a diversos tipos de intervenções. Aos poucos, o quadro de Vermeer foi-se desfazendo, para dele restar a figura do pintor, com frequencia repetido com minúcia e que passou a ser utilizado por Arlindo Daibert como elemento deflagrador de possibilidades de construções plásticas. Por fim, a própria figura do pintor sofre tais impactos das funções que lhe são dadas, que acaba, depois de transformado em emblema do artista, por se transformar em sinal gráfico composto de poucas e meras pinceladas, o que resulta das sucessivas reduções em sua própria representação. Há mes-

[15] Alguns trabalhos dessa série estão reproduzidos em *Entre dois séculos*, de Roberto Pontual; em *Mestres do desenho brasileiro*, de Jacob Klintowitz. São Paulo: Wolkswagen, 1983; catálogo da XV Bienal Internacional de São Paulo; catálogo da mostra *Objetos*. Anexo do Museu da Inconfidência, em Ouro Preto, e Centro Cultural UFMG, Belo Horizonte, 1995).

mo um trabalho em que o pintor se torna uma silhueta de madeira, suporte de uma pintura informal que resgata com suas manchas os trajes do pintor.

A inserção da matéria textual no trabalho plástico e o trabalho plástico feito a partir de obras extraídas da história da arte interligam-se por sua dimensão crítica. Apresentam, porém, outros pontos de contato: a (im)possibilidade de ler a matéria textual, a fragmentação dessa matéria e também das obras plásticas que se tornam objeto de reflexão, com o que em ambos os casos se trabalha com o detalhe. E detalhe aqui se pode entender como detalhe-*dettaglio,* diferentemente do detalhe-*particolare* (distinção em que Arasse se vale da diferença apresentada pelos dois vocábulos italianos)[16]. No sentido de detalhe-*dettaglio*, trata-se do "resultado ou do traço da ação daquele que 'faz o detalhe' — quer se trate do pintor ou do espectador". Há, aí, um sujeito que "talha" um objeto, "manifestando um programa de ação". Arasse ainda enfatiza que o detalhe-*dettaglio* "é um momento que causa estranheza no quadro, que tende irresistivelmente a deter o olhar, a perturbar a economia de seu percurso"[17]. Ao traçar a história das funções do detalhe na pintura ocidental, Arasse acompanha as transformações dessas funções, inclusive quando sua importância é relativizada a partir do Romantismo. Assim, quando se lembram essas observações sobre o detalhe, quer-se observar, pelo menos, que no trabalho de Arlindo Daibert o detalhe tem função que não pode ser menosprezada. Naturalmente os conceitos referidos passam aqui por reviravoltas da arte contemporânea — no caso de Arlindo Daibert, é evidente que em vários de

[16]ARASSE, Daniel. *Le détail. Pour une histoire rapprochée de la peinture.* Paris: Flammarion, 1996, p. 11-12.
[17] Id.

seus trabalhos o elemento crítico instalado na reprodução de uma grande obra se dá pela atuação sobre um detalhe. Nos trabalhos de fragmentos de corpos, pode-se considerar que o detalhe se apodera do quadro. Já na série *Retrato do artista*, ocorre todo um processo de deslocamento de função do detalhe, quando ao longo de dezenas de trabalhos o personagem principal se transforma, não numa abstração, mas numa pincelada-signo.

A matéria textual, a fragmentação, o detalhe, a crítica da história da arte, a contribuição dos rascunhos e projetos constituem um sólido conjunto de dados que já permitem uma apreciação mais detida do conjunto do trabalho de Arlindo Daibert. A esses dados podem-se acrescentar alguns elementos que os tornem um pouco mais circunstanciados. É importante ressaltar o percurso que o artista faz de um desenho altamente virtuosístico e minucioso até uma produção que envolve técnicas as mais variadas, sendo possível opor como extremos a presença da gestualidade e de uma pintura de caráter abstrato, não fosse a presença da colagem de material textual.

Nessa permanente rediscussão produtiva, a contribuição de informações trazidas por projetos e rascunhos de trabalhos permite lembrar como esses próprios trabalhos podem ser repropostos como rascunhos em atualização. Isso na medida mesmo em que os trabalhos se apresentam como amálgama de manuscritos, colagens, manchas, gestos, superposições, veladuras. Se a margem de casualidade é reduzida pelas informações prestadas pelos projetos, não há, por outro lado, a evidência da modificação, da correção, como na obra tradicional — o pentimento, o arrependimento. Todavia, como nota Christina Petrinos, "desde o momento em que o aleatório é introduzido na arte, o arrependimento deixa de ser o traço do não-saber. (...) Seria preciso atravessar toda a história da modernidade para descobrir que o arrependimento, questionamento permanente, se tornou um fato em si"[18]. A autora cita alguns exemplos, bastante distintos, como Cy Twombly e Pollock, cujos trabalhos poderiam ser vistos como simulacros do arrependimento. Este faz parte das obras não mais como processo de correção, mas como processo de exposição da produção. E este é bem o caso da linhagem de trabalhos de Arlindo Daibert que aqui vêm sendo abordados.

Se se levar em conta o que os projetos e rascunhos podem oferecer num interjogo com a obra, a questão se amplia para uma situação de inconclusão, ou melhor, de produção ininterrupta. Assim, as leituras propostas pela crítica genética não têm como meta um texto definitivo, mas o processo de produção desse texto, com o conjunto de todo o material envolvido — rascunhos, anotações, etc.[19] E aí cada vez mais se verifica um percurso inverso: os manuscritos de escritores recheados de desenhos (os originais das memórias de Pedro Nava, dos *Cahiers* de Valéry, da *Vie de Henry Brulard* de Stendhal). Mas não é só isto. Manuscritos de escritores se apresentam com uma dimensão visual que rivaliza com muitos trabalhos plásticos que incorporam a escrita. Seria possível aqui associar esses trabalhos plásticos, vários tipos de poesia visual e os rascunhos tanto de escritores quanto de artistas plásticos. As rasuras do texto, as manchas pictóricas, o traço gráfico, a gestualidade da escrita ou da cor — está aí um complexo

[18] PETRINOS, Christina. "Le repentir, une mise à nu". In: *Repentirs*. Paris: Rénion des Musées Nationaux, 1991, p. 49.
[19]A melhor exposição global sobre o assunto se encontra em *Eléments de critique génétique*, de Almuth Grésillon (Paris: PUF, 1994).

que perpassa obras, e seus antecedentes, tanto literárias quanto plásticas.

Em um trabalho que toma a escrita como traço, Alan Rey procura mostrar como é possível "reinserir o manuscrito de criação literária na familía dos traços gráficos onde a linguagem domina"[20]. São propostos alguns exemplos, em que em manuscritos de Stendhal, Proust e Valéry as linhas escritas são transformadas em traços, o que "revela a disposição geométrica dessas linhas, a densidade das correções, etc., em um esquema que sublinha as dominantes direcionais, a gestão do espaço, os coeficientes de preenchimento, etc."[21] Se aí se tem um procedimento com o fim de estudo, do que, porém, se tem um resultado gráfico não distante de certos trabalhos plásticos, há de fato trabalhos plásticos como tais que se aproximam de tal procedimento. É o caso, por exemplo, do trabalho de Marcel Broodthaers *Un coup de dés jamais n'abolira le hasard. Image*, em que, em doze placas de alumínio anodizado as linhas do poema de Mallarmé deixam de ser formadas por palavras, apresentando-se como traços exatamente equivalentes em termos de localização, extensão e volume (pois que o poema se vale de vários corpos tipográficos, o que implica em linhas de diferentes espessuras)[22]. Essa obra plástica aproxima-se muito do procedimento de estudo referido anteriormente, o que aponta mais uma vez para esse vasto campo de ebulição gráfico-textual.

Ainda a título de exemplo, veja-se o trabalho de Tom Phillips *A humument* (Londres: Thames and Hudson,

---

[20] REY, Alan. "Tracés". In: HAY, Louis (org.). *De la lettre au livre. Sémiotique des manuscrits littéraires*. Paris: CNRS, 1989, p. 52.
[21] Id., p. 49.
[22] Cf. *Poesure et peintrie*. Marseille: Musées de Marseille, 1993, p. 20-21.

1980). Tomando como suporte o romance de Mallock *A human document,* o artista "mina as categorias estabelecidas de pintura e escrita"[23]. No arquivo de Arlindo Daibert encontram-se trabalhos de Tom Phillips, que ele não deixou de comentar:

> o cancelamento de palavras ou a relevância gráfica dada a outras transforma o artista num misto de iluminador (no sentido medieval do termo), crítico e escritor, uma vez que o resultado final é um novo livro, iluminado, totalmente reescrito e com sua narrativa composta segundo o projeto plástico e literário eo artista-escritor. Nesse projeto, as intervenções pictóricas não são, necessariamente, referenciadas ao texto original e, muitas vezes, nascem de estímulos desencadeados pelas estruturas tipográficas da página ou mesmo de jogos de cancelamento de palavras, dobraduras ou ocultamento parcial do texto impresso.[24]

O texto em que Arlindo Daibert faz esses comentários é básico para a compreensão de suas concepções, pois se centra num dos aspectos constitutivos de seu próprio trabalho. Ao fazer um apanhado da presença do texto no trabalho plástico, desenvolve seu exame a partir das vanguardas históricas, dando atenção a alguns artistas com que, sem dúvida, seu próprio trabalho tem afinidades: Cy Twombly e a "referência crítica aos temas da cultura ocidental"; Antoni Tàpies, em cujas pinturas "palavras e letras apresentam-se acumuladas e ilegíveis, e as inúmeras marcas de interdição, como as manchas, rabiscos, cruzes e veladuras procuram impedir qualquer possibilidade de deciframent do escrito"; Anselm Kieffer, com suas "bibliotecas de livros de chumbo", quando então se observa que "na produção artística

---

[23] Id., p. 637.
[24] DAIBERT, A. "A imagem da letra". In: Op. cit., p. 82.

mais recente, multiplicam-se os exemplos de interferências sobre a página impressa ou mesmo a criação de livros de artistas ou simulacros de livros".[25]

Entre essas afinidades e essa efetiva aproximação de trabalhos, na área que se veio delimitando, delineia-se a constatação de Michel Butor em relação à presença de palavras na pintura ocidental: "a presença dessas palavras arruína de fato o muro fundamental edificado por nosso ensino entre as letras e as artes"[26]. Vale lembrar que o trabalho de Michel Butor constitui um percurso por numerosas ocorrências de palavras em obras plásticas, não de modo casual, mas demonstrando que há uma função sistemática. Se na afirmação de Michel Butor essa derrubada do muro se dá pela presença da matéria textual em pinturas, a relação entre letras e artes, por outro lado, pode ocorrer sem essa presença explícita. E aí se está no campo das relações entre literatura e artes plásticas. Essas relações são prezadas, às vezes com excessiva ênfase, desde a antiguidade, muitas vezes dando margens a aproximações forçadas, a interpretações fantasiosas, a desenvolvimentos de metáforas. Em seu fundamental *Laocoonte*, Lessing estabeleceu distinções que, embora ligadas a preceitos clássicos, permanecem básicas para que as discussões nessa área não resvalem para meras

---

[25] Id., p. 81-82.

[26] BUTOR, Michel. *Les mots dans la peinture*. Genève: Skira, 1969, p. 7. Trabalho de características mais didáticas, pelo caráter mesmo museológico, é o catálogo *Les mots dans le dessin*. Paris: Réunion des musées nationaux, 1986, em que uma sistematização das várias formas de escrita presente em desenhos inclui a assinatura, dando-se como exemplo a de Albrecht Dürer, o que permite lembrar que a assinatura de Arlindo Daibert em seus primeiros trabalhos de juventude, graças à similitude de iniciais, inspirava-se na do artista alemão, mas permite também lembrar que com o passar do tempo sua assinatura muitas vezes era um gesto gráfico que se confundia com a massa do trabalho.

circunstâncias ou impressões, na medida em que chama a atenção para a especificidade das linguagens. Certamente o agrupamento em artes temporais e artes espaciais perde seus contornos claros com o correr do tempo. No entanto, essas definições permanecem essenciais não somente para a análise da questão até um determinado momento, mas mesmo quando os dados do problema as subvertem, pois permitem ter a base a partir da qual se dão as modificações. Preservada uma noção de especificade de linguagens, evita-se até mesmo, por exemplo, que se tenha uma visão literária de uma obra plástica, mesmo que esta parta de obra literária. Entre tentativas as mais diversas de aproximar e de distanciar linguagens, Mario Praz lembra que Wellek e Warren, em sua *Teoria da literatura*, se opuseram à possibilidade de aproximação entre linguagens distintas, como artes plásticas e literatura. Essa oposição era de tais proporções que, segundo Mario Praz, "valeria também dentro das fronteiras da mesma arte"[27]. Com isso se quer dizer que até mesmo os gêneros literários, por exemplo, seriam estanques.

Se há exemplos concretos que eliminam a possibilidade dessa objeção à proximação não só de linguagens, mas no interior dessas linguagens, a lembrança se justifica aqui diante de todas as associações que se verificam no trabalho de Arlindo Daibert. Associações, como se veio apontando, entre técnicas, entre o plástico e o textual, entre a criação plástica e o exercício crítico sobre essa criação, e assim por diante. Associações sobre as quais, além do mais, ele refletiu em diversos de seus textos, o que enfatiza esse aspecto como

---

[27] PRAZ, Mario. *Literatura e artes visuais*. Trad. José Paulo Paes. São Paulo: Cultrix: Editora da Universidade de São Paulo, 1982, p. 43-44.

fundamental em suas reflexões. Ao lado de textos como o já referido "A imagem da letra" e dos textos sobre seus próprios trabalhos nesse campo, *Macunaíma* e *Grande sertão: veredas*, há ainda textos que tratam do assunto em Murilo Mendes, não somente em linhas gerais (a relação de Murilo Mendes com as artes plásticas), mas de modo detalhado, como num texto inacabado sobre as anotações do poeta em um catálogo de gravuras de Rembrandt.

Todas essas associações adquirem dimensão sobremaneira especial nos momentos em que o trabalho de Arlindo Daibert se faz intensamente a partir de determinadas obras literárias, subsistindo como trabalho autônomo e essencialmente plástico. Assim, é o caso da série sobre a *Alice* de Lewis Carroll. Embora esses desenhos ainda estejam ligados à produção imediatamente anterior do artista, de cunho fantástico, neles são introduzidas articulações de imagens certamente provenientes do elemento capital de *non-sense* dessa obra literária.

Já na série dedicada ao *Macunaíma* de Mário de Andrade, o projeto se mostrava mais amplo. Os trabalhos, com uma maior variedade de recursos, não visava apenas a uma elaboração visual do romance. Além de personagens, de cenas e mesmo de elementos da estruturação narrativa, os trabalhos envolviam a própria situação da obra em seu contexto cultural. Assim, levando em conta em primeiro lugar o fato de *Macunaíma* estar integrado no projeto modernista, participam da série de Arlindo Daibert desde o próprio Mário de Andrade, passando por outros escritores e artistas ligados ao Modernismo, até figuras da cena política, com o que se envereda pelo contexto histórico.

A série sobre *Grande sertão: veredas* ao mesmo tempo que enfrenta um romance monumental, por sua vez objeto de extensa especulação, oferece, para além dos trabalhos em si, um conjunto de elementos peculiar dentro da obra de Arlindo Daibert e mesmo em termos da produção artística em geral. À dimensão avassaladora do romance corresponde a surpreendente multiplicidade tanto de recursos envolvidos na elaboração dos trabalhos, quanto de modos de se relacionar com personagens, temas, episódios e a própria linguagem do romance. Por recursos se entenda não apenas o emprego de técnicas variadas (xilogravura, desenho, colagem, aquarela, etc.), mas também a irrupção da matéria textual e o desvencilhar-se da pura ilustração. O convívio de diversas técnicas tem a ver provavelmente com a tentativa de resgatar as incontáveis repercussões, no imaginário, de componentes do romance, por sua vez um desafiador complexo de recursos de linguagem literária; o signo verbal sem dúvida se torna nestes trabalhos, além do mais, uma forma de inserir na composição visual uma imagem concreta do universo verbal rosiano, salientando esta condição (são numerosos os trabalhos com várias formas de presença de texto); e a ilustração deixa de ser tal na medida em que, mais que nos outros exemplos, aqui se buscam construções visuais desencadeadas por construções verbais, num processo de tradução de códigos, com o que aí sempre se pode ter de interpetação e de criação pessoal. Assim, um personagem pode ser representado, não por sua imagem física, mas por uma árvore a ele associada. De forma mais material, lembre-se a xilogravura "... no meio do redemoinho", em que o tema do redemoinho brota de um efeito de abismo propiciado pela madeira mesma da matriz xilográfica.

A série foi criada ao longo de uma década aproximadamente, pois alguns trabalhos são datados de início dos anos 80. Com isto, o conjunto se desenvolveu ao mesmo tempo que vários outros trabalhos, do que decorrem certamente alguns cruzamentos, em que a série *G.s.:v.* apresenta procedimentos próprios de vários outros momentos da produção do artista. Assim, o desenho da cara de cavalo com respingos de sangue poderia ser aproximado da série *Açougue Brasil*; o desenho a grafite do tronco nu de mulher, ocupando um retângulo, acompanhado de outro retângulo em que em uma colagem de muitas cores se lê o próprio título do trabalho, "a Deus dada", lembra elementos da série sobre pinturas consagradas; a aquarela "Rosa'uarda", com a escrita árabe, associa-se aos trabalhos de integração da matéria textual; vários desenhos apresentam personagens reais, como Guimarães Rosa criança, a esposa do escritor ou o escultor G.T.O., num procedimento de mescla com a realidade cultural similar ao já empregado nos desenhos de *Macunaíma*.

A série *Grande sertão: veredas* tem a peculiaridade também de ter merecido de seu autor um longo texto analítico. Esse texto comenta cinquenta e um trabalhos (excluídas as xilogravuras). Além de comentar as imagens que compõem os trabalhos, relacionando-as com elementos do romance, o texto estabelece conexões tanto de leitura do romance quanto com dados externos ao romance, mas que participam das imagens. Assim, os comentários lembram que um dos desenhos "procura uma aproximação entre a desvalia absoluta dos catrumanos da ficção rosiana com a descrição cruel da desvalia dos revoltosos de Canudos por Euclides da Cunha. A imagem — concebida a partir de um detalhe de foto de documentação da expedição — parece reforçar as palavras do escritor". Em relação a outro trabalho, o artista observa: "Maria Mutema mata o marido derramando chumbo derretido em seu ouvido. Ora, há uma grande semelhança com o assassinato do rei em *Hamlet*, onde veneno é derramado em seu ouvido".[28]

Certamente não se deve ver o texto como uma chave de leitura para a série, mas como um material que enriquece essa leitura, ampliando as possibilidades de compreensão, na medida em que fornece uma quantidade de dados a que dificilmente se chegaria sem as informações nele contidas. Além disso, trata-se de uma situação extremamente rara, essa de se ter algumas dezenas de trabalhos acompanhados de um longo texto a eles dedicado pelo próprio artista. Será mais um meandro nas relações entre texto e imagem.

Por fim, há um conjunto de material preexistente à série, ou seja, o material de trabalho do artista. Em seu arquivo e em seu biblioteca, encontram-se uma ampla bibliografia sobre Guimarães Rosa; uma grande quantidade de fichas com anotações de leitura seja do romance seja da bibliografia sobre o romance; numerosas anotações, roteiros de trabalho; recortes de imagens e textos relacionados com o universo do romance. Esse vasto e importante material mostra, de maneira concreta e explícita, como a série é resultado de longo, minucioso e aplicado estudo, não apenas de cada trabalho que a compõe, mas do universo a que ela se liga. Cada elemento dos trabalhos da série — cada traço, cada imagem, cada cor — tem por trás inúmeras anotações de leitura, inúmeros detalhamentos de projetos. Pode-se aplicar aqui, com toda propriedade (como de resto em relação a vários outros trabalhos do artista), o título de uma crítica sobre sua série *Retrato do artista*: "ensaísmo plástico"[29]. E naturalmente

---

[28] DAIBERT, A. Op. cit., p. 58.

[29] Título de texto de Alberto Beuttenmüller na revista *Visão* de 8 de novembro de 1982.

essa noção põe em circulação todos os elementos que podem fazer parte da relação entre matéria textual e elaboração plástica. Arlindo Daibert, em outro texto, refere-se ao desenho como "método de raciocínio e instrumento de análise do próprio processo de criação"[30]. De fato, em sua produção as artes plásticas não são apenas elaboração de imagens, mas, em interação com outras formas de criação, também processo de intervenção crítica. Com justeza, Roberto Pontual se referiu a uma parte de seu trabalho como "investigação conceitual" e "desenho de ideia". Toda sua produção se quis resultado de pesquisa, de estudo, de exploração, no limite, das possibilidades da linguagem de que se valia. Sua trajetória é claramente a de um criador antenado com as revoluções de seu tempo. Mas sempre antenado via sensibilidade, atento a movimentos mínimos, capaz de detectar espaços a serem povoados pela imaginação, como no trabalho intitulado "Diadorim", em que, em vez de uma representação da figura do personagem, deparamos sutis círculos concêntricos de pássaros. Entre a delicadeza desse trabalho, o arsenal de elaborações que o acompanha e as telas sombrias, perversas, ameaçadoras que vieram a ser o momento derradeiro da produção do artista, passa uma inquietação permanente, deflagradora de um imenso processo de criação — à espera, por sua vez, das muitas leituras que pode suscitar.

[30] DAIBERT, A. Op. cit.

REFERÊNCIAS DOS TEXTOS

"Contrapontos: notas sobre correspondência no modernismo" foi incluído, a convite de Flora Süssekind e numa versão inicial, traduzida para o inglês com o título "The epistolary genre and brazilian modernism", na obra coletiva *Literary cultures of Latin América: a comparative history*, organizada por Mario J. Valdes e Djelal Kadir. Oxford University Press, 2004); saiu a seguir, com a atual forma, na coleção Papéis Avulsos da Fundação Casa de Rui Barbosa 2004.

"Cartas: intersecções" foi publicado no livro *Envie meu dicionário*. Cartas e alguma crítica, de Paulo Leminski e Régis Bonvicino. São Paulo: Editora 34, 1999.

"Distribuição de papéis: Murilo Mendes escreve a Carlos Drummond de Andrade e Lúcio Cardoso" saiu na coleção Papéis Avulsos, da Fundação Casa de Rui Barbosa 1996.

"Aparas de poemas" foi publicado na revista *Metamorfoses*, da Cátedra Jorge de Sena, Faculdade de Letras, UFRJ, nº 2, setembro de 2001.

"Entre reescritas e esboços" foi publicado na revista *Remate de Males*, do Instituto de Estudos da Linguagem, Unicamp, nº 21, 2001.

"O olho do poeta" foi publicado na revista *Sibila*. Revista de poesia e cultura, nº 5, São Paulo, 2003.

"Ponge, inacabado" foi publicado na revista *Inimigo Rumor*, nº 6, janeiro-julho de 1999.

"A espreita" foi publicado na revista *Rodapé*. Crítica de literatura brasileira contemporânea, nº 1, São Paulo, novembro 2001;

"Resenha de uma tradução de François Villon" saiu, com o título "Um poeta erudito – Sebastião Uchoa Leite traduz François

Villon", no *Jornal de Resenhas,* da *Folha de S. Paulo*, em 11 de novembro de 2000;

"CD: Cabral falando" foi publicado na revista *Teresa*. Revista de literatura brasileira, USP, nº 3, 2002.

"Um cd: voz, manuscrito" foi publicado na revista *Inimigo Rumor*, nº 1, Rio de Janeiro, janeiro-abril, 1997.

"Alguns lances de escrita" foi incluído no livro *Sobre Augusto de Campos* (org. Flora Süssekind e Júlio Castañon Guimarães. Rio de Janeiro: 7 Letras, Fundação Casa de Rui Barbosa, 2004). Com várias alterações, foi traduzido para o francês, tendo sido apresentado em 26 de janeiro de 2007 no seminário do Centre d'Études de l'Écriture et de l'Image da Universidade de Paris 7; com o título "Écriture et typographie: note sur la poésie d'Augusto de Campos", foi incluído no volume *Calligraphie/typographie*. Org. Jacques Dürrenmatt; Paris: Éditions L'Improviste, 2009.

"Escrita e visualidade em Francis Ponge e Augusto de Campos" foi publicado na revista *Ipotesi*. Revista de estudos literários, UFJF, vol. 6, nº 1, jan. / jun. 2002.

"Alguns trajetos: texto e imagem em Arlindo Daibert" foi incluído no livro *Imagens do grande sertão*, de Arlindo Daibert. Belo Horizonte: Editora da UFMG; Juiz de Fora: Editora da UFJF, 1998.

Todos os textos sofreram algumas modificações ao serem incluídos neste volume, sendo inéditos "Presença de Mallarmé no Brasil", "Anotações para leitura de Gouldwebern" e "Comentário sobre Ponge", que foi apresentado em 31 de maio de 2006 no *Seminário Internacional Poéticas do Inventário — coleções, listas, séries e arquivos na cultura contemporânea*, na Fundação Casa de Rui Barbosa, e em 5 de junho de 2006 na *Jornada Internacional Série, Coleções e Inventários na Literatura Contemporânea*, na Faculdade de Letras da UFMG.

GRAFICA IMAGINAÇÃO

"Sempre imaginando como atendê-lo melhor

Avenida Santa Cruz, 636 * Realengo * RJ
Tels.: (21) 3335-5167 / 3335-6725
e-mail: comercial@graficaimaginacao.com.br